租税法の解釈と適用

増田英敏 編著

中央経済社

執筆者一覧（編著者除く　五十音順）

有賀　武夫（税理士）
井上　雅登（税理士）
小野内宣行（税理士）
加瀬　昇一（税理士）
川井　和子（愛知学院大学大学院商学研究科教授・税理士）
川崎　　浩（税理士）
神田　厚夫（税理士）
小出　絹恵（税理士）
小関　健三（旭川大学経済学部教授・公認会計士・税理士）
高木　良昌（税理士）
髙野　　裕（税理士）
高橋　　勇（税理士）
高橋美由紀（税理士）
谷口　智紀（島根大学法文学部准教授）
内藤　和夫（税理士・秀明大学講師）
野々山育成（税理士）
船本　洋子（税理士）
前野　悦夫（税理士）
増田　明美（税理士・専修大学法学部講師）
茂垣志乙里（税理士）
吉田　素栄（税理士）

はしがき

本書は租税法務学会の研究成果を世に問うものである。当学会の研究成果は、松沢智編著『租税実体法の解釈と適用』（中央経済社、平成五年）、同『租税実体法の解釈と適用・2』（中央経済社、平成一二年）としてすでに公刊されており、本書で三冊目の研究成果の公刊となる。

前著公刊からすでに一七年が経過しようとしており、本書公刊は遅きに失した感があるが、前著同様に優れた裁決事例研究を所収することができたとともに、租税実体法ばかりでなく租税手続法に属する研究をも所収できたところに本書の意義がある。

各章の執筆者のほとんどが第一線で活躍する税理士であるとともに、故松沢智先生から租税法の解釈・適用の在り方について直接薫陶を受けた税理士も少なくない。また、執筆者に共通するのは、税法は誰のためにあるか、という問題意識を持ち、租税正義の実現に情熱を傾注するという点にあるが、その情熱は各章の記述内容に余すところなく反映されている。

ところで、松沢先生が創設された本研究会も桜税会から租税法務学会と名称が変更されたが、本研究会の創設は、裁判例の研究ではなく裁決事例研究を持続的に公刊することにより、我が国の租税訴訟における裁判所の判断に影響を与え、租税正義の実現に寄与することを目的とされた。

当学会の会員による裁決事例研究が専門誌『税務弘報』に掲載され、その後の裁判過程で有力な書証に採用され、裁判の行方を左右した事例も少なくないことは、学会創設の目的を果たしてきたものと自負できる。

現実に生じた租税争訟において、いかに法の正義を実現していくか、ここに租税法学研究の目的があることを確信する。裁判官として、研究者として租税正義の実現のための税法学を構築された松沢先生の租税法学の体系を松沢税法学と本書では呼称することにする。

その松沢税法学理論を基調にした租税法の解釈・適用を展開することを当学会の使命として、桜税会、租税法務学会の月例研究会では裁決を素材に真摯に議論し、研究を深めてきた。

当学会のホームページで私は以下のように述べた。

「松沢智先生の『租税実体法』（中央経済社刊）に初めて接した時に覚えた衝撃にも似た感動は今も色あせていない。その衝撃を受けたのは何故か、と問いかける思いで租税法の研究を続けて四半世紀を優に過ぎてしまった。松沢先生の情熱の根底に何があったのか、おぼろげに見えてきた気もする。税法は誰のためにあるか、との問いかけを発し、国民のためにあることを明言された先生の勇気に感謝したい。

租税法務学会規約第二条に、「本会は『租税正義の追究』を旗標に、松澤税法学理論の研究とその発展を通して、租税法実務界に租税正義の定着を図ることを目的とする。」とあるが、理事長としてこの目的のために精進していく所存である。」

当学会の研究成果を本書公刊により発表できることは理事長として無上の喜びであり、松沢先生の学恩に会員とともに報いることができたことに感謝すると同時に、本書を故松沢智先生に捧げたい。

また、松沢智先生の主要著作のほとんどが中央経済社から発刊されたが、前著同様に出版事情の厳しい状況下において、同社には本書の出版を快諾していただいた。とりわけ、同社の秋山宗一取締役常務には企画から編集にいたるまで極めて適切かつ迅速にご助力をいただいた。衷心より謝意を表したい。

最後に、島根大学准教授の谷口智紀君には本書の刊行のすべての過程において尽力いただいたことを記してお礼申し上げる。

平成二九年七月三日

編著者　増田　英敏

凡　例

本書において引用する法令、判例集、裁決事例集、文献等の略語は次のとおりである。
文献の引用中、「　」は論文、『　』は著書を示す。

法令
法令の名についての略号は、慣例にならう。

判決
最判（決）　最高裁判所判決（決定）
高判　高等裁判所判決
地判　地方裁判所判決

判例集・雑誌等
民集　最高裁判所民事判例集
刑集　最高裁判所刑事判例集
裁判集民　最高裁判所裁判集民事
高裁民集　高等裁判所民事判例集
行集　行政事件裁判例集
裁決事例集　国税不服審判所裁決事例集
訟月　訟務月報
税資　税務訴訟資料
判時　判例時報
判タ　判例タイムズ
シュト　シュトイエル
ジュリ　ジュリスト
税大論叢　税務大学校論叢

〔参考判例は原則として、平成29年4月1日現在のものを登載した〕

目次

第3章　税理士の死亡による職員に対する未払退職金の事業所得の必要経費算入の可否……68

【小関健三】

【小野内宣行】

第2章　業績悪化による役員給与の減額事由の該当性

【髙野　裕】

第5章　不動産の取得に際して売主へ支払った「固定資産税等相当額」の損金算入の可否……209

第三編　相続税・贈与税

第2章　遺産分割協議書の効力と名義預金の相続財産該当性……245

第4章　贈与によって取得したマンションの不動産鑑定士による評価適用の可否……284

【前野悦夫】

第四編　消費税

第五編　租税手続法

第2章　税務調査手続の瑕疵と更正処分の効力……355

序　松沢税法学の系譜と租税法解釈の在り方

はじめに

租税法務学会は、裁判官等の実務家として租税争訟における租税正義の実現に向け奮闘された、後に学界に転じられ、いわゆる松沢税法学を打ち立てられた故松沢智先生が創設された裁決事例研究会・桜税会を前身とする学会である。

租税法務学会（設立当時、桜税会）の発足の趣旨を松沢先生は、松沢智編著『租税実体法の解釈と適用』（中央経済社、平成五年）の「はしがき」において、中央経済社の税法の専門誌『税務弘報』の一九九〇年一〇月号を引用されて、以下のように述べておられる。

「これまで、わが国では租税法、特に法人税法の分野では、ほとんどが企業会計の従者に甘んじ顎使されてきた。しかしながら、税法は法律であり、法律学の学問であること、これが憲法における租税法律主義（三〇条）からの要請である筈である。そこでここに、われわれは税法を法律学の学問に戻すために立ち上り、その旗幟を明らかにし、自らわが国租税法学の礎たらんことをここに宣言する（税務弘報一九九〇年一〇月号二六頁「桜税会裁決事例研究会」の発足に当たって）」。

また、旧協議団から脱皮した国税不服審判所の発足に当たり、その創設時に私は審判官として参加し、納税者の権利救済のための第三者的機関として法律に基づいて争訟を裁断する機能を確立せんとした理想に燃えて、私が青春をかけてきた審判所の判断した裁決事例が、その後理想どおりに行われているかを見守る必要もある。

本書は、右の趣旨に賛同する学者や多くの実務家によって、研究会がもたれ、法的な視点に立って鋭い議論が闘わされ、客観的な結論に到達した「裁決事例」の研究のうち、主として法人税事案を中心として、体系的に取り上げた。・・・中略

再言しよう。税法は争いによって解釈が定まり理論が発展するということを。そのためにも、本書では、事例に関連した裁判例や学説にも論及し、客観的記述を心がけ、そのうえで司法のメスが入らないまま行政機関である審判所の「裁決事例」の解釈が有権的なものとして扱われて処理され正しい最終解釈がされているとして実務を支配することのないようにとの考えで公刊した。勿論、法的な視点からみて理論的に優れている裁決は本書でも充分に評価をし発表している。」

この「はしがき」執筆当時からすると、租税法学の発展は著しく、税理士をはじめ多くの租税法の専門家の間で、租税判例の研究の必要性は認識され、隔世の感があるのではなかろうか。

なお、租税法務学会の月例研究会における会員の研究報告の内容は『税務弘報』誌上に『裁決事例研究』として連載され、二五七回（二〇一七年七月号時点）の連載を継続しており、学会の設立の趣旨を継承した活動を展開している。

以下では、松沢税法学の系譜を簡潔に整理したうえで、租税法解釈の在り方を確認したい。とりわけ、長崎年金二重課税事件は、当学会の会員が裁決事例研究として報告し、『税務弘報』誌上でその研究が公表された。同裁決事例研究は、同事件の訴訟過程において有力な証拠（書証）として採用され、最高裁判決にも影響を及ぼしたと評価されている。

当学会の存在意義を示したともいえる同事件を素材に租税法解釈の在り方を確認したい。

なお、筆者は松沢税法学に啓発され、租税法解釈の在り方をこれまで研究の中心的なテーマの一つに据えて論考を公表してきた。[1]

Ⅰ　松沢税法学の系譜と裁決事例研究の意義

1　松沢税法学の系譜

松沢先生の税法学の系譜を簡潔に整理しておきたい。

まず、わが国の租税法学の系譜を木村弘之亮教授は、次のように整理されておられる。すなわち、わが国の租税法学は、「第一期は、ヘンゼル教授の体系書『濁逸租税法論』を日本に紹介された杉村章三郎教授、第二次大戦前後にドイツ租税法学の動向を紹介された田中勝次郎氏、第二期は、須貝修一教授による『租税債務関係理論とその発展』、中川一郎教授による『税法の解釈及び適用』とこれらに対抗する田中二郎教授の『租税法』学の進展、第三期は、アメリカ租税法を咀嚼され標準書を打ち立てられた金子宏教授、ドイツ租税法をも研究された清永敬次教授、村井正教授、さらに、浅沼潤三郎教授、北野弘久教授、吉良実教授、斉藤明教授、波多野弘教授、宮谷俊胤教授、租税裁判実務にたけられた松沢智、山田二郎両教授らによる租税法学の開花、第四期は、石島弘、碓井光明、玉國文敏、畠山武道、福家俊朗の各教授、当職らによる租税法学の継承としてそれぞれ人的に特徴づけられよう。第一期前においても実務担当者の優れた業績を見逃すわけにはいかない。アメリカ合衆国およびドイツ連邦共和国における租税法学の展開は、日本国のそれに多大な影響を及ぼしているとはいえ、日本租税法学は、裁判例および税務通達の累積によって、いわゆる国際標準から逸脱した形で独自に築き上げられている側面をも多々示している。」（同『租税法総則』一頁（成文堂、平成一〇年））と俯瞰されている。この整理は、久しく我が国の租税法学をリードされてきた研究者のお一人である同教授によるものであるから的確に把握されたものと評価できよう。

ドイツ租税法学やアメリカ租税法学を紹介し、咀嚼することによって展開されてきた我が国の租税法学の発展過程において、松沢税法学は従来の租税法学とは一線を画するものであったといえよう。

松沢税法学は、租税事件における裁判官の判断の構造を踏まえ、裁判実務を視野に入れ租税正義の実現のための租税法学の構築を指向した税法学として、松沢税法学は異彩を放っていたといえよう。

松沢税法学の神髄を一言で評するとすれば、「租税正義の実現のための実践的な税法学」と評することができよう。

松沢先生の古稀を祝した論文集『租税行政と納税者の救済』（中央経済社刊、平成九年）の編集代表を務められた山田二郎先生は、同書の「献呈の辞」において次のように述べられている。

「松沢智先生が、本年一〇月一一日めでたく古稀をお迎えになります。

松沢先生は、訟務検事、国税不服審判所（本部）審判官、東京地方裁判所判事などの要職を歴任され、その貴重な経験を生かされて、日本大学法学部教授（租税法担当）に就任され、今日に至っておられます。

この間、松沢先生は、その詳細は、本論文集の巻末の略歴、著作目録で紹介させて頂いていますとおり、『税務訴訟の基礎知識』（中央経済社版。日本公認会計士協会学術賞を受賞）、『新版租税実体法』（中央経済社版）、『租税法の基本原理』（中央経済社版）、『租税実体法の解釈と適用』（編著、中央経済社版）、『租税実体法と処罰法』（共著、財経詳報社版）、『税理士の職務と責任』（第三版）（中央経済社版）、『租税手続法』（中央経済社版）など数多くの著作を公刊され、また租税法学会など学会で貴重な報告や活発な発言をしてこられました。これらの著作などを通じて、松沢先生は、租税法の中に正義と公平の理念の実現をたえず追求され、租税法は誰のためにあるのかを問われ、また税理士の方々に「法律家」としての積極的な役割を呼びかけてこられました。

松沢先生とながらく学会や研究会などを御一緒させて頂いた私共は、いつも何よりも先生の正義感、情熱に啓発されてまいりました。」（『租税行政と納税者の救済』一頁（中央経済社、平成九年））

松沢先生は、訟務検事、国税審判官、そして、裁判官として租税事件の解決にそれぞれの立場で奮闘されてこられた。租税を巡る紛争過程で租税法の目的である租税正義の実現に粉骨砕身の格闘をされてきた。その結晶として租税正義のための税法学に関する研究書を公刊されてきたのである。

松沢税法学は、租税法の解釈・適用を巡る国と納税者の紛争を解決するための実践的叡智に裏付けられた税法学であり、松沢税法学の特徴は、税法が誰のためにあるか、法は人々の幸福のためにあるといった哲学的問題意識の下に構築されているところにある。

(2)　租税法の解釈・適用と松沢税法学[2]

研究者ばかりか多くの実務家に読み継がれてきた松沢智著『租税実体法』（中央経済社、初版昭和五一年刊[3]）は松沢智先生の代表的著作である。同書の初版が昭和五一年に公刊されるやいなや、公認会計士、税理士をはじめとする租税法の実務家から絶大な支持を得て現在に至っている。特に租税訴訟において訴訟当事者はもちろん裁判官も必ず参照する文献であるとされる。

同書第一章『租税実体法の本質』の冒頭部分において、松沢先生は「租税法をめぐる理論的問題は、要するに租税法律主義と租税公平負担の原則[4]とを如何に調整するかの問題に尽きる。特に、租税実体法は、課税要件を直接に規定した法規であるから、租税法律主義を背景にする納税者の財産権の保護の主張と、租税公平負担の原則を基礎とする課税行政庁の財政収入の確保の主張とが鋭く対立する。それは、租税法の解釈・適用について、法的視角から捉えようとする立場と、経済的視角から論じようとする立場との相剋となって表われてくる。

一体、租税法、特に租税実体法はどのような基準を以って解釈・適用すべきなのか。そもそも租税実体法は、一体誰のためにあるのか。租税法律主義と租税公平負担の原則とが対立した問題については、どのようにして理論的解決をしたらよいのか。[5]」といった問題提起から説き起こされ、同書がこの問題を究明することを目的としていると述べておられる。裁判官として多くの租税訴訟を担当された松沢先生のこの問題意識は、租税法の解釈適用の理論と実際の問題を解明する上で最も重要な、そして普遍的なテーマとして位置付けることができよう。

租税法律主義の立場を強調する納税者と租税公平主義の立場に立脚して租税法の解釈・適用を展開する課税庁との対立の構図として、両基本原則の相剋の問題は顕在化することを指摘されていることは興味深い。

次いで、松沢先生は同書において、租税法律主義の本質と租税公平主義の本質を整理された上で、この問題に対する結論的見解を次のように述べておられる。

「かくてここに租税法律主義による法の明確化の要請が専ら納税者側から、自己の財産権を守るという形において主張され、これに対し、租税制度存立の基礎ともいうべき公平負担の原則が課税庁側から法の適正な執行者の立場において租税法の基本理念として強調された。しかして両原則は、現実には対立する理念として、あたかも相剋する運命にあるというような、換言すれば、まさに租税法規そのものの宿命であるというような観さえ呈して租税法の解釈・適用のあらゆる場面にその対立する形相を表わしている。

つまり租税法の解釈・適用にあたっては、前述したように、その内容が明確かつ一義的でないところから、一方ではその経済的実質的目的に着目し、実質的に同様な経済的効果を伴う場合には、公平負担の原則に基づき、同様な課税を行なうべきものとする立場と、他方では、租税法律主義に基づく経済生活の法的安定と予測可能性の必要性を強調し、解釈・適用について疑義があれば、厳格に解釈し、疑わしきは納税者の利益に解すべきものと説く立場が拮抗する」[6]ことを鋭く指摘されている。

そのうえで、「その場合に、租税法の解釈・適用にあたって拠るべき基準は、究極のところ、何が租税正義に合致するものかどうかの点に帰することとなる。けだし、「租税法律主義の原則」といい、「負担公平の原則」といっても、結局は、租税正義実現の手段・方法であって、租税法の解釈は、究極において、いわば国民の通念たる租税正義に合するものでなければならないとする趣旨を表現しようとしたものと考えられるからである。[7]」と租税法の解釈・適用の在り方を結論づけられている

租税法律主義も租税公平主義も、本来調和すべきは当然のことであって、本質的に矛盾対立する原理ではないのであり、その意味において、租税法の解釈・適用にあたっては、租税法における租税法律主義と公平負担の原則の二個の基本原理を踏まえたうえで、そのいずれにも偏せず、両者の妥当な調和を図りつつ、何が租税正義であるかを発見することが必要であることを結論づけられている。

同書の以下の章では、租税回避行為と租税法律主義（第二章）、同族会社の行為計算否認の本質（第三章）、税法上の法人格否認の法理（第四章）、そして、法人税法上の所得概念と権利確定主義（第二編第一章）、といった租税法実務上、具体的に生じる論点を具体的に設定して、両基本原則を調和させることにより、租税法の解釈・適用が租税正義の実現に帰結することを明確にされている。

同書において、松沢先生は、租税公平主義と租税法律主義の二つの租税法の基本原則の調和を図ることにより、租税法の目的である租税正義の実現を指向していくことを租税法の解釈・適用の在り方として明確にされている。

租税法の二つの基本原則が納税者と課税庁の立場を反映して相剋関係にあることを明確に意識しながら、両基本原則が租税正義実現のための手段・方法であると位置づけ、租税法の解釈・適用過程においては、租税正義の価値判断基準により両者の調和をはかることが重要であることを強調されている。

松沢『実体法』は、初版が昭和五一年に発行されたのであるが、その当時の租税法学は揺籃期にあったといえる。当時としてはどちらかというと租税公平主義を重視し、実質課税の原則や経済的観察法といった考え方も有力説として学界においても展開されていたといえる。したがって、同書が租税法の解釈・適用における租税法律主義と租税公平主義の相剋の問題が、租税法の基本問題であるとして、租税実体法の解釈・適用の具体的場面における両基本原則の相克問題を提起されたことは画期的な視点であったと思われる。

同書は、両基本原則の対立を租税法の解釈・適用の場面で適度に調整していくことが租税法の目的である租税正義の実現に不可欠であることを説き、さらに両基本原則は本来調和すべきは当然で、本質的に矛盾するものではないと述べられている。また、二つの基本原理を踏まえたうえで、「そのいずれに偏せず、両者の妥当な調和を図りつつ、何が租税正義であるかを発見することが必要である[8]」ことを力説されている。

さらには、同書第2章では、事実認定における実質主義と税法解釈における実質主義の異同を詳細に論じられている。当時の租税法学の租税公平主義を根拠とする実質主義の議論が展開されていたのである[9]。ここに松沢税法学の本質があるといえよう。

2　裁決事例研究の意義

松沢先生は、松沢智編著『租税実体法の解釈と適用[10]』の「はしがき」において、裁決事例研究の意義を以下のように述べておられる。

「税法は争えば解釈が発展する。

わが国は申告納税制度を採用する以上は、租税法をどのように解釈するかは第一次的には納税者の責任であって、納税者と対等な債権債務関係にある税務署長には内部的訓令である「通達」による解釈を納税者に押しつける権威はない。ただ、課税庁は、納税者の申告が正しくないとき、または申告しなかったときは補正的に課税処分をすることとなるが、しかし、その処分によって税法の解釈が確定するのではない。納税者と課税庁とで立場の差異により当然法解釈に違いの生ずることは充分にあり得るが、しかし、その場合でも何が租税法の正しい解釈かを最終的に判断し確定するのは「法の支配」のもと司法裁判所なのである。

裁判所は両当事者の紛争に対し納税者から解決を求めるべく出訴されたとき、そこで初めて法解釈の判断を示すことになる。しかし、争いがなければ判断を示すことができない。従って、両当事者にしてみれば、法解釈に喰い違いによる争いが生じたとき、将来、裁判になれば、どういう判決が下されるであろうかということを絶えず考えて対処しておかねばならない。その意味で租税法は補充的ではあるが、「裁判規範」の性質をもつ。租税法が裁判所で解釈される基準は何かといえば、それは、租税法を法律という視点から解釈することであり、それ以外の何物でもない。だから、平常から具体的事例に即して租税法を解釈し、適用するに当たっても、法律的な物の考え方、すなわちリーガル・マインドを持つことが必要である。それでは、その考え方を訓練する方法がないであろうか。判断の出来上った司法裁判所の「裁判例」を読むことで、何について両当事者間で法的な論争が繰り返され、これに対し裁判所がどのように判断したかを容易に知ることもできよう。

だが、しかし、それでは出来上ったものを見るだけであって、全く白紙の状態でどのように争ったら良いかを考えることはできないことはないが、一旦出来上ったものを別の角度から考え直すのは、いう程容易ではない。それならば、裁判に到る以前の段階で、納税者と課税庁が法解釈や法の適用を争っている場合に、そこでは未だ充分に法のメスが入っていないところでリーガル・マインドを養う方法がないであろうか。それが、本書で取り上げた国税不服審判所の「裁決事例」の研究である。そこでは、殆どの事件が、納税者の代理人として税理士が関与するだけで、法律家である弁護士が最初から加わるケースは甚だ少ない。しかも、紛争に対し、判断を示す国税審判官の殆どが、昨日まで、課税庁に所属していた者であるから、そこでは、長年「通達」に馴れ親しんできたために法的な視点から争訟を裁断する訓練を殆どされてはいないので、どうしても、国庫主義的な税収確保のためという思考方法に陥りやすい。

そこで、そのような考えのもとでなされた裁決事例を取り上げるのが、既に述べたリーガル・マインド、すなわち法的視点から法のメスを入れる考え方の養成に、最も近いといえるのではなかろうか。しかも、特に、従来から、法律学よりも会計学や財政学をふまえた企業会計によって計算するものと考えられていた法人税に関する紛争を主として取り上げるのが、更に、目的に適合しよう。

国税不服審判所は、先年創立満二〇周年を迎えたが、ここで、いま一度、創設時の原点に戻って、法的視点に立つ第三者的な納税者の権利救済機関として、原処分の見直しではなく「争訟裁断機能」という正しい方向を再認識すべき時期にいまや来ているのではあるまいか。

本書は、単なる「裁決事例」の紹介でもなければ、決して審判所の裁決批判でもない。「裁決事例」の判断の理由を法的視点から検討し直し、審判所の創設時の理想に戻したいと念願し、そのことが、ひいては適正な税務行政にも資し、税務当局も納税者の信頼を得る所以ではなかろうかと思料したからである。本書は既刊の拙著「租税実体法（増補版）」の各論（続編）ともいうべきものである。」

これまで、国税不服審判所の裁決は、裁判所の租税事件の判決に比して学術的視点から本格的に批判の対象とされてこなかったといえる。しかし、国税不服審判所の使命が、原処分の見直しではなく納税者の権利救済機関としての「争訟裁断機能」を有する納税者の権利救済にあるから、その使命を果たしているか否かについて、リーガルマインドの視点から検証することはきわめて意義深いことである。

裁決事例研究の意義は、判例評釈と同様に審判所の裁決を検証し、租税正義にかなう、そして、法的批判に耐えうる裁決を下しているか否かをチェックすることにより国税不服審判所の納税者の権利救済機能のさらなる充実に寄与することにある。

Ⅱ　租税正義と租税法の基本原則

租税正義の実現のための租税法の解釈の在り方は、租税公平主義と租税法律主義の二つの基本原則の趣旨を尊重しいずれにも偏することのない租税法の解釈といえよう。

租税法律主義の要請を偏重するあまり、租税法規の立法目的を逸脱する解釈は正義に反することになる。一方、租税公平主義の要請を重視し、租税法規の文言の文理解釈から離れて趣旨解釈の名のもとに拡大解釈は許されない。両基本原則は租税正義の実現のための具体的基準であり、手段といえる位置づけにある。

そこで、租税正義の意義を確認したうえで、租税正義と租税法の基本原則の関係をここに簡潔に整理しておくことが以下の租税法解釈の在り方を論じるうえで有用であると考える。

まず、租税正義の正義について確認する。法の究極の目的は正義の実現にあることは疑念の余地はない。この正義の意義は多義的であり、一言で説明できるものではないが、ここであえて簡潔にその本質的意義を述べるならば、次のように理解することができる。

強者が弱者を支配し、同じ人間を奴隷として売り買いした時代が過去に存在した。正義とは、その支配と従属の関係を断ち切り、人々に自由と平等を保障する価値概念の総称であり、人間が目指すべき理念ともいえよう。法は人々を力による支配から解放し、人々の自由と平等を保障することを目的として存在する。人々の自由と平等を最大に尊重する価値概念を正義と呼ぶことができよう。

したがって、正義の実現を目的とする法は、人類の英知の象徴ともいえる。人類は不幸な時代を乗り越え、過去のおぞましい行いに対する反省も込めて、法というルールの下に国家を構築した。我々は国家の構成員である国民の幸福の実現を図るツールとして、法を創造したのである。法は誰のためにあるか。法は時の為政者のためにあるのではなく、我々国民のためにあることを歴史は証明している。

この国家における法の位置づけを租税法に展開すると、租税法は、まさに納税者である国民の幸福実現のためにあるといえよう。法の目的が正義の実現にあるのであれば、租税法の究極の目的は租税正義の実現にあることは自明である。

国家による恣意的課税の歴史はあまりにも長く続いた。恣意的課税は国民の財産権の侵害でしかない。法によらない恣意的課税は国民を不幸にする。したがって、租税法の存在意義は、国家による恣意的課税を阻止して、国民の自由と財産権を保障することにあるといえる。租税法に基づく課税の原理が、憲法原理としての租税法律主義である。

しかし、ここで問題となるのは、租税法の立法原理が正義に合致していなければ、いくら租税法に基づく課税が行われても空虚であるし、その結果は人々を不幸にする。

そうすると正義に合致するか否かの基準は何かが問われねばならない。すなわち租税法の目的とする正義とは何か？

それは、納税者の担税力に応じた実質的な平等を保障する価値概念といえよう。担税力に応じた課税は、国民に満足と幸福をもたらすが、担税力を無視した課税は国民を不幸にする。この担税力に応じた課税を求める租税法の原理が、憲法原理としての租税公平主義である。

すなわち、租税正義は租税公平主義により具体化され、租税法として立法化される。そして、租税正義の実現を立法目的とした租税法を、その法規定のとおり実務に展開していくことを命じているのが租税法律主義なのである。租税法律主義は、租税正義（租税公平主義）を実現していくエンジンと例えることもできる。租税法律主義なくして租税正義の実現はあり得ない。なぜならば、租税法実務を法の支配の下に置くことが租税正義の実現に不可欠だからである。

租税正義は、租税公平主義により具体化され、そして、租税公平主義は、租税法律主義により租税法実務に展開されるという関係にあることが確認できよう。

租税法の基本原則である租税公平主義と租税法律主義は、有機的関係性を保ちつつ、租税正義の内容を構成しているということができる[11]。

このことを松沢先生は、租税公平主義も租税法律主義も、「結局は、租税正義実現の手段・方法であって、租税法の解釈は、究極において、いわば国民の通念たる租税正義に合するものでなければならない[12]」と述べられている。

租税公平主義とは、「税負担は国民の間に担税力に即して公平に配分されなければならず、各種の租税法律関係において国民は平等に取り扱われなければならないという原則[13]」をいう。日本国憲法の中核に位置付けられる憲法一四条が定める「平等原理」の租税法への展開が租税公平主義の原則といえる。

租税公平主義の意義は、租税負担公平の原則（立法原理）と平等取扱原則（執行原理）の二つの意義を内包する原則と理解できる。すなわち、租税公平主義は、次の二つの意義を内包し、租税正義の具体化を図る原則と理解できる。

第一の意義は、立法の側面から「担税力に応じた課税」(taxation according to ability to pay) を求める原則であるということができる。担税力(担税力は租税の負担能力を意味する) に応じた課税を目的とする租税法の立法を命ずる、立法原理として理解することができる。

第二の意義は、執行の側面で、機会均等を要請し、担税力に応じた公平な課税を目的として立法された租税法を、すべての国民に平等に適用することを要請する原則である(平等取扱原則)。

我々国民に経済的能力の格差があることは事実であり、その格差を無視してすべての国民に等しく租税負担を強いることは、経済的能力の弱い人々には過酷な状況をもたらす。法の目的である正義に反する結果を招く。担税力の弱い納税者には過酷とならないように租税負担を軽減し、経済力のある担税力の強い納税者には、その担税力に応じて租税負担を重くすることは正義の理念に沿うはずである。「担税力に応じた課税」は、租税正義に具体的な指標を与えることになる。

それぞれの担税力を適正に測定するために所得税法をはじめとする各個別租税法が立法されてきた。したがって、所得税法、法人税法、相続税法、そして、消費税法に共通する立法原理が租税公平主義であり、その上位概念であるのが租税正義なのである[14]。

次に問題となるのは、租税正義を立法原理とした租税法の法的取扱いの平等が確保されなければならないという点である。せっかく正義の実現を目的とした立派な租税法ができたとしても、平等取扱いが確保されねば、その法の目的が達成されることはない。そこで、租税公平主義は、平等取扱原則を内包し、だれにも絶対的に等しく租税法が適用されることを要請しているのである。

担税力に応じた課税は、平等取扱原則が保障されて初めて実現されるのであるから、平等取扱原則は担税力に応じた課税の大前提といえる。租税公平主義は租税負担公平の原則と平等取扱原則の二つの原則により立法と執行（実務）の両面から租税正義の実現を担保しているのである。

租税は時の権力者により恣意的に課されてきたことは歴史的事実である。この歴史的教訓に基づいて、国家による恣意的課税を阻止するために、租税の賦課・徴収の条件として、国民の同意が必要であるという仕組みを国家の最高法規である憲法に定めたのである。国家による恣意的課税は国民の自由と財産権の侵害を招き、国民を不幸にする。公平な課税を立法原理とする租税法を、その立法原理のとおりに国民に適用することを租税法律主義は命じている。したがって、租税法律主義の存在意義は納税者の権利保護にあるということができる。ここに、租税法律主義が租税正義の実質を担保する重要な役割を果たすことを確認できる。なぜならば、国民の自由と平等を保障することを内容とする価値理念の中核を占めるのが租税公平主義であるから、租税法律主義が、その租税公平主義の実現を実質的に担保するという関係にあるからである[15]。

Ⅲ　租税法解釈の在り方―租税法における文理解釈と論理解釈の関係性

租税法は侵害規範であるところから、租税法律主義のもとにおける租税法の解釈は文理解釈によるべきである。文理解釈とは、法文の文字や文章の意味を明らかにすることをいうのであり、通常一般人が用いている言語の意味によって解釈することが求められる。しかも、租税の性格は強制、無償という性質をもち、われわれ国民の財産権の侵害をもたらすものであるから、その解釈は文字や文章に厳格、忠実に解釈する必要がある。

一方で、「租税法を解釈し、適用するということは、それにより「租税正義」を実現することを意味する。ここに「租税正義」とは、人間の尊厳をはかり、すべての国民の幸福を確保するために創った国家社会の一員として、国家生活を営むうえに必要な費用を共同分担するために法令に定めた納税義務を適正に実現することをいう[16]」から、文理解釈のみではその意味を明らかにできず法の目的を達成できないときは、規定全体の趣旨、目的を追究して法令の正しい意味を明らかにする論理解釈が補正的に必要となってくる場合がある。論理解釈とは、単に法令の文字、用語だけにとらわれるのではなく、規定全体の趣旨、法令の立法目的、物の筋道、道理、条理を取り込んで法律を解釈することをいう[17]。論理解釈は、条理解釈ともいい、法令のあるべき趣旨、目的を重視し結果の妥当性を追究する目的論的解釈とも称される解釈態度であり否定すべきではない。

しかし、文理解釈を離れて目的論解釈の名のもとに拡大解釈や縮小解釈が展開された場合には、租税法律主義の機能である予測可能性を確保されないことになるから、租税法解釈の在り方としては、あくまでも文理解釈が優先されるべきであるということになる。

本稿で取り上げる長崎年金二重課税事件[18]は、租税法解釈の在り方が正面から問われた事件として注目された。同事件の国税不服審判所の裁決が公表された直後に桜税会（租税法務学会）の月例研究会で研究対象裁決事例として取り上げられた。報告会員による報告は裁決に反対する立場を表明し、研究会でも報告者の意見を補強する議論がなされた。研究会での議論を反映した内容が『裁決事例研究』として『税務弘報』誌に掲載され注目を集め、同研究は同事件の訴訟過程において書証として採用され、その後の最高裁判決にも影響を与えたとされる[19]。

そこで、以下では、同事件を素材に租税法解釈の在り方をここで再確認しておきたい。なお、同事件の判例評釈等を筆者は最高裁判決の直後に公表し、拙著においてもすでに紹介しているが、裁決事例研究の重要性と意義、そして、租税正義実現のための手段としての租税公平主義と租税法律主義の視点から検討を加え、租税法解釈の在り方を明らかにするうえで最適な事例といえるのでここで紹介しておきたい。

1　本件の概観

最高裁判所第三小法廷は平成二二年七月六日、年金受給権に相続税を課税し、年金に所得税を課税することが違法な二重課税であるかが争われていた、いわゆる長崎年金二重課税事件で、福岡高等裁判所の判決を破棄、納税者側の主張を認める判決を言い渡した。本件最高裁判決は社会的に注目され、判決言い渡しの直後に財務大臣が判決に対応した救済を図る旨の見解を公表するなど大きなインパクトを与えた[20]。

争点は、（1）本件年金が相続税法三条一項一号のみなし相続財産に該当するか否か、（2）本件年金が所得税法上の所得に該当するか否か、そして、（3）本件年金が所得税法九条一項一五号（現一六号）の非課税所得に該当するか否か、の3点であったが、中心的争点は（3）の本件年金が非課税所得に該当するか否かである。

第一審の福岡地裁は原告の主張を認容し、全部取消を命じたが、控訴審は逆転で原告敗訴としたが、上告審では、控訴審判断を破棄し、原告勝訴の判断が示された。年金受給権に相続税を課税し、年金に所得税を課税することが違法な二重課税であるかが争われていた、いわゆる長崎年金二重課税事件である。

一審の長崎地裁が年金を雑所得として課税することは二重課税に該当すると判断したのに対し、福岡高等裁判所は逆転で国側の主張を認め、現行の国側の法解釈を是認したため納税者側が上告していた。

最高裁は、相続により取得した「保険金」には所得税を課さないと規定している所得税法九条一項一五号の趣旨を、

「相続税又は贈与税の課税対象となる経済的価値に対しては所得税を課さないこととして、同一の経済的価値に対する相続税又は贈与税と所得税との二重課税を排除したものと解される」と判示し、年金受給権に係る年金の各支給額のうち、相続時の現在価値として年金受給権の評価額に含まれる部分は、相続税の課税対象となる経済的価値と同一のものであることから、所得税の課税対象にならないと、以下の判示の通り判断した。

2　最高裁の判旨

(1)　原審・福岡高裁の判断の破棄

原審である福岡高裁の判断を次のように整理したうえで、その判断は是認できないとした。

すなわち「原審は、上記事実関係の下において、次のとおり判示し、本件処分は適法であると判断して、Xの請求を棄却すべきものとした。

所得税法九条一項一五号は、相続、遺贈又は個人からの贈与により取得し又は取得したものとみなされる財産について、相続税又は贈与税と所得税との二重課税を排除する趣旨の規定である。相続税法三条一項一号により相続等により取得したものとみなされる「保険金」とは保険金請求権を意味し、本件年金受給権はこれに当たるが、本件年金は、本件年金受給権に基づいて発生する支分権に基づいてXが受け取った現金であり、本件年金受給権とは法的に異なるものであるから、上記の「保険金」に当たらず、所得税法九条一項一五号所定の非課税所得に当たらない。」との判断を下したが、最高裁はこの判断を破棄し、以下の通り判示した。

（2）非課税所得に該当するか否かについて

本件最高裁は原審の上記判断を、次のような理由を示して是認することができないとした。

「（ア）所得税法九条一項は、その柱書きにおいて「次に掲げる所得については、所得税を課さない。」と規定し、その一五号において「相続、遺贈又は個人からの贈与により取得するもの（相続税法の規定により相続、遺贈又は個人からの贈与により取得したものとみなされるものを含む。）」を掲げている。同項柱書きの規定によれば、同号にいう「相続、遺贈又は個人からの贈与により取得するもの」とは、相続等により取得し又は取得したものとみなされる財産そのものを指すのではなく、当該財産の取得によりその者に帰属する所得を指すものと解される。そして、当該財産の取得によりその者に帰属する所得とは、当該財産の取得の時における価額に相当する経済的価値にほかならず、これは相続税又は贈与税の課税対象となるものであるから、同号の趣旨は、相続税又は贈与税の課税対象となる経済的価値に対しては所得税を課さないこととして、同一の経済的価値に対する相続税又は贈与税と所得税との二重課税を排除したものであると解される。

（イ）相続税法三条一項一号は、被相続人の死亡により相続人が生命保険契約の保険金を取得した場合には、当該相続人が、当該保険金のうち被相続人が負担した保険料の金額の当該契約に係る保険料で被相続人の死亡の時までに払い込まれたものの全額に対する割合に相当する部分を、相続により取得したものとみなす旨を定めている。上記保険金には、年金の方法により支払を受けるものも含まれると解されるところ、年金の方法により支払を受ける場合の上記保険金とは、基本債権としての年金受給権を指し、これは同法二四条一項所定の定期金給付契約に関する権利に当たるものと解される。

そうすると、年金の方法により支払を受ける上記保険金（年金受給権）のうち有期定期金債権に当たるものについては、同項一号の規定により、その残存期間に応じ、その残存期間に受けるべき年金の総額に同号所定の割合を乗じて計算した金額が当該年金受給権の価額として相続税の課税対象となるが、この価額は、当該年金受給権の取得の時における時価（同法二二条）、すなわち、将来にわたって受け取るべき年金の金額を被相続人死亡時の現在価値に引き直した金額の合計額に相当し、その価額と上記残存期間に受けるべき年金の総額との差額は、当該各年金の上記現在価値をそれぞれ元本とした場合の運用益の合計額に相当するものとして規定されているものと解される。したがって、これらの年金の各支給額のうち上記現在価値に相当する部分は、相続税の課税対象となる経済的価値と同一のものということができ、所得税法九条一項一五号により所得税の課税対象とならないものというべきである。

（ウ）本件年金受給権は、年金の方法により支払を受ける上記保険金のうちの有期定期金債権に当たり、また、本件年金は、被相続人の死亡日を支給日とする第一回目の年金であるから、その支給額と被相続人死亡時の現在価値とが一致するものと解される。そうすると、本件年金の額は、すべて所得税の課税対象とならないから、これに対して所得税を課することは許されないものというべきである。」

3　最高裁判決の論理と評価―租税法の基本原則の視点から

(1)　租税公平主義の視点から

所得税法や相続税法の立法原理は担税力に応じた課税を求める租税公平主義である。担税力の測定尺度として前者は所得を、後者は相続財産という資産を設定して課税体系を構築している。担税力は税を負担する能力であるから、経済的利益ないし価値を金銭により測定できるものということができる。経済的価値を形式により評価測定すると、税を負担する能力である担税力は画餅に帰する。そこで、経済的価値を実質に即して評価測定していくことが求められる。租税公平主義は実質的担税力に即した課税を求めているといってよい。

租税公平主義の求める担税力に応じた課税における担税力は、名目や形式により評価するのではなく、実質により評価されなければならない。その考え方を明確に法が定めているのが、たとえば、所得税法一二条の実質所得者課税の原則[21]である。

そもそも二重課税の排除の要請も、実質的には同一の経済価値に相続税と所得税を二重に課すことは、担税力の視点からは苛酷であるから所得税は課税しないという趣旨の下に所得税法九条の非課税所得規定が設けられているのであるといえる。

高裁判決は、基本権と支分権という法的性質の違いをことさら強調し、両者は別個の存在であるから二重課税には該当しないとしているが、年金受給権は基本権であり、その基本権から派生する支分権とは別であるというロジックは、過度に法の形式に着目するものであり、実質的な担税力に応じた課税を求める租税公平主義の視点から批判されねばならない[22]。

一方、最高裁は、「相続、遺贈又は個人からの贈与により取得するもの」とは、相続等により取得し又は取得したものとみなされる財産そのものを指すのではなく、「当該財産の取得によりその者に帰属する所得を指すものと解される。」としたうえで、「当該財産の取得によりその者に帰属する所得とは、当該財産の取得の時における価額に相当する経済的価値にほかなら」ないことをまず明確にする。そして、相続税又は贈与税の課税対象となる経済価値と同一の所得には所得税を課さないことを所得税法九条一項一五号は定めたものであるから、同号の趣旨は、相続税又は贈与税の課税対象となる経済的価値に対しては所得税を課さないこととして、同一の経済的価値に対する相続税又は贈与税と所得税との二重課税を排除したものであると解される、と判示しており、経済的価値は同一である点に着目し二重課税を排除するという考え方に立脚しており、租税公平主義の視点から評価できる。

この点では、地裁判決も、「相続税法三条一項によって相続財産とみなされて相続税を課税された財産につき、これと実質的、経済的にみれば同一のものと評価される所得について、その所得が法的にはみなし相続財産とは異なる権利ないし利益と評価できるときでも、その所得に所得税を課税することは、所得税法九条一項一五号によって許されないものと解するのが相当である。」と判示しており、相続税の課税対象となる保険金受給権（基本権）も、その基本権に基づいて被相続人の死亡後に受給するその年金受給権（支分権）もその法的性質は異なるが実質的にみれば同一の経済的価値であるから、同一の経済価値に所得税を課すことは許されないとして、この点では最高裁と同一の考え方に立つといえよう。

（2）租税法律主義の視点から

被告国側は控訴審において、一審の原判決を「租税法は、侵害規範であり、法的安定性の要請が強く働くから、その解釈は原則として文理解釈によるべきであり、みだりに拡張解釈や類推解釈を行うことは許されないというべきである。原判決が、本件年金は、法的には本件年金受給権とは異なるが、実質的・経済的にみれば同一のものと評価される財産であるから所得税を課税することは許されないと判示していることは、同号の規定の適用範囲をその文理を明らかに逸脱ないし拡大して解釈するものというほかはない。」と批判して、原判決を取り消すよう主張しているが、主張は租税法律主義の要請からすれば租税法の解釈はまさに文理解釈によるべきで、当然のこととされる租税法解釈の在り方を確認したものである。しかし、本件で問われているのは、控訴人である国側の主張が果たして文理解釈といえるのかという点である。

租税法は侵害規範であるから、租税法律主義の統制下におかれ、租税法の解釈は厳格な文理解釈が求められることには異論はない。しかし、筆者には一審判決が租税法の文言を拡張解釈しているとは思われない。むしろ国側の解釈が非課税規定の範囲を縮小解釈していると指摘せざるを得ない。

関連規定を簡単に整理して考えてみたい。まず、相続税法三条一項一号は、被相続人の死亡により相続人が生命保険契約の「保険金」を取得した場合、当該保険金受取人について、当該保険金のうち被相続人が負担した保険金の金額の当該契約に係る保険料で被相続人の死亡の時までに払い込まれたものの全額に対する割合に相当する部分を、相続により取得したものとみなす旨を規定している。

一方、所得税法九条一項一五号は、相続、遺贈又は個人からの贈与により取得するもの（相続税法の規定により相続、遺贈又は個人からの贈与により取得したものとみなされるものを含む。）については、所得税を課さない旨を規定している。

両者の規定を本件に素直に当てはめると、まず、前者の相続税法三条がXは本件保険契約に基づいて一時金四、〇〇〇万円を取得するが、この金額は同法によりみなし相続財産とされ、さらに、毎年二三〇万円を一〇年間総額二、三〇〇万円を相続時点の現在価値に引き直すために、相続税法二四条一項一号が適用され、二、三〇〇万円の六〇％である一、三八〇万円が年金受給権の現在価値としてみなし相続財産に合算され、相続税が課税された。みなし相続財産として年金受給権の経済的価値、すなわち時価を一、三八〇万円として相続税課税が本件ではなされたのである。

次いで、所得税法九条一項一五号は「相続により取得したもの」のあとに「相続税法の規定により相続、遺贈又は個人からの贈与により取得したものとみなされるものを含む。」として、「相続により取得したものとみなされるもの」、すなわち、「みなし相続財産」にも所得税を課さないと定めている。

本件に同法を当てはめると、一時金として受け取った四、〇〇〇万円も年金受給権の現在価値一、三八〇万円の両者ともみなし相続財産とされ、相続税課税がなされたのである。よって、所得税法の規定により四、〇〇〇万円も年金受給権一、三八〇万円にも非課税所得に該当するという結論になる。ところが、年金形式で受給した二三〇万円は、同法の非課税所得から除外され課税所得として取り扱われたのである。

相続を原因として取得した同一の経済価値のうち、取得形態により一方は非課税所得とされ、他方は課税所得として取り扱われるのかについて、その差別的取扱いをせよとの文言は当該規定のどこにも存在しない。

ところが、これまでの租税実務においては、相続税法三条一項一号によりみなし相続財産とされる「保険金」には、一時金により支払を受けるもののほか、年金の方法により支払を受けるもの（年金受給権）も含まれるとされ（相続税法基本通達三-六）[23]、他方、これによって受取人が受け取る個々の年金については当該受給者の所得として所得税を課すものとされてきた。すなわち、①年金受給権と、②その権利に基づいて受け取る個々の年金とは法的に別個のものであるという整理の下、①年金受給権については「保険金」に該当し、相続税法三条一項一号に基づき相続税が課される（したがって所得税は課されない。所得税法九条一項一五号）が、②個々の年金については「保険金」に該当せず（したがって相続税は課されない）、所得税が課されると解されてきた（「家族収入保険の保険金に関する課税について」〔昭和四三年三月官審（所）二一、官審（資）九〕[24]）。

ところで、所得税法九条の当該規定は、『相続により取得したもの』もしくは『相続により取得したものとみなすもの』と定めており、この『相続により』という文言は、『相続を原因として』、と解することが文理による解釈といえる。そうすると『相続により取得したもの』とは、すなわち、『相続を原因として取得したもの』と解すことが自然である。年金として実際に受領した現金と、権利としての年金受給権も、相続という同一の原因により取得した経済価値であるから、両者を区別して取り扱わねばならないという法的根拠は文言からは見出せない。

そこで、被告国側は、基本権と支分権の法的性質の相違を根拠に、両者は別物であるから二重課税に該当しないので、年金形式で受け取る場合には所得税法九条一項一五号の射程から除外されると主張するのである。租税法律主義の下で、文理解釈によるべきであると主張する国側自らが文理から離れた解釈を展開していると言わざるを得ない。

文理解釈によりその文言の意義が上記のように明確であるにもかかわらず、ことさらに二重課税の排除という立法趣旨を強調し、二重課税にならないのだから二重課税排除規定は適用されないと論じている点に、租税法律主義の視点からも批判が加えられよう。

実質的には同一の経済価値を法的性質の異なる点を強調し、基本権と支分権は別物であるから二重課税はそもそも存在しない。ゆえに二重課税排除規定は適用できないと主張するのは法の解釈適用上、不合理である。

趣旨解釈は文理解釈により文言の意味がいくつか分かれるなどの場合に、趣旨を勘案して最も適切な解釈が選択されるというものであり、文理解釈を飛び越して趣旨を強調する解釈は、租税法の解釈としては租税法律主義の視点から批判されるべきである[25]。

ここで、これまでの議論を整理しておくと、地裁判決と本件最高裁判決は両者とも原告勝訴とした。しかし、その内容の本質は大きく異なる。

まず、基本権と支分権という法的性質を強調するのではなく、経済的価値の実質的視点からみれば基本権と支分権は同一であるという論理の立脚点は、両裁判所とも共通といえよう。ところが、地裁判決は、支分権に基づいて受領する年金のすべてが基本権と同一であるとした。この地裁判決によれば、支分権は基本権とは同一であるから、二重課税は生じるから2年目以降に受領する年金も非課税所得となる。

一方、最高裁判決は、支分権に基づき受領する年金のうち、相続時の現在価値に対応する部分が、基本権と「経済的価値が同一である」と判示している。すなわち、相続開始時の現在価値一、三八〇万円に対応する年金受取額のみが二重課税になるのであり、相続後に一、三八〇万円の運用益として生じた経済価値相当分は基本権とは異なる部分であるから、非課税所得に該当しないということになる。

すなわち、最高裁判決によれば、二年目以降は受取年金額のうち相続開始時点の現在価値を超える運用益部分には所得課税がなされることになる。ここに両判決の大きな相違点があることを最後に指摘しておきたい。

なお、経済的実質といった側面から評価するのであれば、最高裁判決が論理的であると評価できるが、一方で、所得税法九条一項一号を厳格な文理解釈によれば、運用益そのものも相続を原因として取得した基本権によって生じたものであるから、元本と増加益とはいずれも相続を原因として獲得される経済的価値と見ることもできる。そうすると地裁の判決を支持できよう[26]。

おわりに

租税法解釈において税法の文言から離れて制度趣旨を重視する解釈姿勢は、租税法律主義の内容である課税要件明確主義の要請を軽視するものである。国家による恣意的な課税を抑止するために税法の文言は一義的かつ明確でなければならないという、課税要件明確主義の要請を受けて租税法はその文言が条文化されているのであるから[27]、文言の解釈は文理に即してなされなければならないことは当然である。文理解釈が優先されなければ課税要件明確主義の要請は実効性を持たない。

したがって、制度趣旨を優先し、文言の文理に基づく解釈論を展開しない税法解釈の姿勢は租税法律主義の下では是認できない。少なくとも税法解釈の在り方の基本は、文理解釈が優先されるという文理解釈優先主義によるべきである。

また、本稿で取り上げた長崎年金二重課税事件の争点とされた所得税法九条の当該規定は、『相続により取得したもの』もしくは『相続により取得したものとみなすもの』と定めており、この『相続により』という文言は、『相続を原因として』、と解することが文理による解釈といえるから、『相続により取得したもの』とは、すなわち、『相続を原因として取得したもの』と解すことが自然である。年金として実際に受領した現金と、権利としての年金受給権も、相続という同一の原因により取得した経済価値であるから、両者を区別して取り扱わねばならないという法的根拠は文言からは見出せない、とする最高裁の法解釈は文理解釈として支持できるものといえよう[28]。

最後に、租税法解釈における、この文理解釈と趣旨解釈もしくは目的論的解釈の関係性について以下で整理しておこう。

租税法の解釈がなぜ文理解釈により厳格になされるべきかと言えば、それは租税法が侵害規範であり、そうであるゆえに租税法律主義により課税庁の恣意的課税を阻止するということを憲法が命じているのであるから、その租税法律主義の要請を形骸化させないために文理解釈により厳格な法解釈がなされるべきなのである。類推解釈や拡大解釈、縮小解釈が許容されると、解釈する側の力の大きさによりその法解釈の幅が決められることになり、恣意的な課税を許す結果を生む。恣意的課税を阻止するために租税法の解釈・適用は文理解釈によるべきことが要請されるのである。

厳格な法解釈がなされず、目的論的解釈や趣旨解釈の名の下に、「法文から離れた自由な解釈が許容されるとするならば、そのような解釈に基づく税法の適用は、法律に基づく課税とはいえず、したがって、租税法律主義が税法の解釈を通じて潜脱され破綻してしまうことになるからである。税法は強行法規であり侵害規範であるから、最も説得力のある権威的論拠とされる法文および文言に忠実な文理解釈こそが、厳格な解釈の要請に最もよく適合する」[29]のである。すなわち、税法の解釈においては、何よりもまず租税法規の法文及び文言が重視されなければならない。

この場合、文言を重視し、その文言に忠実に解釈するとはいかなる意味かといえば、それは、条文が「日本語という自然言語で書かれている以上、その言語慣用や通常の用語法に従って、個々の法規の意味すなわち規範が解明されなければならない」[30]ことを意味する。法規の文言に忠実にという意味をこのように理解することにより、「租税法規の意味内容について、広く納税者の間に共通の理解が成立ししかも解釈の「客観化」や予測可能性・法的安定性の確保にも資することになろう。このことは、民主主義国家、特に申告納税制度、における税法の解釈のあり方として、望ましいことである」[31]と評価できるのである。

1　筆者の租税法解釈の在り方に関する論考は以下のとおりであり、本稿と合わせて参照されたい。増田英敏「租税法律主義と租税法解釈の在り方」玉國文敏先生古稀記念論文集『法学新報』第一二三巻一一・一二号三七頁以下所収、同「憲法秩序の維持と租税法律主義」専修大学法学研究所紀要三八号『公法の諸問題Ⅷ』六四頁以下（平成二五年）、同「租税法における遡及立法禁止原則の射程」西野喜一教授退職記念『法政理論』四六巻三号一三二頁以下（平成二六年）。

2　以下の記述は、増田英敏『リーガルマインド租税法第四版』三四頁以下（成文堂、平成二五年）に負っている。

3　松沢智先生の膨大な業績は、古稀記念論文集である『租税行政と納税者の救済』（中央経済社、平成九年）三一九頁以下の著作目録を参照されたい。なお、松沢税法学の体系は、平成一一年に有斐閣より公刊された『租税処罰法』により完結したとご自身が述べておられる。

4　松沢智先生は、租税負担公平の原則と表現されているが、本稿では同教授の租税負担の公平原則を租税公平主義と同義と解して用いることにする。
5　松沢智『租税実体法補正第二版』三頁（中央経済社、平成一五年）。
6　松沢・前掲注5・一七頁。
7　松沢・前掲注5・一八頁。
8　松沢・前掲注5・一〇頁。
9　増田・前掲注2・四二頁。
10　松沢智編著『租税実体法の解釈と適用』一頁（中央経済社、平成五年）。同書は裁決事例研究の体系的な出版物として大きな注目を集めた。
11　増田英敏『紛争予防税法学』二六頁（TKC出版、平成二七年）。
12　松沢・前掲注5・一八頁。
13　金子宏『租税法第二二版』八三頁（弘文堂、平成二九年）。
14　増田・前掲注11・二九頁。
15　増田・前掲注11・三二頁。
16　松沢・前掲注10・序一頁以下。
17　林修三『法令解釈の常識』一〇頁（日本評論社、一九八七年）。
18　最判平成二二年七月六日判タ一三二四号七八頁・判時二〇七九号二五頁（第一審　長崎地判平成一八年一一月七日税資二五六号－三〇四順号一〇五六四頁・訟月五四巻九号二一一〇頁（全部取消・原告勝訴）、控訴審　福岡高判平成一九年一〇月二五日税資二五七号－一九四順号一〇八〇三頁・訟月五四巻九号二〇九〇頁（原判決取消））。

19　同事件の補佐人を務めた江崎鶴男税理士が、租税法務学会の研究総会に出席され講演された際に同『裁決事例研究』が大きな理論的支柱になったことを明らかにされた。

20　本件については、多数の研究が公表されている。先駆的業績としては、本件の裁決段階の研究として、前野悦夫「死亡保険金と同時に支払われた第一回目の特約遺族年金は、相続により取得するものに該当しないことから非課税所得ではないとした事例」税務弘報五四巻一四号一四五頁以下（平成一八年）をまず指摘しておかねばならない。品川芳宣「生命保険契約に基づき支払われる年金に対する相続税と所得税の二重課税の有無」ＴＫＣ税研情報一九巻五号（平成二二年）要参照。さらに、ジュリ一四一〇号が「生保年金二重課税最判のインパクト」と題して、大石篤史「生保年金二重課税最高裁判決の意義と課題」四頁以下、渕圭吾「相続税と所得税の関係」一二頁以下、中里実「租税法におけるストックとフローの関係」一九頁以下、藤谷武史「生保年金二重課税最判の租税手続法上のインパクト―源泉徴収・還付を中心に」二八頁以下、の論文が搭載されており、同事件の問題の本質を理解する上で有益である。本文中で引用する文献以外の文献として、辻美枝「生命保険をめぐる相続税法および所得税法上の諸問題」税大ジャーナル一三号八二頁以下の注記に網羅されているので参照されたい。

21　金子・前掲注13・一七三頁、水野忠恒『租税法第四版』二八八頁以下（有斐閣、平成二一年）参照。

22　上告理由書において、原告側は高裁判決を「原判決の前記判示は、所得税法九条一項一五号の解釈適用を誤り、ひいては租税公平主義にも反する不当なものである。その理由は、以下のとおりである。（1）所得税法九条一項一五号の規定について〔前記五（二）アに対する反論〕相続税法三条一項は、相続という法律上の原因に基づいて財産を取得した場合でなくとも、実質的・経済的に見て相続によって財産を取得したのと同視すべき関係にあるときは、これを相続財産とみなして相続税を課することとし、他方、所得税法九条一項一五号は、このように相続税を課することとした財産については、二重課税を避ける見地から、所得税を課税しないものとしている。このような税法の規定からすると、相続税法三条一項によって相続財産とみなされて相続税を課税された財産につき、これと実質的・経済的に見れば同一のものと評価される財産の取得による所得について、その取得した財産が法的にはみなし相続財産とは異なる権利ないし利益と評価できるときでも、その財産の取得による所得に所得税を課税することは、所得税法九条一項一五号によって許されないものと解するのが相当である。・・・中略、相続税法三条一項一号の趣旨は、被相続人が自己を保険契約者及び被保険者とし、共同相続人の一人又は一部の者を保険金受取人と指定して締結した生命保険契約に基づく死亡保険金請求権は、その保険金受取人が自ら固有の権利として取得するものであり、被相続人の相続財産に属するものではないが、相続財産と実質を同じくするものであり、被相続人の死亡を基因として生ずるため、公平の見地から、これを相続財産とみなして相続税の対象としたものと解されており、租税公平主義に沿うものである。また所得税法九条一項一五号の趣旨は、相続、遺贈又は個人からの贈与により財産を取得した場合には、相続税法の規定により相続税又は贈与税が課されることになるので、二重課税が生じることを排除するため、所得税を課さないこととしたものと解されており、これも租税公平主義に沿うものである。」と述べて、批判しているが、まさに租税公平主義の視点からの的確な批判といえよう。

23　相続税法基本通達三－六は「法第三条第一項第一号の規定により相続又は遺贈により取得したものとみなされる保険金には、一時金により支払を受けるもののほか、年金の方法により支払を受けるものも含まれるのであるから留意する。（昭四六直審（資）六改正）」と定めている。

24　大石・前掲注20・五頁。

25　租税法解釈の在り方について金子宏東京大学名誉教授は、「具体的な事実に法を適用するためには、法の意味内容を明らかにする必要がある。この作用を法の解釈という。租税法は侵害規範であり、法的安定性の要請が強くはたらくから、その解釈は原則として文理解釈によるべきであり、みだりに拡張解釈や類推解釈を行うことは許されない。文理解釈によって規定の意味内容を明らかにすることが困難な場合に、規定の趣旨目的に照らしてその意味内容を明らかにしなければならないことは、いうまでもない。」（金子宏、前掲注13・一一六頁、）と述べておられる。本件でも、当該関係規定に意味が不明確とされる文言は見当たらないのであるから、まさに文理解釈によるべきであろう。なお、新井隆一「税法解釈の基本的姿勢」税研二三巻五号一六頁（平成二〇年）要参照。

26　同判決後、還付金の問題を数理租税法学の観点から分析した、木村弘之亮「保険年金二重課税判決後の還付金」ジュリ一四一五号一〇〇頁以下（平成二三年）は年金受給権の現在価値の算定や還付金の算出方法について詳細に検討されており興味深い。

27　金子・前掲注13・七九頁。

28　所得税法施行令三二二条が規定する「計算期間」の意味が争点とされたホステス源泉徴収事件において、最高裁は、特に税法が定義規定を置いていない以上、通常一般人が使用する言語として、その文理により解釈がなされるべきであると判示した（最判平成二二年三月二日民集六四巻二号四二〇頁）が当該最高裁の判断は文理解釈を重視した姿勢を鮮明にしたものであり支持できる。

29　谷口勢津夫『税法基本講義第五版』三九頁（弘文堂、平成二八年）。

30　谷口・前掲注29・三九頁。

31　谷口・前掲注29・三九頁。

（増田　英敏）

第一編 ■ 所得税

第1章　税理士事務所の承継の際に受領した金員の譲渡所得該当性

はじめに

本件は、税理士事務所を譲渡した場合の所得区分の判断が問われた事案である。大企業だけに関係していたM＆Aが、少しずつ中小企業においても行われるようになってきた。そして、そのM＆Aが個人企業である税理士事務所で行われた場合に、審判所の判断では税理士事務所には営業権は存在しないとされた。

そこで、営業権の本質について検証すると共に、平成一三年の税理士法の改正により、法人化も認められるようになった税理士事務所の営業権の存否を中心にその譲渡所得該当性に関して審判所の判断について批判的検討を加えたい。

Ⅰ　事案の概要

1　事案の概要

本件は、税理士業を営む審査請求人（以下「請求人」という。）が、それまで営んでいた事業を他の税理士に承継するに伴い、その税理士から受領した金員に係る所得を雑所得として所得税の確定申告をした後、その金員に係る所得については譲渡所得として申告すべきであったとして更正の請求をしたところ、原処分庁が更正をすべき理由がない旨の通知処分を行ったことから、請求人がその取消しを求めた事案であり、争点は、請求人が受領した当該金員に係る所得は、譲渡所得に該当するか否かである。

２　基礎事実

次の事実については、請求人と原処分庁との間に争いがなく、当審判所の調査によってもその事実が認められる。

（１）請求人は、平成一九年一二月二五日付で、請求人が同年一一月三〇日まで経営していた税理士事務所（以下「本件税理士事務所」という。）の補助税理士であったＡ（以下「本件承継税理士」という。）との間において、要旨次のことを定めた事業承継に関する覚書（以下「本件覚書」という。）を取り交わした。

①　請求人は、平成一九年一二月一日付で本件税理士事務所の事業を本件承継税理士に譲渡する（以下、この譲渡を「本件取引」という。）。

②　請求人は、顧問先等の取引先及び本件税理士事務所の什器備品類（以下「本件什器備品類」という。）の所有権を本件承継税理士に譲渡する。

③　本契約以後、請求人は、本件承継税理士の事業に関して少なくとも平成二四年一一月三〇日までの期間中、競業避止義務を負うものとし、本件承継税理士の取引先を収奪するような行為は行わない。

なお、従前の請求人の顧問先が本件承継税理士との顧問契約を拒んだ場合、請求人としてはその慰留に努めるが、それでも当該顧問先が本件承継税理士との契約を拒否した場合については請求人の責任はないものとする。

（２）請求人は、平成一九年分の所得税の確定申告において、本件金員に係る所得を雑所得とし、その所得金額の計算上、二、八八二、七八七円を必要経費に算入し、雑所得の金額を○○○○円とした。

（3）請求人は、平成一九年分の所得税の更正の請求において、本件金員に係る所得は譲渡所得であったとして、その所得金額の計算上、必要経費に算入した金額二、八八二、七八七円を控除し、控除後の○○○○円から所得税法第三三条第四項に規定する譲渡所得の特別控除額五○○、○○○円を控除した○○○○円を本件金員に係る譲渡所得の金額とし、さらに、同法第二二条《課税標準》第二項第二号の規定により当該金額の二分の一相当額である○○○○円を他の所得の金額と合計して総所得金額とした。

Ⅱ　争点及び争点に関する当事者の主張

1　争　点

税理士事務所を他の税理士に承継した際に受領した金員は、譲渡所得に該当するか。

2　当事者の主張

（1）請求人

税理士事務所においては、税理士、従業員税理士、従業員及び顧問先と税理士事務所独自のノウハウ等が一体となって税理士事務所の運営がなされていることに着目して営業権あるいは企業権というものを認識することができる。

請求人はこの営業権という資産を譲渡したものであるから、本件金員に係る所得は、所得税法第三三条に規定する譲渡所得に該当する。

（2）原処分庁

税理士業務は、税理士の専門的能力、関与先との信頼関係を基礎とする業務で一身専属性の業務であり、本件覚書による取引は、営業権あるいは企業権の譲渡とは考えられない。

本件金員は、請求人の顧問先を本件承継税理士にあっせんしたことによる対価であり、本件金員に係る所得は、所得税法第三三条に規定する譲渡所得には該当しない。

Ⅲ　裁決の要旨　〈棄却〉平成二二年六月三〇日裁決・裁判事例集七九集二四一頁

1　法令解釈

（1）譲渡所得について

譲渡所得は、所得税法第三三条第一項に「資産の譲渡による所得」と規定されており、資産の譲渡によって一時に実現する所得で、その資産の保有期間中の値上益（キャピタルゲイン）による所得をいうものと解される。

この譲渡所得の基因となる「資産」の意義については、所得税法第三三条第二項に該当するもの及び金銭債権以外の一切のあらゆる資産を含む広い概念であり、動産、不動産のほか、特許権、著作権等の無体財産権はもちろん、借家権、営業権や行政官庁の許可、認可、割当等により発生した事実上の権利など一般的にその経済的価値が認められて取引の対象とされ、キャピタルゲインが生じるようなすべての資産を含むものと解される。

（2）営業権について

営業権とは、企業の長年にわたる伝統と社会的信用、立地条件、特殊の製造技術及び特殊の取引関係の存在並びにそれらの独占性等を総合した、他の企業を上回る企業収益を稼得することができる無形の財産的価値を有する事実関係をいい、合併や営業譲渡のように営業の全部又は一部の包括的移転に伴い実現し、資産計上されるものと解されている。

2　認定事実

当審判所の調査によれば、次の事実が認められる。

(1)　本件承継税理士への事業承継の経緯（原処分関係資料）

請求人は、本件承継税理士に対し、平成一九年一二月一日をもって本件税理士事務所について有償による事業承継（以下「本件事業承継」という。）を行った。

(2)　本件税理士事務所の従業員等の状況（原処分関係資料）

請求人は、平成一八年四月一日に、本件税理士事務所の各従業員をC社（昭和六一年三月〇日に企業経営の管理に関するコンサルタント業務等を行う目的で設立、平成一八年〇月〇日にD社から商号変更。）に転籍させていたため、本件事業承継の時に、請求人から本件承継税理士へ引き継がれた従業員はいなかった。

なお、C社に転籍させた各従業員は、その全員が平成一九年一一月三〇日に同法人をいったん退職し、同年一二月一日に本件承継税理士が経営する税理士事務所の従業員として雇用された。

(3)　請求人が本件事業承継の時に行った顧問先に対する行為等（原処分関係資料）

請求人は、各顧問先へ訪問した際に、請求人の後継者として本件承継税理士を紹介するとともに、口頭により請求人がこれまでの顧問契約を解除する旨、今後は、本件承継税理士との顧問契約を行ってもらいたい旨説明するとともに、その後、あいさつ状を本件承継税理士との連名により各顧問先へ送付した。

３　審判所の判断

（１）本件覚書について

当審判所の調査によれば、請求人は、本件覚書において、本件取引の対価として本件金員を受領することとしている一方、顧問先等の取引先及び本件什器備品類の所有権を本件承継税理士に譲渡すること、本件税理士事務所の賃貸借契約や備品等のリース契約など請求人から本件承継税理士への名義変更等が必要な場合には誠実に協力すること、本件承継税理士の事業に関して少なくとも平成二四年一一月三〇日までの期間中、競業避止義務を負うとともに、従前の請求人の顧問先が本件承継税理士との顧問契約を拒んだ場合、請求人としてはその慰留に努めることとしているが、それぞれの対価の額については個別具体的な金額が記載されていない。

そして、通常、顧問先と税理士の関係は委任又は準委任の関係にあり、顧問先等の取引先を譲渡することは起こり得ないものであるところ、上記のうちの顧問先等の取引先の譲渡とは、税理士がその顧問先等の取引先を他の税理士に引き継ぐことを意味するものと解される。そして、このこと及び本件覚書の記載ぶりを併せみると、この顧問先等の取引先の譲渡及び上記のうちの本件什器備品類の譲渡は本件取引の内容の一部を示したものということができ、加えて、上記の引継ぎを担保する条項であると認められることから、この条項についても、本件取引の内容の一部を示したものということができる。

しかしながら、上記の事務所の賃貸借契約及びリース契約に関する事項については、本件覚書に記載はあるものの、それぞれが、別個の契約として存在し、事務所の賃貸借契約については、本件承継税理士から請求人へ敷金相当額が支払われており、リース契約についても以後の支払を本件承継税理士が行うこととなることからすれば、請求人が賃貸借契約やリース契約の名義変更等について本件承継税理士に協力したとしても、通常、本件承継税理士から請求人へその協力の対価が支払われるとは認められないことから、本件取引の内容の一部とはならない。
また、棚卸資産に関する事項については、本件承継税理士が有償により請求人から買い取ることとしていることから、本件取引の内容の一部とならないことは明らかである。

(2)　本件税理士事務所の営業権について

請求人は、税理士事務所においては、税理士、従業員税理士、従業員及び顧問先と税理士事務所独自のノウハウ等が一体となって税理士事務所の運営がなされていることに着目して営業権あるいは企業権というものを認識することができる旨主張する。

しかしながら、次のとおり、本件税理士事務所において他の税理士事務所を上回る収益を稼得することができる無形の財産的価値を有する事実関係を認識することができないことから、本件税理士事務所に営業権若しくはこれに類する権利が存在していたと認めることはできず、したがって請求人の主張は採用することができない。

①　税理士と顧問先の関係

一般に税理士は、委任又は準委任の主旨に従い、専門的知識と経験、技能を駆使して、委任者又は準委任者の税務事務を処理するものであるが、税理士が業務を行うについて執るべき法律的、会計的手段は、その職務の性質上、一律に定まるものではなく税理士の経験、知識、法律、会計的な技能により左右されるものである。

また、税理士は、顧問先との間の個人的信頼関係を基礎として顧問先に対する守秘義務を負担した上で上記業務を処理することが求められ、殊に、不確定要素を多くはらむ税務相談や税務代理においては税理士と顧問先が意見交換するなどの共同作業により、逐次信頼関係を築いていくものである。

このように、税理士のノウハウ、顧問先との信頼関係は、当該税理士個人に帰属し、一身専属性の高いものであり、税理士とその顧問先が両者の委任契約の上に成り立っていることからすれば、当該税理士を離れて営業組織に客観的に結実することにはなじまないものである。

②　補助税理士及び従業員と顧問先との関係

同一事務所内の補助税理士や従業員が顧問先からの信頼を得ているのは、事務所を主宰する税理士から事務処理の方法等を学び、また、主宰する税理士とともに業務を遂行することにより顧問先からの信頼を自ら得た結果であるが、これらの関係も主宰する税理士と顧問先との委任契約の上に成り立っているものと考えられる。

本件においては、請求人の補助税理士は、本件承継税理士のみであり、かつ、本件事業承継の時において、請求人から本件承継税理士へ引き継がれた従業員はいなかったのであるから、本件事業承継では補助税理士及び従業員と各顧問先との関係は生じない。

③　事務所独自のノウハウ等

税理士事務所独自のノウハウ、これと税理士や従業員等が一体となって行われる運営、その他超過収益を稼得できる無形の財産的価値を有していた旨の請求人の主張については、請求人から具体的な主張や証拠の提出はなく、また、当審判所の調査によっても本件税理士事務所に超過収益を稼得できる無形の財産的価値があったと客観的に認めることはできない。

（3）本件金員について

請求人は、その顧問先を本件承継税理士に引き継ぐに当たり、顧問先に対し本件承継税理士を後継者として紹介し、税理士事務所の名称は変わるが職員は全員変わらないので、業務に支障を来たすことはない旨を説明している。このことは、従前から請求人と委任関係を継続していた顧問先が、これまで信頼関係を築いてきた請求人から承継税理士として本件承継税理士をあっせん（推薦、紹介）され、少なくとも請求人と同様の税務サービスの提供を本件承継税理士から受けることを期待することができることを認識させているものと認められる。そして、このあっせんにより、請求人の顧問先は、その時において何ら信頼関係を有しない他の税理士と委任関係を締結した場合の危険負担を考え併せた結果として、本件承継税理士との委任契約を選択するものと考えられる。

そうすると、本件金員については、前記（2）のとおり本件税理士事務所に営業権若しくはこれに類する権利が存在していたと認められないこと、基礎事実の、競業避止義務及び従前の請求人の顧問先が本件承継税理士との顧問契約を拒んだ場合の定め、本件承継税理士の本件金員は請求人の顧問先に対して優先的に営業していくための対価である旨の答述を併せみると、顧問先等の取引先のあっせん及び前記（1）の本件什器備品類の譲渡の対価が含まれていることが認められるものの、これら以外の対価であることを具体的に示す証拠は認められない。

（4）本件什器備品類の譲渡について

什器備品類の譲渡は、通常、基礎事実のとおり、譲渡所得の基因となる資産の譲渡に該当するところ、請求人が、本件金員に係る所得金額の計算上必要経費に算入した金額には、本件什器備品類の帳簿価額の合計額が含まれているが、本件什器備品類について値上益の存在や請求人が必要経費に算入した金額以上の価値があると判断できる証拠はないことから、本件什器備品類の譲渡については譲渡益が生じないと認められる。

（5）以上のことからすると、請求人は、本件承継税理士にその顧問先等の取引先のあっせん及び本件什器備品類の譲渡の対価として本件金員を受領したと判断するのが相当である。

そして、本件什器備品類の譲渡については譲渡益が生じないと認められることからすると、請求人が確定申告において雑所得として申告した本件金員に係る所得に、譲渡所得に該当する部分を認めることはできない。

Ⅳ　研　究…裁決に反対

1　譲渡所得とは

所得税は、納税者の生活に大きく関わる税金のため、「所得をその源泉ないし性質に応じて、利子所得ないし雑所得の一〇種類に分類している。[1]」その中で本事案で問題となっている譲渡所得とは、「資産の譲渡の機会にキャピタル・ゲインが一時に実現したとして課税するのであるから、特別控除（五〇万円）や長期譲渡所得に対する累進税負担の緩和措置（二分の一課税）がとられている[2]」さらに、本件における事業用の固定資産についても、「事業用の固定資産の譲渡による所得もキャピタル・ゲインに相違ないから、これらの措置の摘要がある譲渡所得とされるわけである。そこで、事業所得と譲渡所得の区分に当たっては、『棚卸資産等の譲渡その他営利を目的として継続的に行われる資産の譲渡に当たるかどうかが重要となる。[3]」のであり、あくまでも資産であるならば、譲渡所得として課税がなされるのである。

そこで、資産の定義が問題となるわけであるが、譲渡所得における資産とは「譲渡性のある財産権をすべて含む概念で、動産・不動産はもとより、借地権、無体財産権、許認可によって得た権利や地位などが広くそれに含まれる[4]」とされており、その事業に関する営業権についても、当然に譲渡所得課税の対象となる資産に該当するのである。

2　営業権とは

営業権に関する問題は大変多く、その中でも税法上営業権の意義がないため、その存在は認めていても、実際にはこれが何かが争われている。

福島地判昭和四六年四月二六日判決において「営業権は、これらの諸原因、諸収益力を総合した概念であり、個々に分立した特権の単なる集合ではない。そして、超過収益力の諸原因は、企業が設立されてから創立当時の熟練を経て過失がなく若干年経過することにより外部的には社会的認識を得、内部的にも従業員の経験、熟練度が増し、経営組織が完備することにより自然に発生するものである。[5]」とあり、その事業における長年積み重ねてきたノウハウにより、他の企業を上回る収益能力について営業であると示している。

また、大阪地判昭和四九年五月二八日判決によると「のれん又は営業権とは、一種の無形固定資産であり、当該企業を構成する特有の名声、信用、得意先関係、仕入先関係、営業上の秘訣、経営組織等が、企業のことで有機的に結合された結果、超過収益力を生ずることができるに至る場合、その企業を構成する物又は権利とは別個独立の財産的価値として評価を受くべき事実関係をいい、これは、既設の企業の活動中に創出されるばかりでなく、他企業を買収することによっても得ることができる。……法人税法において減価償却資産中の無形固定資産として掲げられている営業権の意義、評価についても、同法二二条四項に収益、損金の計算につき『公正妥当と認められる会計処理の基準に従って計算される』と規定されている趣旨にしたがい、右商法および企業会計原則の場合と同様に解するべきである[6]」税法に営業権に関する定義がないため、これを会計学の言う意義と同意義であると言っている。さらにこの中で「財産的価値として評価を受ける事実関係をいう」とあり、企業譲渡が行われる場合において、営業権には財産的価値が生ずる権利であることを示している。

そして、最判昭和五一年七月一三日判決で営業権の意義について、「営業権とは当該企業の長年にわたる伝統と社会的信用、立地条件、特殊の製造技術及び特殊の取引関係の存在並びにそれらの独占性等を総合した、他の企業を上回る企業収益を稼得することができる無形の財産的価値を有する事実関係である[7]」とあり営業権についての意義を示したものとなる。

さらに、その後の判決で高松高判昭和五二年七月二七日判決で「砂利採取権者は許可の更新を得てその事業を継続するのが状態であると認められる。この意味において、砂利採取業は砂利砂採取権無くしてその事業を継続し得ず、本件においては右権利とともに前主の従前からの得意先関係を引き継ぐことの利益を含めた企業収益力の源泉たる無形の財産的価値を有する資産としてこれを評価するのが相当である」[8]の判決により、営業権とは、その権利を有する者については、他の者と比較して、独占的な権限を有する事が出来る権利である事が示された。

これについて松沢智教授は「営業権は法的概念であって数額ではない。営業権は法令によって権利として規定されたもの、または生成中の権利たるべきものである。けだし、法人税法施行令第一三条は無形固定資産として、鉱業権、ダム使用権、水利権、特許権、実用新案権、意匠権、商標権や、その他、専用側線利用権、鉄道軌道連絡通行施設利用権、電気ガス供給施設利用権、水道施設利用権、工業用水道施設利用権、電信電話専用施設利油研とともに『営業権』を規定する。右の規定中営業権以外のものがすべて法的独占的支配権能としての性質をもつものである。そこで他のものがすべて法的権利（ないしそれに準ずる権利）として規定されていながら、何故に同条に併記されている営業権のみが権利ではなく、単なる事実関係と考えねばならないのであろうか。否そうではあるまい。営業は事実関係であっても、営業権は、まさに権利である。それは営業における種々の利益を独占的に享受しうる法律上の力であるといわねばならない。」[9]と述べられているように、営業権は単なる事実関係としての位置づけではなく、これを得た企業が将来独占的に利益を獲得する事が出来るだけの権利が営業権なのである。

3　営業権が存在するための要件

最高裁において営業権は「営業権とは長年にわたる伝統と社会的信用、立地条件、特殊の製造技術および特殊の取引関係の存在並びに独占性等を総合した、他の企業を上回る企業収益を獲得する事ができる、無形の財産的価値を有する事実関係である」とあり、営業権を得た場合には、①企業の伝統と社会的信用、②特殊な技術、③取引先との関係などこれらを得る事ができ、そしてこれによって他の企業よりも収益を得る力が強いこととなる。

しかし、この三つが備わっているからと言ってすぐに営業権であるかと言うとそうではない、「たとえ当該企業が他の同種企業に比して大きな収益を挙げているからといっても、その前提となる権利の性質が独立した独占的支配権能を認められないものは資産性がなく、取引の対象ともならないから営業とはならず、逆に赤字企業であっても他の企業に対して独占的支配権能をもつ事実関係があれば、営業権は存在するといえよう。[10]」とあるように、この三つを独占的に取得することができる権利のみが営業権なのである。

このことをまとめると、営業権であると言うには、他の企業から営業権を購入した場合には、伝統や社会的信用を得る事ができ、また特殊な技術を得る事で、その結果得意先との関係強化を作り上げる事が、独占的に出来る事により、他の企業の収益獲得能力を上回る力が存在する事が必要である事が分かる。さらに、松沢智教授は、「従来、営業権を論ずるのに過去の収益の程度を基準として論じているものが多いが、寧ろ、将来の超過収益を獲得する可能性があるかどうかという観点から論ずべきではなかろうか。しかも、超過収益力があるとして資産計上する以前に営業権を測ることができても、一たび営業権として資産に計上すれば、その瞬間に超過収益力は理論的に算出しえなくなって営業権は消滅することになるという理論的欠点があろう。寧ろ、収益が投下資本に対する平均的割合を超過するかどうかではなく、その営業権自体において客観的に存在価値を肯認しうる根拠を必要とし、そこに営業権の本質を見出すべきではなかろうか」[11]と述べられており、その企業における将来の収益獲得能力があるかどうかにおいても検討が必要であることが言えるのである。

4　あてはめ

本事案について、税理士事務所の譲り受けについてまとめると、①当税理士事務所を現存のまま利用する事ができる、②職員についてもそのまま雇用する事ができる、③取引先への連名による挨拶状の送付や、訪問による取引契約の関係強化、この条件の下書面によりこれを明確にし、さらには取引金額を支払っている。

この契約について審判所は「税理士のノウハウ、顧問先との信頼関係は、当該税理士個人に帰属し、一身専属性の高いものであり、税理士とその顧問先が両者の委任契約の上に成り立っていることからすれば、当該税理士を離れて営業組織に客観的に結実することにはなじまないものである。」と言っている。ではなぜ承継税理士は金銭を支払うことを決断したのであろうか。それは、税理士事務所の経営においても、一般の企業経営と同じで、取引先との契約により、仕事をする事で利益を得る事となる。取引先を有利に獲得する事が出来るのであれば、そこに金銭が発生してもおかしくはない。社会的な信用を得ている請求人である税理士が、お墨付きで承継税理士を紹介することと、社会的信用を得ているヤクルトを販売する事が許される権利と何ら変わる事ではなく、またこれを書面により期限付きではあるが、競業禁止義務などの書面により契約がなされていることからも、独占的にこれが発動する事は明白である。

しかし、財産評価基本通達一六五において「医師、弁護士等のようにその者の技術、手腕又は才能等を主とする事業に係る営業権で、その事業者の死亡と共に消滅するものは、評価しない。」とあり、この裁決においても重要視されたのではないと思われるが、この通達はあくまでも、営業権としての評価はないと言っているにとどまり、営業権が有るのか無いのかを言っているのではない。

さらに営業権の意義に言われる「他の企業を上回る企業収益を稼得することができる権利」と言うが、この他の企業とは本件に関して言えば、新規に開業する税理士事務所の事を指し、顧客ゼロの状態で開業する事と比較をすれば、この契約により将来の収益獲得能力を強化することが出来る事も確実である事は誰でも分かる。

これらのことから、本税理士事務所の譲渡に関しては、営業権の譲渡が行われたものとして判断すべきである。

おわりに

本裁決において、請求人の主張は「税理士事務所においては、……営業権あるいは企業権というものを認識できる」とあるだけで、請求人から具体的な主張や証拠の提出が無かった事が、本件の判断に大きく影響されたと思われる。しかし、審判所においても営業権について、その本質と評価を区分して判断をすべきであった。

中小企業においても事業譲渡が珍しくなくなってきたが、税理士事務所においてもその流れが起きてきた。事業譲渡をする際に一般の業種と税理士の業務が決定的に違うのが、税理士事務所は税理士の資格を保有する者しか業務を行うことが出来ない点である。しかし、その譲渡先が税理士の資格を保有さえしていれば、一般の事業所を譲渡する場合と何ら変わらない。そして、顧問先にとっては、税理士事務所における顧問先を担当する職員及び過去の資料により、たとえ顧問契約を結んでいる税理士が変わってしまったとしても、今までと変わらないサービスを受けることが出来るかどうかが最大の関心事である。審判所は「顧問先との信頼関係は、当該税理士個人に帰属し、一身専属性の高いものであり、税理士とその顧問先が両者の委任契約の上に成り立っていることからすれば、当該税理士を離れて営業組織に客観的に結実することにはなじまないものである。」と解釈しているが、現在の税理士事務所の有り様を理解していないのではないか。また、「税務および経理に関する業務の譲渡に伴う所得の種類の判定について（昭和四二年七月二七日直審）」では、「税理士が、その業務を他の税理士等に引き継いだ対価として受ける金銭等は、得意先のあっせんの対価として雑所得として取り扱うように」と指示が出されているが、昭和四二年の税理士事務所の譲渡とは明らかに事情が変わっている。現在では税理士事務所の譲渡をする際、これをサポートする企業があり、さらに譲渡する際の相場（筆者が調べたところによると、およそ一年間の通常の顧問報酬が取引価額として契約が行われている。）さえも定着しつつあり、大変高額となる事もある。また、上手く税理士事務所を譲渡するポイントとして、マニュアル本まで発行され、この本には、顧問先に「今までと何も変わりません」と説明する事が大切であると書かれている。とすれば、税理士事務所を承継する税理士が支払う金銭は、譲渡する税理士が行っていたサービスと、変わらないだけのサービスを提供するために必要となる、備品、建物、過去の記録及び職員との労務契約などを手に入れるために支払う対価なのである。これにつき、本件では営業権の本質について経済的基準説に片寄った判断がされ、営業権の評価額については何らふれられることなく裁決が下されている事につき、本裁決を支持する事は出来ない。

1　金子宏『租税法第二二版』一九二頁（弘文堂、平成二九年）。
2　池本征男『所得税法』六七頁（税務経理協会、平成二六年）。
3　池本・前掲注2・六七頁。
4　金子・前掲注1・二四七頁。
5　福島地判昭和四六年四月二六日。

6　大阪地判昭和四九年五月二八日判時七五八号四二頁。
7　最判昭和五一年七月一三日判時八三一号二九頁、訟月二二巻七号一九五四頁。
8　高松高判昭和五二年七月二七日訟月二三巻九号一六五八頁。
9　松沢智『租税実体法増補版』二二五頁（中央経済社、昭和五五年）。
10　松沢智編『租税実体法の解釈と適用』二〇九頁（中央経済社、平成五年）。
11　松沢・前掲注9・二二一頁。

（野々山　育成）

第2章　医師の接待交際費等の必要経費該当性の判断

はじめに

本件は所得税法三七条一項及び同法施行令九六条の解釈に関する争いである。

租税法においては、その結果が趣旨や目的に照らして著しく不合理でない限り、立法者の意思の言明として存在する文理に拠って解釈されるべきと考える。これは、判決では例えば「法令において用いられた用語がいかなる意味を有するかを判断するにあたっては、まず、法文自体から用語の意味が明確に解釈できるかどうかを検討する」[1]とされている通りである。

本件で争点となっている条項は、文理通りに解釈しても意味内容は十分明確であり[2]、かように解したとしても特段の不都合が生じるとも思えなく、解釈としてはそれで事足りると考える[3]。しかし審判所は、理由を特段明らかにしないまま文理にない新たな要件を解釈によって読み込んでいる。

Ⅰ　事案の概要

請求人はクリニックを経営する医師である。本件の争点は、請求人の所有する船舶に係る経費、研修センターと称する建物に係る経費、賃借マンションに係る経費、接待交際費等経費の金額が必要経費に算入されるか否かである。

Ⅱ　争点及び争点に関する当事者の主張

1　原処分庁

(1)　船舶経費

本件クリニックの経営と船舶の所有及び管理に要する支出とは客観的に見て直接関連するものではなく、本件船舶は請求人の個人的趣味のために購入したものであり、その一部を本件クリニックの職員にも使用させていたにすぎないと認められるから、本件船舶経費は、本件クリニックの業務遂行上通常必要な支出及び本件クリニックの総収入金額に対応する必要経費とは認められない。また、本件船舶に係る経費は「家事費」と認められ、事業所得の金額の計算上必要経費に算入されない。仮に、本件船舶等経費が「家事関連費」としても、業務の遂行上通常必要である部分を明らかに区分することができないので、事業所得の金額の計算上必要経費に算入されない。

(2)　研修センター経費

本件研修センターは、本件船舶と一体的に利用されていたので、客観的に見て直接本件クリニックの経営と関連するものではなく、請求人の申述からは、請求人の個人的趣味のために購入した本件船舶の利用に伴う宿泊施設及び休憩施設であり、その一部を職員にも使用させていたにすぎないと認められるから、本件研修センター経費は、本件クリニックの業務と直接関係を持ち、かつ業務遂行上通常必要な支出及び本件クリニックの総収入金額に対応する必要経費とは認められない。

(3) マンション経費

請求人は、本件マンションの利用状況を記録せず、利用状況が私的部分と業務部分が混在しているにもかかわらず具体的な資料を提出していないことから、業務遂行上通常必要な部分を明らかに区分することができない。

(4) 接待交際費等経費

請求人が支出した本件接待交際費等の事業経費は、請求人の主張する利用状況等から検討すると事業所得の金額の計算上必要経費に算入されない。

2 請求人

本件経費は、業務遂行上必要な支出であり、事業所得の金額の計算上必要経費に算入される。

(1) 船舶経費

本件クリニック内の担当する医師のほか、外部専門医等との連携は極めて重要であり、それらの外部専門医等との親交を深めるとともに、人材の確保や取引先との親睦及び職員の福利厚生を目的として本件各船舶を活用したものである。したがって、本件各船舶経費は、本件クリニックの業務と直接関係を持ち、かつ業務遂行上必要な支出であるとともに、本件クリニックの総収入金額に対応する必要経費と認められる。

(2) 研修センター経費

本件研修センターは、本件クリニックの新人教育及び職員の研修施設として、また、職員の福利厚生、外部専門医等の接待にも利用することを目的として、取得したもので、実際に本件研修センターを職員の研修、福利厚生及び外部専門医等の接待等に利用していたことから、本件研修センターが本件各船舶の利用に伴う休憩施設ということはできない。

したがって、本件研修センター経費は、本件クリニックの業務遂行上通常必要な支出であるとともに、本件クリニックの総収入金額に対応する必要経費と認められる。

(3) マンション経費

受診者数の急増に伴い、請求人は早朝から長時間にわたって業務に従事する必要に迫られ、請求人が利用する仮眠施設が必要になったこと、受診者数及び本件クリニックの職員の増加に伴い、事業所の新館が完成するまでの間、診療棟である旧館が手狭となり、旧館は会議室がなく、ミーティングルームを当該旧館の外に確保する必要に迫られたことから本件マンションを賃借したものである。実際に本件マンションの寝室を請求人の早朝出勤及び深夜勤務の際などの仮眠施設とし、リビングルームをミーティングルームとして利用している。したがって、本件マンション経費は本件クリニックの業務遂行上必要な支出であり、必要経費に算入される。

仮に、請求人が使用した寝室部分を私的利用と認定した場合においても、ミーティングルームとして利用したリビングルームは、本件クリニックの業務遂行上必要であり、かつその必要な部分を明らかに区分することができる。

(4) 接待交際費等経費

交際費等経費は、いずれも本件クリニックの関係者である医師との交流、診療情報交換、診察医依頼のお礼等の接待又は職員の福利厚生のためなど業務に直接関係する支出であることから、事業所得の金額の計算上必要経費に算入される。

Ⅲ　裁決の要旨

１　法令解釈

＜一部取消し＞平成二二年七月二一日裁決・TAINS：FO－1－392

所得税法第三七条第一項は、その年分の事業所得の金額の計算上必要経費に算入すべき金額は、別段の定めのあるものを除き、事業所得の総収入金額に係る売上原価その他当該総収入金額を得るために直接に要した費用の額及びその年における販売費、一般管理費その他事業所得を生ずべき業務について生じた費用の額とする旨規定しているところ、ある支出が、同項の必要経費として総収入金額から控除され得るためには、客観的にみてそれが事業と直接の関係を持ち、かつ当該業務の遂行上通常必要な支出であることを要し、その判断は当該事業の業務内容など個別具体的な諸事情に即して社会通念に従って実質的に行われるべきであると解される。

２　あてはめ

(1)　船舶経費の必要経費算入の可否

本件クリニックの経営において、船舶を保有することが事業と直接関係しないことは明らかであり、たとえ外部専門医等をはじめ取引先関係者との親睦を深めたり、職員の福利厚生を図ること自体が請求人の事業において必要であったとしても、そのために船舶を保有することが通常必要であるとは言い難いので、本件船舶経費のうち、船舶の保有及び管理に要する費用に当たる部分については、客観的にみて請求人の事業と直接の関係を持ち、かつ業務の遂行上通常必要な支出であるとは認められない。

また、本件クリニックの常勤職員の一部、外部専門医等が本件船舶を利用していたと認められることから、当該支出は所得税法施行令第九六条第二号に規定する家事上の経費に関連する経費に該当することとなるので、請求人は、その取引の記録等に基づいて事業所得を生ずべき業務の遂行上直接必要であった部分を明らかにする必要があるところ、請求人は、全額が業務の遂行上必要であったと主張するばかりで、その取引の記録等に基づき、請求人の業務の遂行上直接必要であったとする根拠を明らかにせず、当審判所においても、本件船舶を利用したことにより生ずる費用のうち、請求人の業務に直接必要があった部分を明らかにすることができない。

したがって、本件船舶経費は、本件各年分の事業所得の金額の計算上必要経費に算入されず、この点に関する請求人の主張には理由がない。

(2)　研修センター経費の必要経費算入の可否

請求人の記録から本件研修センターの具体的な利用内容及びその利用が請求人の業務遂行上必要であったとする理由等を明らかにすることはできない。また、本件研修センターは新入社員の研修に利用されていたものの極めて限られた時間であり、ほかに本件研修センターの具体的な利用内容及びその利用が請求人の業務遂行上必要であったとする理由等を裏付ける資料はない。むしろ記録からは利用目的がいずれも船舶にかかわるものと認められることからすれば、本件研修センターは本件船舶を利用する際に使用されたとみるのが相当である。

そうすると、本件船舶と同様に、請求人の事業において、本件船舶を利用するために本件研修センターを保有することが通常必要であるとは言い難いので、本件研修センター経費のうち、保有及び管理に要する費用に当たる部分については、客観的にみて請求人の事業と直接の関係を持ち、かつ業務の遂行上通常必要な支出であるとは認められない。

また、本件研修センターにかかる支出は所得税法施行令第九六条第二号に規定する家事上の経費に関連する経費に該当することとなるので、請求人は、その取引の記録等に基づいて事業所得を生ずべき業務の遂行上直接必要な支出の部分を明らかにする必要があるところ、請求人は、全額が請求人の業務遂行上必要であったと主張するばかりで、その取引の記録等に基づき、請求人の業務の遂行上直接必要であったとする根拠を明らかにせず、当審判所においても、本件研修センターを利用したことにより生ずる費用のうち、請求人の業務に直接必要があった部分を明らかにすることができない。

したがって、本件研修センター経費は、本件各年分の事業所得の金額の計算上必要経費に算入されず、この点に関する請求人の主張には理由がない。

（３）マンション経費の必要経費算入の可否

請求人が本件マンションのリビングルームをミーティングルームとして利用しようとしていたことはうかがわれるものの、実際に利用していたか否か、あるいは、その具体的な利用内容等を明らかにすることができず、また、請求人が本件マンションの寝室部分を仮眠施設として利用していたとしても、それは単に住居として使用したにすぎない。

そうすると、本件マンション経費が、客観的にみて請求人の事業と直接の関係を持ち、かつ業務の遂行上通常必要な支出であるものとは認められない。

また、区画としてミーティングルームの部分を明らかに区分できたとしても、その区画部分を実際にミーティングルームとして利用していたか否か、あるいは、その具体的な利用内容等を明らかにすることができない以上、本件マンション経費が請求人の事業所得を生ずべき業務の遂行上直接必要であったことを明らかにしたことにはならない。

（４）接待交際費等経費の必要経費算入の可否

その支出目的が「医師との交流、診察医紹介依頼、常勤医紹介依頼、診療情報交換」等とする飲食代については、一覧表に支出目的が上記のとおり記載されているだけでは、個々の支出が必要である事情等について明らかにしたものとは認められない。また、請求人作成の一覧表には、支出月日、金額及び人数が記載されているほか、飲食した相手方が略称で記載され、それ以外の情報は何ら記載されておらず、その記載内容から、個々の支出目的やその支出が必要である事情等について明らかにすることはできない。

また、福利厚生費として計上された食事代のうち、本件クリニックの従事員への転職希望者との人事面接に要した費用については、当該領収証の写しに人事面接時食事、参加者が記載されているところ、その記載内容から、人事面接に当たって食事を伴わなければならない理由を明らかにすることはできない。

「ランチミーティング」の食事代について、請求人が診察等に従事しているので、本件クリニックの職員及び業者との打合せを行う時間がなく昼食の時間を利用するために、また、「従業員打合せ」の食事代について、職員間の親睦を深め業務を円滑かつ効率的に行う上で必要な業務上の意見交換のために、それぞれ要した費用であり、いずれも業務遂行上必要な支出である旨主張する。しかしながら、請求人作成の一覧表には支払月日、金額、利用店舗及び参加者が記載されているところ、その記載内容から、「ランチミーティング」や「従業員打合せ」を行う際に参加者の食事代を請求人が負担しなければならない理由を明らかにすることはできない。

以上によれば、これらの飲食代の支出が、客観的にみて請求人の事業と直接の関係を持ち、かつ業務の遂行上通常必要な支出であると認めることはできない。

Ⅳ　研　究…裁決に反対

1　裁決の判断構造と位置付け

審判所は所得税法三七条一項について、「総収入金額から控除され得るためには、客観的にみてそれが事業と直接の関係を持ち、かつ当該業務の遂行上通常必要な支出であることを要し、その判断は当該事業の業務内容など個別具体的な諸事情に即して社会通念に従って実質的に行われるべきであると解される。」と解釈しているが、誤りであると考える。

かような解釈は、平成二六年一月一七日最高裁判決（弁護士会役員事件[4]）によって克服された。先立つ控訴審[5]では、「事業の業務と直接関係を持つことを求めると解釈する根拠は見当たらず、「直接」という文言の意味も必ずしも明らかではない」として、関係性に直接性を付加することを文理解釈から否定しているし、（当事者らが争っていないことから特段の検討はされていないが）必要性に通常性が必要であるという判断もしていない。

以下、この弁護士会役員事件を参照しつつ、文理を重視する立場から改めて必要経費の判断の構造を確認する。

2　検　討

(1)　事業との関係性について

まず、関係性について。審判所は「事業」と「直接」の関係性が必要としているが、所得税法三七条一項は「業務について」とするだけで、それも「事業」とではなく「業務」とである。ちなみに、「直接」の要件が明文で求められているのは、直前に定める売上原価等の直接対応費用（本件で問題になっているのは一般対応費用である。）についての箇所と所得税法施行令九六条二号においてである。[6]

関係性が「業務」となのか「事業」となのかはひとまず措くとしても、[7]それが直接的であることが殊更に必要とされるべきかどうかは、何かそう解するべき趣旨や目的が明らかにされるのであれば格別、条文にある「業務について」という文言だけでは明確にならない。[8]文理を重視する考え方からは、関係性に厳格さが必要ならば、立法者は文理でそのように宣明していたはずであると考えられ（課税要件明確主義）、[9]解釈によって文理にない直接の関係性までを必要とするのは、新たな課税要件を解釈によって設けるに等しいものと考えられ、肯首しかねる。そもそも、条文の文言だけでも要件の意味内容は十分明確であるし、敢えて直接の関係性という新たな要件を付加しなければならない不合理も特段ないと思われる。従って、文理を重視する考え方からは業務について生じた「費用」[10]であれば、その関係性が直接でも間接でも、法がその区別を要求していない以上、広く必要経費となり得ることになる。

ちなみに先の弁護士会役員事件控訴審判決は関係性に直接性を付加すべきでない理由として、「ある支出が業務の遂行上必要なものであれば、その業務と関連するものでもあるというべき」という考え方も示していて、この考え方に拠れば関連性よりも寧ろ次節で述べる必要性の方が立証すべき重要な事実ということになるとも思われる。

（2）通常必要性について

裁決では、所得税法三七条一項を、ある支出が必要経費となるためには、「業務の遂行上通常必要な支出」でなければならないと解釈しているが、[11]これも文理を重視する立場からは適切さを欠くと考える。けだし、「通常」必要であることを要件にするならば、所得税法九条一項四号等のように明文の規定で「通常必要」と規定しているはずだからである。[12]尤も「費用」という文言の解釈の結果そうなるのかもしれないが、それでもなおあるとすれば直接の必要性で、通常のそれではない（注10参照）。また、文理から明らかでない通常性という意味を解釈によって導出するのであれば、理由を明示して判断の客観性を担保することが必要であろうが、裁決はそうはせず、かような解釈は恣意的な解釈の閾を出なく、法律に関する裁断機関の判断としては不当である。

必要性に通常性を付加することは、必要経費の範囲の確定にある程度の客観性を持たせることができて有用なのかもしれない。[13]しかし反面で、納税者それぞれの個別の事情は捨象されることになる。そもそも、所得とは、「各人が収入等の形で新たに取得する経済的価値、すなわち経済的利得を意味し、これは、財貨の譲渡もしくは役務の提供の対価である収入（収益）から、財貨の譲渡もしくは役務の提供に要した必要経費（費用）を控除したもの」[14]であり、必要経費を総収入金額から控除するのは、「投下資本の回収部分に課税が及ぶことを避ける」[15]ことにある。さすれば、担税力の指標となる投下資本の余剰である所得を計算するにあたっては、通常性よりも納税者の個別具体的な諸事情に即して行われるべきであると考える。担税力の差異を認めた上で平等な税負担を求めるというのが租税公平主義の正しい理解であり、[16]所得計算に均一性を求めるのは、租税公平主義が要求する公平性を履き違え、本来相対的であるはずの税負担に画一的な公平性を求めるものであり、誤りである。[17]

なお、必要経費の要件として明文の規定だけでは不足で何らか客観的な基準を補わなければ所得計算があまりに主観的になり、立証の巧拙で税負担が変わるのは公平でないというような批判[18]も予想される。しかし、私的自治の下で行われる自由な経済活動を反映する所得計算は本来的に主観的なので法は要件を定め、担税力の指標としての所得計算に所要の客観性を確保しているのであり、法が明文で定める以上に客観性を要求する方が寧ろ適切さを欠くと思われる。また、裁判では立証如何で勝敗（＝税負担）が決まるのは当たり前のことであり、所得計算において殊更にそのことを難ずることは、当を得ないとも考える。更に、通常性という極めて漠然とした事柄が要件とされると、適用に当たっては、争訟裁断者の評価に拠るところが大きくなり、当事者の予測可能性を損なわせることになり、敢えてそう解釈しなければならない理由が明らかにされないのであれば、かかる解釈には賛成しかねる。

ちなみに、弁護士会役員事件判決は、必要性に通常性を要するかどうかでは争いになっていないことから特段触れられていないが、事業所得を生ずべき業務の遂行上必要であるかどうかは、「当該事業の業務内容等個別具体的な諸事情に即して社会通念に従って客観的に行われるべきである」として、漠然とした通常性ではなく、個別具体的事情を前提に判断すべきとした。

（3）小　括

従って、必要経費となる支出は、事業と直接的に関係があるものや通常必要なものではなく、広く「業務について」生じた支出のうち、個別具体的な諸事情に即し社会通念に従って客観的に業務遂行上「直接」必要だったと判断されるものであることになる。こう考える方が、文理に即しているし、自由に経済活動を行う社会一般の理解にも実態にも合致するものと思われる。従って、納税者はそれらに適う証拠を準備し、自らの主張立証責任に備えるべきということになる[19]。

3　裁決へのあてはめ

以上の検討を基に、本件について検討する。

裁決は、船舶等の経費については、船舶の保有と事業とは直接関係がなく、また取引先関係者との親睦を深めたり職員の福利厚生を図ったりするためには船舶を保有することが通常必要であるとは言い難いとしている。しかし、先に述べた通り、関係性は業務との関係で判断されるべきで、更にそれが直接的かどうかも要件となっていない。また、必要性については通常性を要するものでもないのに、裁決は文理から離れた解釈を展開し判断を誤った。あるべき棄却理由を考えるならば、請求人は支出が業務に関係して生じたことは説明しているが、船舶等に係る経費は家事上の経費にも関連するので、業務の遂行上直接必要だった部分を客観的な資料を基に明らかにできていないからという趣旨になると推測する。これは、本件マンション経費についても同様である。

各種の飲食代についても、裁決では請求人の事業と直接の関係があるとは認め難く、かつ業務の遂行上通常必要な支出であると認めることはできないものとして、例えば同行者の食事代を請求人が負担しなければならない理由が明らかにされていないものについては必要経費への算入を認めないとした。しかし、要証事実として必要なのは、業務遂行上の通常必要性についてではなく、直接的な必要性についての事実である。また、請求人の側でも、例えば開始時間が夜間の時間帯であり面接も長時間に及ぶことが予想されたことから補食の必要があったとか、食事をすることにより懇親の度を深めて面接をスムーズかつ有利に進ませる必要があった等、文理にある要件に従い、食事が業務の遂行上直接必要であったということを客観的かつより明確に立証できれば良かったと思われる。従業員との飲食についても、本来明らかにされるべきなのは、食事代を請求人が負担しなければならない（特段の）理由などではなく、従業員との打合せ（業務）にその食事がいかように直接必要であったかどうかである。請求人は、例えば他の従業員に聞かれないように外にある飲食店で行う必要があったりしたこと等、従業員との打ち合わせという業務に食事を伴うことが直接必要だったということを、文理にある要件通りに、より積極的に説明すべきであった。

なお、抜粋したのとは別の箇所で忘年会や新年会については必要経費として認められているが、これらの支出が職員を対象としたものであることから事業と直接関係があり、また社会一般に行われているもので通常必要であることを理由として必要経費になるのではないことには留意すべきである。寧ろ、新年会や忘年会は従業員に対する福利厚生（業務）について生じたものであり、それにより従業員間の人間関係を良くするとか、士気を高めるとか、親睦や労働意欲を高めるという意味で業務遂行上直接必要であるから、というのが文理に従った理由となる。[20]

おわりに

必要経費の範囲については、所得計算の基本かつ根幹部分であるにもかかわらず、全文改正後四五年以上も争いが続いた。これは、第一に所得税法は法人税法や企業会計と異なった計算構造を規定しているのにもかかわらず類似した用語を用いているので、とかく誤解が生じやすいからだと思われる。また、これまでの判決はその解釈に至る合理的な理由を明確に示さず、その説得価値が検証されないまま、本来はかような判断にさしたる正当性は見いだされないはずなのに営々として認められ続けた結果、実務家と研究者との間で噛み合った議論が展開できなかったことも一因であると考えられる。[21]

法には解釈がつきものである。解釈は法の「適用範囲を確定する作業」であり、何が要件事実かを明らかにすることでもある。文理から離れた自由な解釈を許すことは、税負担を求められる要件を予め十分に知っておくことができないことに繋がり、納税者の経済生活における自律的な意思決定を阻外し、訴訟における防御が十分に保障されず、結果的に財産権の保障もままならなくなる。租税法律主義の要請は租税法の解釈にも及び、冒頭にも述べた通り、租税法はまずは文理を重視した解釈に拠るべきである。仮初にも文理を離れた解釈が必要ならば、その理由は殊更に明確にされなければならない。そうでなければ、判断の客観性は担保されないばかりか、恣意的な解釈が横行し、納税者の予測可能性は確保されず、租税法律主義も画竜点睛になりかねないと考える。国民の財産権の保障と予測可能性の確保とは一体[22]

のものであり、かかる要請を実現する適切な解釈（姿勢）が裁判を通じて更に醸成されていくことが望まれる。

1　東京高判平成一四年二月二八日　平成一三年（行コ）第一三六号税資二五二号九〇八〇頁。
2　これら条項の解釈については、増田英敏『紛争予防税法学』（TKC出版、平成二七年）一三三頁以下で詳しい検討がなされている。
3　一圓一億《いちえんかずお》『法の解釈と適用』（有斐閣、昭和三三年）一三一頁以下参照。
4　最判平成二六年一月一七日　税資二六四号一二三八七頁　弁護士会役員事件。
5　東京高判平成二四年九月一九日　平成二三年（行コ）第二九八号判時二一七〇号二〇頁。
6　必要性が直接かどうかは事実関係からある程度客観的に観察可能だが、関係性はそれ自体、判断者の主観的評価によることが多い事柄なので予測可能性確保の観点から要件を加重せず間口を広くしたのだと思われる。
7　所得税法においては、事業と業務とは区別されていて、事業とは所得税法施行令六三条に列挙されている所得を生じさせる諸活動の類型を言うので、関係性を事業そのものに求めるのでは必要経費の判断が硬直的になってしまうと思われる。
8　所得税法三七条一項の解釈として関係性が直接であることを要するということを打ち出したのは、昭和六〇年青森地裁判決（注11）あたりからであるが（尤もそこでは業務との関係性ではあるが。）、なぜ「直接の関係」を要するのかについて理由は明確にはされていない。
9　学説では、例えば金子宏は「事業活動との直接の関連」をもつことが必要であるとしている（金子宏『租税法第二二版』二九八頁（弘文堂、平成二九年）。
10　「費用」という文言は、所得税法四五条及び所得税法施行令九六条においては「経費」という文言が使われていることとの平仄からして、家事関連費についての判断を経た支出という意味で用いられているものと考えられる。従って、少なくとも業務遂行上の直接の必要性（所令九六条一項二号）は備えていることになる。裁決が要するとしている事業との直接の関連性や業務遂行上の通常必要性が、「費用」という文言から当然に導出されるとは考えられにくいし、かかる意味合いが含まれているという一般的理解が存在するとも思われない。

11 青森地判昭和六〇年一一月五日　昭和五九年（行ウ）第三号税資一四七号三二六頁。

12 金子・前掲注9同旨。

13 碓井光明「所得税法の諸問題」（租税法研究第三号（有斐閣、昭和五〇年））六八頁参照。

14 那覇地判平成六年一二月一四日　平成三年（行ウ）第三号税資二〇六号七二四頁。

15 東京地判平成二三年八月九日　平成二一年（行ウ）第四五四号（TAINS　Z八八八-一六〇二）。弁護士会役員事件でも同様の判断が示されている。

16 増田英敏『リーガルマインド租税法第四版』一九頁（成文堂、平成二五年）。

17 ちなみに所得税法三三条一項「その資産の譲渡に要した費用の額」の解釈について、東京高判平成一八年九月一四日　平成一八年（行コ）第一〇六号税資二五六号一〇五〇一頁（農地転用決済金事件）は、「所得税法上抽象的に発生している資産の増加益そのものが課税の対象となっているわけではなく、原則として、資産の譲渡により実現した所得が課税の対象となっているもの」であるから、必要経費性の判断においては、「一般的、抽象的に当該資産を譲渡するために当該費用が必要であるかどうかによって判断するのではなく、現実に行われた資産の譲渡を前提として、客観的に見てその譲渡を実現するために当該費用が必要であったかどうかによって判断すべきである。」としている。

18 争点となった条文や背景が異なるので本件と直接的に参考にはならないが、例えば最判昭和六〇年三月二七日は「各自の主観的事情や立証技術の巧拙によつてかえつて租税負担の不公平をもたらすおそれもなしとしない」として、納税者の個々の事情について各々の立証による必要経費の控除について消極的な立場を示している。

19　紛争予防の観点から納税者の事前の証拠収集の重要性については、増田・前掲注2・六二頁以下に詳述されている。

20　平成二年一月三〇日大阪高裁判決（税資二〇四号二七二三頁）。昭和五四年七月一八日岡山地裁判決（行集三〇巻七号一三一五頁）。

21　中村治朗『裁判の客観性をめぐって』（有斐閣、昭和三五年）八〇頁以下参照。

22　増田・前掲注16・一四頁。

（小関　健三）

第3章　税理士の死亡による職員に対する未払退職金の事業所得の必要経費算入の可否

はじめに

本件は、個人事業主である税理士の死亡が所得税法六三条に規定する事業の「廃止」に該当するか否かと、従業員退職金の必要経費算入の可否を争った事例である。

本件被相続人の事業形態及びその子への事業承継のやり方は、税理士業界において日常的によくあるものである。その税務処理についても、税の専門家である税理士が行ったものであるので、一見落ち度のないように見える。

単純な事案のようであるが、実は、個人事業主の死亡に伴う「事業主の地位の相続」「雇用契約の使用者の地位の相続」「退職金の意義」「所得税上の廃業の意義」などの論点があり、民法、相続税法、所得税法が絡み合ってすっきりと割り切れない問題を提起している。

Ⅰ　事案の概要

本件は、税理士業を営んでいた被相続人G（平成二一年四月死亡）に係る平成二一年分の所得税について、原処分庁が、被相続人Ｇの共同相続人である審査請求人らが事業所得の計算上必要経費に算入した未払いの退職金はその支払債務が発生、確定しておらず、また、事業税は被相続人Ｇの死亡後に納付すべきことが具体的に確定しているから、いずれも事業所得の金額の計算上算入することはできないとして更正処分等を行ったのに対し、請求人らが、被相続人Ｇの死亡によって、その従業員は退職するとともに、被相続人Ｇの税理士業は廃業となり所得税法六三条の規定を適用できるから、当該未払退職金及び事業税等はいずれも事業所得の金額の計算上必要経費に算入することができるとして、同処分の全部の取消しを求めた事案である。

被相続人Ｇは、昭和三七年に税理士登録をし、平成三年ころからはＧ税理士事務所を設けて税理士業を営んでいた。本件請求人らである共同相続人のうちの一人であるＥは平成元年に税理士登録をし、Ｇが死亡当時、自らＥ税理士事務所をＧ税理士事務所内に設けて税理士業を営んでいた。また、Ｇは同所に本店を置く株式会社Ｋ社を経営する代表取締役でもあり、法人Ｋにおいては記帳代行業務等を行っていた。

被相続人Ｇは二〇数名の従業員及びＥとの間で雇用契約を締結し税理士業務に従事させ、法人Ｋは、Ｇの従業員の多くをその従業員として雇用していた。Ｇ及び法人Ｋは、それぞれの従業員等のうち、税理士業務と法人業務の両方に従事していたものについては、従事した事務量をもとに、それぞれの基本給与の金額を算出していた。Ｇの死亡当時、Ｇ税理士業務に係る就業規則又は退職金規程は存在しなかったが、法人Ｋには就業規則及び退職金規程が存在した。

Ｅは、平成二一年八月一五日、本件相続に係る遺産分割協議により、Ｇ所有の土地建物、本事務所の税理士業務に係る事業用資産を取得するとともに、Ｇの借入金、平成二一年度の固定資産税等、平成二〇年分及び二一年分の事業の所得に係る各事業税など本件税理士業務に係る債務を引き受けた。Ｅは、その相続により取得または引き受けた事業用資産及び債務を用い、また、Ｇの従業員を使用して税理士業務を行った。Ｅは、各従業員を使用するに当たり各従業員との間で雇用に係る明示の合意をしておらず、また、その勤務条件についてもGの死亡前後で変更はなかった。Gの税理士業務に係る関与先についてはGの死亡後全てEがその関与税理士となった。

Eは、平成二一年四月一四日、日本税理士連合会に対し、Gの死亡を理由として、Gの「税理士登録抹消届出書」を提出してその税理士登録を抹消させるとともに、E事務所の所在地を変更（G事務所内という表記の削除）した旨記載した「変更登録申請書」を提出した。

Eは、所轄社会保険事務所長に対し、「健康保険・厚生年金保険適用事業所名称変更（訂正）届（管轄内）」に、「前事業主の債権債務をすべて新事業主が引き継ぎ致します。」と記載した「債権債務引き継ぎ書」と題する書面を添付して提出した。また、Eは、平成二一年八月七日、原処分庁に対し、廃業（事由）欄に「死亡」、事業の引継先の住所・氏名欄にEの事務所住所及びEの氏名を記載したGの「個人事業の廃業等届出書」を提出した。

Eは、Gの死亡後、Gの各従業員のうち、Gの死亡時点でK法人の退職金規程の定めにより退職金の支給に必要な勤続年数に満たないなどの理由で退職金を支給しない者を除き、二一名分の退職金として「未払退職金計上額」欄の「合計」欄の金額一五、三四六、一〇〇円を、Gの税理士業務に係る平成二一年分の総勘定元帳の「退職金」勘定（相手勘定「未払費用」）に計上した。Eは、本件各従業員に対し、Gの死亡を退職事由として発生、確定したとする退職金を支払っていない。

Eは、平成二一年度固定資産税・都市計画税については、その年税額を基に、平成二一年一月一日からGが死亡した日までの経過月数に応じて按分した金額をGに係る平成二一年分の総勘定元帳の「租税公課」勘定（相手勘定は「未払費用」）に計上した。また、Eは、Gの平成二〇年分の事業の所得に係る事業税の金額と二一年分の事業税の所得に係る事業税の課税見込金額も同様に「租税公課」勘定（相手勘定は「未払費用」）に計上した。

Ⅱ　争点１に関する当事者の主張及び裁決の要旨　〈一部取消し〉平成二五年七月五日裁決・裁決事例集九二集二二六頁

争点１：Gの死亡により、本件未払退職金の支払債務が発生、確定したか否か。

１　当事者の主張

当事者の主張の詳細については公表裁決事例集を参照されたい。

２　審判所の判断

（１）法令解釈

「使用者の従業員に対する退職金の支払い債務は、雇用契約の終了、すなわち退職の事実が生じたことにより当然に発生するというものではなく、就業規則、退職金規程等で退職金を支給すること及びその支給基準があらかじめ定められているか、少なくとも明確の条件に従って退職金が反復、継続的に支払われることによって労使慣行が成立したといえる場合に発生するものと解される。」

（２）認定事実

従業員に対する退職金の支払状況を個々に丁寧に確認している。詳細については公表裁決事例集を参照されたい。

（３）判　断

「本件税理士業務に係る就業規則又は退職金規程は存在しなかったことから、明確な条件に従って退職金が反復、継続的に支払われることによって労使慣行が成立していたといえる場合か否かについて検討する。」としたうえで、本件被相続人の死亡前の退職金の支給等の状況について「本件被相続人は、本件事務所の退職者に対し、本件法人退職金規程の定める条件に従って退職金を反復、継続して支払っていたとはいえない」としている。

また、本件税理士業務に係る債務を引き受けているE税理士事務所における退職金の支給状況について「Eは、本件法人退職金規程の定める条件に従ってE事務所勤務に係る退職金を支払っていないこと、また、本件事務所及びE事務所において、退職金支払について、明確に定めた基準はなかったことが認められる。」としている。

これらの検討の結果、「(略) 本件被相続人の死亡当時、本件事務所において、本件未払退職金の発生を根拠づけるような労使慣行が成立していたとはいえない」とし、「したがって、本件未払退職金対象者に退職の事実があるか否かにかかわらず、退職金支払債務の発生の根拠を欠くため、本件被相続人の死亡により、本件未払退職金の支払債務が発生、確定していたということはできない。」としている。

Ⅲ　争点2に関する当事者の主張及び裁決の要旨　＜一部取消し＞平成二五年七月五日裁決・裁決事例集九二集二二六頁

争点2：本件税理士業務について、本件被相続人の死亡により、所得税法第六三条に規定する事業の「廃止」があったといえるか否か。

1　原処分庁の主張

「次のとおり、本件税理士業務について、本件被相続人の死亡により、所得税法第六三条に規定する事業の「廃止」があったとはいえない。

一般に事業の廃止とは、居住者が事業継続の意思を放棄し、事業廃止に伴う業務を行うことをいうものと解される。」

2　請求人の主張

「次のとおり、本件税理士業務について、本件被相続人の死亡により、所得税法第六三条に規定する事業の「廃止」があったといえる。

税理士、弁護士等のいわゆる士業と呼ばれる事業については、その専門性ゆえに国家試験によって資格を得た者のみが行うことが許される事業である。

このように、税理士の業務は、個々の税理士の経験、知識、法律的技能、また、依頼者との間の個々の信頼関係を基礎として成り立っているものであり、一身専属性の高いものであるから、資格をもった本人の死亡により、税理士業務は相続されず、廃止となる。」

3　審判所の判断

(1)　法令解釈

「税理士が行う業務は、税理士と関与先との間の契約に基づいて行われるところ、この契約は、個々の税理士の専門知識、経験、技能等及びこれらに対する関与先との信頼関係を基礎とするものであり、当該専門知識、経験、技能等とこれらに対する関与先との信頼関係はいずれも事業主である税理士の個人的な信頼関係に基づく委任契約と解すべきである。

そして、委任契約は受任者の死亡によって終了する（民法第六五三条《委任の終了事由》第一号）ことから、税理士が関与先との間で締結した上記委任契約も税理士の死亡により終了すると解するべきである。」
「所得税法第六三条の規定は、事業を廃止して事業所得が生じなくなると、事業廃止後に生ずる当該事業に係る費用または損失を事業所得の金額の計算上控除する機会がなくなることを考慮して、上記費用または損失につき、事業所得に係る総収入金額があった最後の年分あるいはその前年分の所得の金額の計算上必要経費に算入できるとしたものであるところ、同上に規定する事業を「廃止」した場合に当たるか否かは、社会通念に照らして客観的に判断すべきである。」

(2) 判　断

「そうすると、Eが本件被相続人の死亡後に本件被相続人と同様に本件建物内において事業用資産及び債務並びに本件各従業者を用いて税理士業務を行っていたとしても、Eの税理士業務は、本件税理士業務とは別個の業務であると認められ、Eが本件被相続人の事業を承継し、本件被相続人と同一内容の事業を行っていたとは認められない。

このような本件被相続人の死亡後の法律関係及び事実関係を社会通念に照らして判断すれば、本件税理士業務については、本件被相続人の死亡により、所得税法第六三条に規定する事業の『廃止』があったと認めるのが相当である。」

Ⅳ　研　究…裁決に賛成であるが、争点2の理由付けには疑問

1　雇用契約上の使用者の地位と相続

退職金債務の計上の可否を争うにあたって、請求人は雇用契約が終了していることを理由として主張し、原処分庁は雇用契約が終了していないことを理由として主張している。両者の主張に対して、審判所は、「退職金の支払債務は、

雇用契約の終了、すなわち退職の事実が生じたことにより当然に発生するというものでない」と述べて、雇用契約の終了の有無そのものを退職金債務の計上の判断基準とはしないとしている。

あらためて、被相続人ＧとＧ税理士事務所の従業員との雇用契約は、Ｇの死亡によって終了するのか、それとも相続の対象となってＥ税理士に相続されたのかを検討する。

民法八九六条によると、「相続人は、相続開始の時から、被相続人の財産に属した一切の権利義務を承継する。ただし、被相続人の一身に専属したものは、この限りでない。」と定められており、これを雇用契約についてあてはめると、雇用契約の被用者の地位は被用者の死亡により承継されることはないが、使用者の地位は相続の対象になると解されている[1]。

つまり、使用者の死亡が雇用契約の終了原因となるかどうかについて、労務の内容が使用者の一身に専属するものである場合や、使用者の変更によって労務の内容に重大な差異が生ずるような場合を除いては、雇用契約上の使用者の地位は相続の対象となり、使用者の死亡によって当然に雇用契約が終了することにはならないのである。

本件の場合、雇用契約が使用者に一身専属する税理士という資格に基づいているので、民法八九六条のただし書きの適用となり、使用者の地位は相続の対象にはならないと解するのが妥当であると考えられる。このように雇用契約が終了しているという事実を確認することは、退職金の支払い理由の基礎的事実の存在を確認することにはなる。しかし、退職金の支払理由が雇用契約の終了と直結していないことが問題を難しくしている点であると思われる。

２　退職金の意義

退職金の経費計上要件を確認するにあたって、退職金の意義について確認する。所得税法三〇条一項「退職所得とは、退職手当、一時恩給その他の退職により一時に受ける給与及びこれらの性質を有する給与に係る所得をいう。」の規定にある退職手当とは「雇用関係ないしそれに類する関係の終了の際に支給される退職給与をいい（中略）『これらの性質を有する給与』の例としては（中略）打切り支給される給与等がある。[2]」とされている。また、退職所得は「長年の勤務に対する勤続報償的給与であって、給与の一部の一括後払の性質を有する。雇用関係ないしそれに類する関係を基礎とする役務の対価である点では、給与所得と異なる性質をもつものではない。[3]」とされている。

つまり、退職金は退職を機に支払われる給料の後払い的性質をもつ一時金である。所得税法三〇条一項後段の「これらの性質を有する給与」については、例えば打切り支給される給与が挙げられているように、「雇用関係からの離脱には当たらないが、勤務条件及び勤務内容に大幅な変更があったため実質的に見て退職と同視しても不合理でないような場合に支給される給与を意味すると解すべきであり、その範囲は狭く限定的にとらえるべきである[4]」と説明されている。

退職金の支給の可否の判定のもととなる「退職[5]」の意義については、税法上の明文規定はないが、従来からの勤務からの離脱をもって税法上の「退職」と位置付けられている。単に雇用契約の終了とイコールではない。個人事業主の死亡による事業承継の場合には、事業は一旦廃止されたのか、あるいはそのまま相続により承継されたのか、という判断も必要で、「退職」の定義をさらに難しくしている。

3　事業主の死亡と退職金支払要件

事業主の死亡と使用人に対する退職金の関係について次のような意見があり、その関係がよく整理されていて筆者も賛同する。

「事業主が死亡し相続人が事業を承継した場合に、使用人の雇用関係は継続することになると解される以上、一般的には退職の事実がないことになります。したがって、引続き勤務する使用人に退職金名義の金銭が支給されたときには、原則として、それは被相続人の必要経費に算入されるべきものではなく、その相続人の事業所得の計算上必要経費算入され、他方、使用人側においては、退職所得ではなく給与所得に該当することになります。

ただ、事業主が替わることによって使用人の勤務の内容、労働条件に変動が生じるなど、従来の関係が終了したとみられるような特別な事実があり、労働基準法等に定める解雇、および再雇用の手続等も明確で、相続開始後すみやかに退職金として相当な額が現実に支給され、勤続期間の計算も打切りとなっているような場合は、被相続人と使用人の雇用関係は終了したと見るのが相当と考えます[6]。」

そうすると本件の場合、Gの従業員は、Gの死亡後も勤務条件、勤務内容に大きな変化もなくそのままG事業を引き継いだEの従業員として就労しているのであるから一般的には雇用契約は継続し使用人に退職の事実は無いことになる。ところが、GおよびEが営む事業が、税理士業という一身専属制の資格に基づく事業であることや、顧客との委任契約の上に成りたつ事業であるという特殊性ゆえに、本件はGの事業は廃止され、Eは別個の事業を開始したと判断された。この判断を基にすると、被相続人Gの従業員には「退職」の事実があり、Gの事業において退職金を支給することは可能であったということになる。

ただ、退職という事実があっても退職金債務は自動的に生じるものではない。退職金の支払い要件について本裁決において法令解釈として立てられている基準は、「雇用契約の終了である退職という事実があっても退職金債務は自動的に生ずるものではなく、就業規則等による支払基準の有無又は退職金支払いの労使慣行の成立の有無によって判断する」というものであり、過去の裁決事例[7]において使われてきたものであり、妥当なものであると考える。

特に、退職金支払者である事業主が死亡している場合には、事業主の意思を確認する方法は、就業規則や退職金規程以外には難しく、その存在はとくに重要であると考えられる。

4　事業の承継と退職金債務

退職金の意義を確認したように、退職金は過去の就労に対する給料の一括後払いの性質を有している。そうだとすると、就労に対応する期間損益に計上すること、また、その期間に収益を得た事業主に費用として帰属させることが、合理的妥当性を有するのではなかろうか。本来であれば、退職金規程に基づいて、毎期発生主義で退職給与引当金を計上することが、費用収益の対応という点においてもより理論的である[8]。

所得税法上は、一定の要件のもとに被相続人の退職金引当金を相続人に引き継がせることも可能である[9]。たとえ、退職給与引当金の計上がなされていなかったとしても、事業を廃止し、次の事業主へ事業を引き継ぐ場合や法人成りする場合には、旧事業主の事業期間に対応する退職金は退職金債務として認識し、次の事業体へ引き継ぐのが理論的であると考える[10]。

一方、所得税法上退職金債務を認識し必要経費に計上するにあたっては、所得税法の費用計上基準である債務確定主義に照らして、支払債務として発生、確定していたといえるかどうかが重要である。

債務が確定[11]していたとするには、基準に従って客観的に金額を算定し決定することができなければならない。この点において、審判所は、Gの各々の従業員についてその退職理由と退職金支払い状況を丁寧に検証し、G事務所においてもE事務所においても明確の基準にしたがって退職金が支払われていたとはいえない、と結論した。Eは、Gの最終年度に退職金債務を計上はしているが、退職した従業員に対しても継続就労している従業員に対しても、その計上基準に従って退職金を支払っているとはいえない。

本件において、もし、旧事業主Gにおいて、就業規則や退職金規程が存在し、又はその存在がなくても退職金支払慣行が確立していれば、そして、E事務所において整合性のある退職金の支払いが実行されていれば、退職金債務は確定していたと認められて計上は可能であったと考える。[12]

5　個人事業主の死亡と事業の廃止・承継の関係

事業の廃止について平成一一年一二月九日裁決（事例集五八集三六頁）によると、「一般的に事業の廃止とは、居住者が事業継続の意思を放棄し、事業の廃止に伴う業務を行うこと、つまり、事業に関する新たな取引をやめ、かつ、その所有する商品、原材料、消耗品等事業の用に供する棚卸資産等の処分を行ったか否かなどにより判定すべきものと解される。そして、これを事業主の死亡の場合についてみると、通常の場合、相続人は、相続により被相続人の事業経営者としての地位を承継するのであるが、被相続人の明白な意思により、あるいは、事業を継続し得ない相当の事情により相続人が直ちに事業継続の意思を放棄し、相当の期間内に事業廃止に伴う業務を行った場合には、その事業は被相続人の死亡により廃止されたものと解される。[13]」としている。

つまり、一般的には、個人事業主の事業主としての地位は相続の対象となり、事業主の死亡は事業廃止と直結していない。しかし本件の場合は、被相続人の一身に専属した税理士資格に基づいた顧客との委任契約の上に成立している事業であることを理由に、事業主の地位は承継されず、相続人がたとえ被相続人の事業資産を利用して同種の事業を開始したとしても、被相続人の事業は廃止されたと結論している。この結論は、税理士業という事業の特殊性を評価した判断として支持できる。しかし、上記判断は、あくまで一般論としての「事業の廃止」か否かを判断したのであって、所得税法六三条上の「事業の廃止した場合」は違った意味をもつと筆者は考えている。

6　所得税法六三条の「事業を廃止した場合」

上記一般論としての事業経営者の地位が相続の対象となり承継されるとしても、所得税法上は事業所得の帰属先である個人が変更になる。租税実務の手続関係に照らしてみても、事業主の死亡により事業廃止届が提出され、相続人によって新たに事業が開始されたとする開業届が提出される。青色申告も無条件に継承されるわけではなく、事業を継承する相続人は新たに届出書を提出せねばならない。一般論として雇用契約の使用者の地位は承継されるとしても、給与支払者は変更となり、そのための届出書も提出せねばならない。

所得税はあくまで個人に着目した税制度である。一つの事業という世代を超えた流れがあり、事業が承継されていようとも、個々の個人にその事業の一定期間の事業収益と事業経費が帰属すると考えて、その期間に生じる所得に対する税負担をその個人にもとめるのが所得税である。したがって、所得税法六三条の事業を廃止した場合とは、一般論としての事業の廃止ではなく、所得税法上の個人に対する事業所得の帰属期間の終了の時点と考えるのが妥当ではなかろうか。

そうすると、本件のように税理士業という一身専属制の資格や委任契約に基づく事業形態に関係なく、事業主が死亡した場合にはその時点で所得の帰属先が切断変更されるのであるから、所得税法六三条の「事業を廃止した場合」に該当すると言うべきであろう。[14]

おわりに

個人事業の廃業のうち、他人への事業譲渡や法人成りの場合と比較して、個人事業主の死亡の場合には企業会計上の会計処理の問題とともに相続法上の法律問題が関係し、問題の整理が複雑になる。

被相続人の最終事業年分に退職金債務が計上できるか否かは、被相続人の事業所得の金額に影響を与えるだけではなく、被相続人の相続税計算上の負債として遺産総額にも影響を与える大きな問題である。被相続人が事業主として退職金を支給するかどうかの意思確認は困難であるために、従前に存在していた退職金規程や就業規則に基づく退職金処理をする以外にないであろう。

しかし、法人とは違い零細な個人事業の場合、企業内規則の制定やその運用が事業主の恣意に委ねられがちである。また、個人事業主が退職金規程を定める場合、自己が死亡した場合についての規定を設ける必要があるというのは盲点になりやすい。対課税庁とのトラブルだけではなく、対従業員とのトラブルを避けるためにも、これらの規定の整備をしておくことが極めて重要であることが本事例により確認された。

1　「雇用契約の使用者がその権利を被用者の承諾なく第三者に譲渡することは禁じられている。これに対し、使用者の権利ないし地位が相続などによって包括承継されるか否かについての明文の規定はないが、一般に労務の内容は使用者の一身に専属するとまではいえないから、労務実現を使用者が指図する仕方や内容によって、契約自体に重要な差異が生じるような場合は除いては、雇用解約の使用者たる地位は相続性を有し、その死亡は雇用契約の終了原因とはならないものと解される。」（東京地判平成八年二月二八日税資二一五号七一三頁）。
同様の判旨：被相続人の被用者が相続人となり事業を承継した場合、相続人等に係る退職金につき所得税法六三条の適用の有無を争った事例（東京高判平成九年三月二四日税資二二二号一一三三頁、最判平成九年一〇月三一日税資二二九号四八三頁）。

2　金子宏『租税法第二二版』二四二頁（弘文堂、平成二九年）。

3　金子・前掲注2・二四三頁。

4　金子宏「最新判例批評―所得税法三〇条一項にいう退職所得にあたらないとされた事例」判時一一三九号一七九頁（昭和六〇年）。昭和五八年九月九日第二小法廷判決についての判例評釈。

5　「退職という概念は一種の固有概念であり、民法上の雇用契約の終了というよりは、従来からの勤務からの離脱を意味すると解すべきであろう。」金子・前掲注2・二四四頁。退職金の支給事由である税法上の「退職」の意義は、雇用契約の終了より広い概念であるとの意見である。

6　鎌田正「個人事業における退職金と退職給与引当金」TKC税研時報四巻三号六頁（平成元年）。

7　平成一一年一二月九日裁決（裁決事例集五八集三六頁）。

8　平成一三年一〇月一七日裁決（裁決事例集六二集七六頁）等。

9　法人税法において退職給与引当金は認められていないが、所得税法においては五四条においてその計上が規定されている。
退職給与引当金を有する個人事業主が死亡した場合に、相続人のうちに事業を承継して使用人を引き続き雇用している者でその個人事業主の死亡の日の属する年分の所得税につき青色申告書を提出することについて税務署長の承認を受けている者（青色申告の承認申請書を提出したものを含む。）がいる場合には、引き続き雇用する使用人に対応する退職給与引当金を実質引き継ぐことができる（所令一五七条二項）。

10　「法人税基本通達九-二-三九（個人事業当時の在職期間に対応する退職給与の損金算入）
個人事業を引き継いで設立された法人が個人事業当時から引き続き在職する使用人の退職により退職給与を支給した場合において、その退職が設立後相当期間経過後に行われたものであるときは、その支給した退職給与の額を損金の額に算入する。（平一九年課法二-三「二十二」により改正）」とある。法人設立後相当期間内である場合には、法人の損金算入とせず、所得税法六三条の適用となって、個人所得税の最終年分の経費となる。

11 「所得税基本通達三七－二（必要経費に算入すべき費用の債務確定の判定）

法第三七条の規定によりその年分の不動産所得の金額、事業所得の金額、山林所得の金額又は雑所得の金額の計算上必要経費に算入すべき償却費以外の費用で、その年において債務が確定しているものとは、別段の定めがあるものを除き、次に掲げる要件の全てに該当するものとする。

(1) その年一二月三一日（年の中途において死亡し又は出国をした場合には、その死亡又は出国の時。以下この項において同じ。）までに当該費用に係る債務が成立していること。

(2) その年一二月三一日までに当該債務に基づいて具体的な給付をすべき原因となる事実が発生していること。

(3) その年一二月三一日までにその金額を合理的に算出することができるものであること。」

12 個人事業を廃止し法人成りした事例であるが、個人事業において退職金債務の計上が認められた事例がある。本件と比較して、規定の整備、従業員との協議及び周知、整合性のある実行において相違がある。

「法人成りしたことに伴い個人事業を廃止した年分の必要経費に算入した従業員退職金（預り金経理）は必要経費に算入できないとする原処分庁の主張を排斥した事例」（平成一三年一〇月一七日裁決、裁決事例集六二集七六頁）。

「原処分庁は、請求人が個人事業を廃止していわゆる法人成りしたことに伴い個人事業を廃止した年分の必要経費に算入した従業員退職金について、退職金支給規定の支払事由に法人成りの定めがないこと及び労使協定書に従業員の有する全ての権利義務が法人へ承継される旨規定されていることから、従業員退職金の支払債務は法人成り後の退職金支給規定に規定された支給事由が生じたときに初めて発生すると解するべきであり、また、請求人らが預り金として会計処理した従業員退職金は実質的には未払金であり、長期にわたる未払いは経済的合理性を欠くものであるから、従業員退職金の債務は成立しておらず、必要経費に算入することはできない旨主張する。

しかしながら、関係者の答述及び従業員全員が請求人らに提出した退職所得の受給に関する申告書から、従業員退職金の支払について、労使間で事前の協議が整い、従業員にその協議内容を周知し、請求人らは従業員の了解の下に退職所得の受給に関する申告書の提出を受けたものと認められるから、従業員退職金の支払債務は成立していると判断するのが相当であり、退職金支給規定の記載内容の一部のみを取り上げて従業員退職金の債務が成立していないと判断することはできないから、従業員退職金を必要経費に算入できないとした更正処分はその全部を取り消すのが相当である。」

13 同様の裁決要旨として昭和六二年九月二一日裁決あり。

14 現行実務では以下の取り扱いとなっている。

「相続人等が被相続人の事業を承継した場合には、法形式上は、その事業は廃止されたことになりますが、その実質に着目すると、被相続人の死亡により直ちには事業そのものが廃止されたものとはいえません。また、事業税は賦課課税ですので、被相続人の準確定申告書にかかる事業税の額は、死亡後に確定することになります。固定資産税と同様に死亡した日までに納税通知という給付すべき原因となる事実が発生しておらず、金額も確定していないため、被相続人の必要経費に算入することはできません。したがって、被相続人の事業税はその事業を承継した相続人の翌年分の不動産所得の金額の計算上、必要経費に算入することになります。」上西左大信・竹内春美共著『賃貸不動産をめぐる税務と承継』一三一―一三三頁（税務研究会出版局、平成二五年）。

【参考文献】 前掲書以外

金子宏ほか編『ケースブック租税法第四版』（弘文堂、平成二五年）
増田英敏『リーガルマインド租税法第四版』（成文堂、平成二五年）
山田二郎編『実務租税法講義』（民事法研究会、平成一七年）

岡﨑和雄「個人事業主の使用人に対する退職金の支払いをめぐる諸問題」税理三九巻一三号（平成八年）
岡本勝秀「使用者の死亡を理由に相続人たる従業員等に対して支払われた退職金の必要経費性について」税大論叢二八号（平成九年）
「従業員退職金の支払債務は発生せず」週刊税のしるべ平成二六年四月七日号

（増田　明美）

第4章　雑損控除の対象となる人為的災害の範囲の判断

―アスベスト除去費用は、人為による異常な災害とみることはできないとした事例

はじめに

包括的所得概念を基礎とする所得税法において、居住者等の有する住宅家財等について生じた損失は、法定原因に限り所得控除として課税所得を減額するという構造を採用している。所得控除には、個別事情を斟酌するための人的控除及び、特殊な人的控除制度を設け、担税力に応じた所得を計算する仕組みになっている。このうち異常な損失による担税力の減少を控除するものとして雑損控除制度がある。本来被った損失は、担税力を減殺する要素であり、所得金額の計算上、当然に控除されるべきものである。しかし、所得控除の適用を受けることができる異常な損失は法定原因によるもののみであり極めて限定的に解されている。本章は、担税力測定に重要な役割を担う雑損控除のうち、人為による異常な災害の範囲につき検証を試みるものである。本章は当初、裁決事例研究であったが、本件が事案の概要に掲げた経過を辿っているため、原審を引用している高裁判決を研究対象としている。

I　事案の概要

弁護士である審査請求人（原告・控訴人）は、平成一八年九月に、自宅の建て替えに伴い支払ったアスベスト除去費

用等を雑損控除の対象として所得税の確定申告を行った。原処分庁は、当該費用は雑損控除の対象とはならないとして更正処分及び過少申告加算税の賦課決定処分を行った。審査請求人は、これを不服として異議申立、審査請求を経て訴えを提起した。裁決、判決は何れも棄却され、上告受理申立は不受理とされた。

裁　決　国税不服審判所　平成二一年二月一六日裁決　裁決事例集七七集一二五頁

第一審　大阪地方裁判所　平成二三年五月二七日訟月五八巻一〇号三六三九頁

第二審　大阪高等裁判所　平成二三年一一月一七日訟月五八巻一〇号三六二一頁

Ⅱ　争点及び争点に関する当事者の主張

1　争　点

（1）本件建物にアスベストが含まれていたことが所得税法施行令九条にいう「鉱害、火薬類の爆発その他の人為による異常な災害」に該当するか。

（2）本件建物にアスベストが含まれていたことが所得税法七二条一項の「資産について災害等による損失が生じた場合」に該当するか。

（3）本件除去費用等が所得税法施行令二〇六条一項一号にいう災害関連支出「災害により住宅家財等…の価値が減少したことによる当該住宅家財等の取壊し又は除去のための支出その他の付随する支出」に該当するか。

2　当事者の主張

次表のとおり。

当事者の主張

	控訴人（納税者）	被控訴人（国）
一．人為による異常な災害とは	一．包括的所得概念からは費用、損失又は移転たる性格を有するものが所得から控除される。 二．雑損控除の対象となる「人為による異常な災害」とは通常の消費生活の過程で発生する損失とは異なる、消費の一形態として所得計算の埒外に置き去るのでは不合理であると考えられるようなイベントというべきである。 三．損失の原因としては、本件建物にアスベストという人を死に至らしめるほどに重大な危険性を有する有害物質が混入されたことである以上、「人為による異常な災害」である。	一．雑損控除は、災害等による異常な損害によって低下した担税力に即応して課税することであり法定原因により損失が生じた場合において一定額の控除を認めるものである。 二．「その他の人為による異常な災害」に該当するか否かについては、「人為性」・「異常性」・「災害性」を法律の趣旨・目的に沿って総合的に判断することになる。 三．雑損控除制度の意義及び立法趣旨からすればその政策目的に適合するよう限定的に適用されるべきであり、特に所得控除のような課税減免規定の解釈にあたっては、課税要件規定以上に、その法律の趣旨・目的に沿った厳格な解釈が要求される。
二．災害による損失が生じた場合に該当するか	一．災害に該当するか否かの解釈基準として納税者の意思によらないこと、予見及び回避することが不可能であること。 二．異常な災害に該当するためには社会通念上通常ないといえるかどうかという事象の性質ないし頻度により判断されるべきでありそれ以外に当該事象の突発性偶発性「劇的な経過」等を考慮することは文理解釈を逸脱するものである。	一．人為による異常な災害は、鉱害及び火薬類の爆発と「同等ないし匹敵」すべき「異常な」「災害」をいう。 二．災害の一般的な法令上の用語上の意義は、「不意に突発した外からの凶暴な力」によって「被害を受けた場合の原因と結果を合わせて災害という。」とされており所得税法72条における「災害」もこの概念を前提としている。
三．除去費用は災害関連支出に該当するか	建物に含有されていたアスベストの除去等を余儀なくされているので所得税法施行令206条１項１号に該当する。	本件除去費用等は、本件建物の経済的価値の減少を「原因として」支出したものではなく、あくまで、本件建物の解体費用に付随して支出したにすぎないから、同号の災害関連支出に該当しない。

Ⅲ　判決の要旨　〈棄却〉大阪高裁平成二三年一一月一七日判決1

1　所得税法七二条雑損控除制度の趣旨

雑損控除制度に定める控除し得る損失の発生原因として、「災害又は盗難若しくは横領」という事由を掲げているところ、これらはいずれも納税者の意思に基づかないことが客観的に明らかな、納税者の関与しない外部的要因（他人の行為）を原因とするものであることが必要である。

2　人為による異常な災害

人為による「異常な」災害というためには、納税者による当該事象の予測及び回避の可能性、当該事象による被害の規模及び程度、当該事象の突発性偶発性（劇的な経過）の有無などの事情を総合考慮し、社会通念上通常ないといえる「異常な」災害性を具備していると評価できることが必要というべきである。人為による異常な災害というためには「人為による」ものでなければならないところ、この人為性は、人の行為が原因となっていることを意味する。

3　損失の原因

本件において原告の損失（本件除去費用等の支出又はこれに相当する建物価値の下落）の原因としては、（1）本件建物の建築施工業者が本件建築部材を使用して本件建物を建築したこと、（2）本件建物の建築後アスベスト（石綿等）に関する規制が行われたことを考えることができる。（1）については、本件建物の建築工事において本件建築部材を使用することは、建築請負契約の内容に含まれていたか、少なくとも、包括的に建築施工業者の選択に委ねられていたと解するのが相当である。そうすると、建築施工業者が本件建築部材を使用して本件建物を建築したこと（その結果本件建物にアスベストが含まれていたこと）は、建築請負契約又は原告の包括的委託（承諾）に基づくものであって、原告の意思に基づかないことが客観的に明らかな、原告の関与しない外部的要因を原因とするものということはできない。建築施工業者が本件建築部材を使用して本件建物を建築したことが社会通念上通常ないということはできず、上記原因に異常性を認めることもできない。(2)については、アスベストの有害性が判明したことに伴い、解体建物周辺への飛散や解体労働者の曝露を防止するべく、公共の福祉の観点から法的な規制が行われたものであり、社会通念上通常ないことには該当せずこれを異常な災害と認めることはできない。

4　アスベストに係る規制

建築施工業者が本件建築部材を使用して本件建物を建築したことが「異常」であるとはいえず、それが人災をもたらすという意味での「人為性」があるともいえない。また、本件建物の建築当時、問題とされていなかったアスベストの使用が、その後に法的規制が実施された結果、本件建物の取壊しに特別な費用を必要とするようになったのであり、この法的規制をもって、「人為性」が認められるとも解されない。

Ⅳ　研　究：判決に反対

１　本判決の意義

雑損控除を巡るこれまでの争訟では、もっぱら「災害、盗難若しくは横領は何れも納税者の意思に基づかないことが客観的に明らかな事由であるものと解される」[2]という判例に依拠し、納税者の意思、帰責性等によりその該当性が判断されてきた。本件判決は「人為による異常な災害」とは何かを明確にした点、法令の改正による納税者の追加負担は、「人為による異常な災害」に該当しないとした点に意義がある。しかし従来にない「災害」が生じている今日、損失原因について本件判決の射程の範囲、或いは、後述する現行の課税実務との齟齬について、課題を残す判決といえる。

２　アスベスト問題

(1)　アスベスト問題の経緯

まず、アスベスト問題についてふれる。アスベスト問題にふれる必要は、租税法が対象とする経済的取引・事件が日々変化し、新たな事象の出現により租税法との乖離が生じ、齟齬を来す場合があり本件もその一つと思われ[3]、本件の事象をまず捉える必要があるからである。

アスベストは耐熱性、柔軟性、強度性、耐薬品性、絶縁性という性格から「奇跡の鉱物」として生活のあらゆる場面において身近に利用されてきた。およそ三、〇〇〇種類の商品に混入されており、髪の毛の五千分の一の太さのものが飛散し、体内に吸い込むと肺等に突き刺さり、中皮腫、肺がん胸膜炎等を発症することが判明している。

本事件の特徴を宮本憲一教授は、要約するところ次のように述べられている。「アスベスト災害は世界的規模で長期にわたる被害を発生させる史上最大の産業災害の可能性がある。その特徴として第一に複合型の社会的災害である。労働災害、家族や工場周辺住民の公害、流通過程で生ずるアスベストの原料や製品を運搬する交通労働者や、荷役労働者の労働災害、消費過程での鉱害、建材などの産業廃棄物処理で起こる労災等経済の全過程で発生し、原因が複合している複合型災害である。第二にこのような複合型ストック災害（公害）は、廃棄物災害、放射能公害…は生産や事業活動を停止しても有害物が蓄積され、長期に渡って災害が発生する現象をストック公害・事故とよんでよいだろう」[4]。更に「アスベストが人体にきわめて有害だということはかなり早くから分かっていた。世界的には石綿肺は一九〇〇年代初頭、石綿肺がんは一九五〇年代、中皮腫は一九六〇年代に医学的知見は確立されていた」[5]。

（2）最高裁　平成二六年一〇月九日判決[6]

いわゆる泉南アスベスト訴訟で、国の責任が問われた。判決要旨は次のとおりである。「わが国では、高度経済成長に伴って石綿の消費量が大きく伸び始め、昭和四〇年代から六〇年代にかけ大量消費が続き、平成二年頃から消費量が減少し、平成一八年九月に石綿含有製品の製造、使用等は全面的に禁止されるに至った。わが国では、昭和一二年から昭和一五年にかけて保険院社会保険局により本格的な石綿肺の調査が行われ、その調査結果において、飛じん量と勤続年数が石綿肺罹患の二大要因であることが指摘された。石綿製品製造等を行う工場又は作業場の労働者が石綿粉じんに曝露したことにより石綿肺等の石綿関連疾患に罹患した場合において昭和三三年当時、医学的知見が確立し、事業者に局所排気装置設置の通達を発出したが、昭和四六年特定化学物質等障害予防規則制定まで義務付けの政省令は制定されなかった。石綿肺に関する医学的知見が確立し、国も石綿の粉じんによる被害の深刻さを認識していたこと、上記の工場等における石綿の粉じん防止策として最も有効な局所排気装置の設置を義務づけるために必要な技術的知見が存在していたこと、従前からの行政指導によっても局所排気装置の設置が進んでいなかったこと、などの事情の下では、労働大臣が労働基準法に基づく省令制定権限を行使して罰則をもって上記の工場等に局所排気装置を設置することを義務づけなかったことが規制権限不行使とされ、国家賠償法一条一項の適用上違法とされた。」

これら経緯を経て、健康被害に対する救済、既存施設における石綿の除去促進、石綿廃棄物の適正な処理等の施策が講じられてきたものである。しかし、今後「約五〇〇万トンが含有されているといわれるアスベスト建材の存在、震災、建物解体の増加を踏まえ拡大生産者責任原則、予防の原則を適用する必要がある[7]」とされる。

3　雑損控除をめぐる判決及び裁決

雑損控除の対象となる原因についての判決及び裁決では、その要件としていくつかの類型に区分される。要約するところ、納税者の意思の有無、納税者の帰責性、異常性・劇的なもの、不可抗力等の要件が挙げられる。

(1)　納税者の意思が存在しないこと

「雑損とは、納税義務者の意思に基づかない、いわば災害による損失を指すことは同条の規定から明らかであり、…抵当権の設定が納税者の意思に基づくものであり、納税者の求償権の取立不能額を雑損として控除できない[8]」

(2)　納税者に帰責性がないこと

「雑損控除の趣旨は、災害、盗難、横領という納税義務者の意思に基づかない、いわば災害による損失が発生した場合に、租税負担公平の観点から、右損失により減少した担税力に即応する形での課税を行うものである。とすれば、同項所定の原因事実が存する場合であっても、その発生について納税義務者に一定の帰責性が認められ、且つその態様が租税負担公平の観点から是認し難いようなものについてまで同条項の適用を認めるのは相当でない。[9]」

（3）異常性・劇的なものであること

共有建物の分割に際し、分割線を越えて取り壊されたことによる建物の損失について、「分割線を越えて取壊すことは十分予見し、回避可能だったのであり…通常生起する不法行為の一形態にすぎず、何ら劇的な要素もなく、これのみをもって人為による異常な災害」とはいえないとするものがある。[10]

（4）不可抗力なものであること

家事上の貸付に伴う回収不能の損失は「雑損控除のごとく不可避的原因によるものとはいえず、むしろ家事上の出費」である。[11]

4　本件判決の構造と問題点

（1）劇的な経過の有無

判決は、「納税者による当該事象の予測及び回避の可能性、当該事象による被害の規模及び程度、当該事象の突発性偶発性（劇的な経過）の有無などの事情を総合考慮し、社会通念上通常ないといえる「異常な」災害性を具備していると評価できることが必要というべきである」としている。しかし、「劇的な経過」という文言は条文上になく、「鉱害」については、税法上独自の定義規定はおかれていない為、一般の用語と同意義に解すべきところ、「有害な鉱煙や廃液が人畜や農作物に及ぼす害」（広辞苑）等が掲げられている。これらは決して判決の言う「劇的な過程」を経るものではなく、長期に渡りその原因たる事実が影響し、被害をもたらすものである。「劇的な経過」は雑損控除の適用を狭める新たな要件である。

（2）納税者の意思

判決は、「本件建物の建築工事において本件建築部材を使用することは、建築請負契約の内容に含まれていたか、少なくとも、包括的に建築施工業者の選択に委ねられていたと解するのが相当であるとし、納税者の意思に基づかないことが客観的に明らかな、納税者が関与しない外部的要因を原因とするものということはできない。」としている。しかし、アスベストは、「奇跡の鉱物」と言われるように安価で、耐熱性等に優れ、国がアスベスト含有建材の使用を拡大する方向をとり、「とくに、耐火性、防火性という利点が強調され、建築分野ではアスベストを使わなければ基準がクリアできないという時期があり」[12]と言われる。このように国が指定し推奨してきた場合には、国の高度の安全確保義務が認められるべきであり、市民の自己責任のみでは十全に対処できる状況ではない。一般に建物建築に際し、建築主が建築部材の詳細を熟知し判断することは不可能にちかく、建築業者等を信頼し委ねる場合が多いものと思われる。その部材の中に、建築当時既に、その危険性についての科学的知見が確立しており、建築後程なく、使用禁止にまでなる有害物質が含まれていたことに、納税者の帰責性はなく、災害に属するものである。この点、耐震強度偽装事件では、建築士が違法に耐震強度を偽装したことが原因となって建物の所有者に損失が生じたのであり、納税者の意思に基づかないものであることが客観的に明らかであるとして「人為による異常な災害」による損失が生じた場合に該当すると判断している。

アスベストの有害性、危険性、健康被害は早くから指摘されており、泉南アスベスト判決では、規制権限不行使という、国の責任が問われている。「アスベストという建築部材は一般に広く用いられていたのであり、社会通念上通常ない異常な災害といえるようなものではない。」という認定は、事実とは異なるものである。アスベストという有害物質が使用されたことは、納税者の意思に基づかないことが客観的に明らかであり、そのような有害な建築部材が使用されたことにより、建物所有者に損失が生じたのである。建築士、又は建築施工業者の信頼を損なう行為が損失発生の原因という点では、両事件の差は僅少と思われる。

（3）アスベスト除去作業等の費用

判決は「本件建物の建築当時、問題とされていなかったアスベストの使用が、その後の法的規制の実施をもって「人為性」が認められるとも解されない。」としている。アスベストを含有している既存施設解体時の適正な処理の施策は、直接的には、資産に係る被害であり、資産によりもたらされる周辺住民への被害拡大防止なのである。法の趣旨も「石綿による健康被害の特殊性に鑑み…石綿による健康被害の迅速な救済を図ることを目的」としており、既存施設における石綿の除去促進、解体時の飛散・曝露防止、石綿廃棄物の適正な処理等各種施策[13]であり、それは正しく被害拡大防止の費用である。また、判決では、納税者の自己の都合に基づく自宅の取り壊しであり、消費に属するものとされている。しかし、居住建物に有害物質であるアスベストが含まれていることが判明した後は、法的義務はないものの、被害拡大防止のための早期の解体撤去が求められるものである。例えば震災等を考慮すると、建物の崩壊は不可避的、突発的に生じるのであり、まさに被害が生ずるおそれがあると見込まれ、被害の拡大又は発生を防止するために緊急に必要な措置を講ずるための支出に該当するものと捉えられよう。

課税実務の取扱いとして、造成後の宅地について防災区域の等の指定、又は勧告を受けて行う滑動崩落防止工事の費用は、所得税法施行令二〇六条一項三号に規定する災害関連支出として雑損控除の対象とされている[14]。又、豪雪の場合の雪下ろし費用に係る費用等についても雑損控除の対象とされ、この対象には家屋外周の雪の取り除き費用、雪捨て費用も含まれている[15]。家屋の外周の雪の取り除き費用は、家屋の維持費的性格にも及ぶものである。かように、通達レベルでは極めて弾力的な取扱いがなされている。

おわりに

雑損控除については、その適用上、損失の範囲、損失原因について議論があり、雑損控除規定を、課税要件規定以上に、その法律の趣旨・目的に添った厳格な解釈が要求されること（原審における被告の主張）や、「何よりも類推ないし拡張解釈によりもたらされる課税行政の混乱を考慮すると主張は採用することはできない。[16]」と言う見解があり、それらは「たとえば、税務訴訟で、特定の納税者に酷とみえる結果になるときも、長期間行われてきた税務行政の実務を尊重して、特にそれを支持する判例があるときには、既成の事実を容認する判決となりやすい[17]…」ことにつながる。本件は、上告不受理となっており、不受理に既判力はないが、再審理は困難と思われる。現行の雑損控除制度は災害等による被害が生じた結果損失が前提となっている。本件は、対象となる損失の範囲の明確化、更に、行政の予防的アプローチと相俟って被害の予防的費用、或いは損失拡大の未然防止のための費用という予防的観点を、如何に考慮すべきか問われていると考えられ、未だ争点を残す事案である。

1　大阪高判平成二三年一一月一七日訟月五八巻一〇号三六三九頁。
2　最判昭和三六年一〇月一三日民集一五巻九号二三三二頁。
3　増田英敏『リーガルマインド租税法第四版』一二頁（成文堂、平成二五年）。
4　宮本憲一『戦後　日本公害史論』七〇八頁（岩波書店、平成二六年）。『環境と公害』三五巻三号二七頁。
5　宮本・前掲注4・七〇四頁。
6　最判平成二六年一〇月九日民集六八巻八号七九九頁。

7　宮本・前掲注4・七〇九頁。
8　最判昭和三六年一〇月一三日民集一五巻九号二三三二頁。
9　京都地判平成八年六月七日税資二一六号五一一頁。
10　国税不服審判所昭和五四年九月四日裁決事例集一九集五四頁。
11　東京高判昭和四五年八月三一日訟月一六巻一〇号一一四七頁。
12　寺西俊一他五氏「アスベスト対策にどう取組むか」（村山武彦氏発言）『環境と公害』三五巻三号六一頁。
13　石綿による健康被害の救済に関する法律等。「アスベスト問題に係る総合対策の概要」ジュリ一三一八号六三頁。
14　平成一八年一一月一五日「造成宅地の災害防止工事のための支出の税務上の取扱いについて（照会）」。事後に法規制が行われた場合、宅地所有者等が造成宅地防災区域の指定又は宅地造成工事規制区域内における一定の勧告を受けて行う滑動崩落防止工事の費用について、所税令二〇六条一項三号に規定する支出に該当し、災害関連支出として雑損控除の対象になるとされている。
15　昭和五二年一〇月二七日　直所三-二二。
豪雪の場合における雪下ろし費用等に係る雑損控除では、豪雪の場合において、家屋の倒壊を防止するための雪下ろし費用及び家屋外周の雪の取り除き費用は、雑損控除の対象となる損失に含めて差し支えない。これに直接関連して必要となる雪捨て費用も雑損控除の対象となる損失に含めて差し支えないとされている。
16　名古屋高判平成元年一〇月三一日税資一七四号五二一頁。
17　伊藤正己『裁判官と学者の間』一二一頁（有斐閣、平成五年）。

（高橋　勇）

第5章　個人が同族会社へ貸した土地の賃貸料と行為計算否認規定適用の可否

はじめに

同族会社の行為計算の否認に関する規定は、同族会社を用いた通常では行われない行為または計算による租税回避行為の否認規定であると解されているが、個人の所得税についても同族会社との取引において株主等の所得税の負担を不当に減少させる結果となると認められる場合に、税務署長に更正又は決定を行う権限を与えている（所得税法一五七条）。近時、個人の行為又は計算の経済的合理性を判断基準としてこの規定が適用されることが見受けられる。本件は、請求人が同族会社に土地を貸している賃貸料について、原処分庁が近隣の比準貸付地における平均賃料を用いて算出した適正賃料額と比較すると、大きく下回っているとして、地代収入を認定した更正処分が認められた事案である。個人が同族会社に土地を貸して同族会社が建物を建て事業を行う場合には、「適正な地代」を収受しなければならないのであろうか。個人の所得税が「不当に減少する」という要件が明確ではなく、争いが増えていると思われるので検討する。

Ⅰ　事案の概要

本件は、不動産貸付業を営む審査請求人（以下「請求人」という。）の所得税について、原処分庁が、請求人と同族会社との間で合意した土地賃貸借に係る賃料の額を容認した場合に「請求人の所得税の負担を不当に減少させる結果となると認められるとして、所得税法一五七条《同族会社等の行為又は計算の否認等》の規定を適用し、原処分庁が算定した適正な賃料の額に基づき不動産所得の金額及び所得税の額を計算して所得税の更正処分等を行ったのに対し、請求人がその全部の取消しを求めた事案である。

N社は、不動産の管理、賃貸業等を目的とする法人税法二条一〇号に規定する同族会社であり、代表取締役に請求人の実父が就任している。請求人は、平成一三年養父から、甲、乙、丙の土地（以下「本件各土地」という）を相続により取得し、併せて養父がN社との間で締結していた本件各土地に係る賃貸借契約における賃貸人たる地位を承継した。

N社は、請求人所有の本件各土地の上にアスファルトを敷設して駐車場とし（甲土地）、また鉄骨造二階建の建物を所有し第三者に賃貸（乙土地）、さらに養父と共同で本件丙土地の上に建築した鉄筋コンクリート造三階建の区分所有建物のうち、専有部分の建物を所有し、賃貸している。

請求人は、これらの賃貸借契約に基づき、N社から賃料を収受しているが、賃貸借契約は口頭により締結されており、養父及び請求人はN社との間で賃貸借契約書を作成しておらず、請求人及びN社において、本件各土地の賃料の内訳を記載した帳簿書類は作成されていない。

原処分庁は、N社が請求人との間で合意した本件賃料額を容認した場合には請求人の所得税の負担を不当に減少させる結果となると認められるとして、所得税法一五七条の規定を適用して、各年分の更正処分及び過少申告加算税の賦課決定処分を行った。

Ⅱ　争点及び争点に関する当事者の主張

１　争点１　原処分庁が所得税法三六条ではなく、所得税法一五七条を適用して本件各更正処分を行ったことは違法か否か

請求人は、所得税法一五七条は、同族会社を用いた租税回避行為を否認するための規定であり、税額確定の例外規定であるから、原則規定である所得税法三六条が所得税法一五七条に優先して適用されるべきであると主張したのに対して、原処分庁は、所得税法一五七条は、同族会社の行為又は計算が、通常の経済人の行為として不合理又は不自然であり、それを容認した場合には、その株主等である居住者の所得税の負担を不当に減少させる結果となると認められるものがあるときには、いわゆる実質課税の原則及び租税負担公平の原則の見地から、これを通常あるべき行為又は計算に引き直して本来納付すべき税額を算定し、所得税の更正又は決定を行う権限を税務署長に認めているものであり、所得税法三六条と別に規定されていること、また、所得税法一五七条は法律又は契約上収入すべき権利若しくは事実又は担税力の基礎となるべき資産の増加の事実を課税要件とするものではないことからすれば、所得税法三六条が適用できる場合であっても、所得税法一五七条の課税要件を満たす限り税務署長はこれを適用して所得税の更正又は決定を行うことができるもの、と主張した。

2　争点2　N社が請求人との間で合意した本件賃料額を容認した場合には請求人の所得税の負担を不当に減少させる結果になると認められるか否か

原処分庁は、当該行為又は計算に基づいて算定された所得税額と、通常あるべき行為又は計算に引き直して算定された所得税額とのかい離の程度によって判断すべきであり、本件においては、請求人がN社から収受すべき適正な賃料の額（以下「適正賃料額」という。）と本件賃料額とを比較検討する方法により判断するのが合理的である、と主張したのに対して、請求人は、比準貸付地平均賃料を用いて算定した本件各土地の適正賃料額と本件賃料額とを比較検討する方法によって判断すること自体を不合理とはいわないが、原処分庁が主張する基準は、種々の条件を考慮せず、本件各土地と真に同等の権利関係及び経済効果を有する比準貸付地を抽出するものとはなっていない、と主張した。

Ⅲ　裁決の要旨　〈棄却〉平成二三年七月八日裁決・裁決事例集八四集一一八頁

1　争点1について

所得税法一五七条は、同族会社が少数の株主ないし社員によって支配されているため、その株主ないし社員又はその関係者の税負担を不当に減少させるような行為や計算が行われやすく、そのような行為又は計算を放置した場合には、租税の公平な負担を害することになるから、そのような行為又は計算を正常な行為又は計算に引き直して当該株主等に係る所得税の更正又は決定を行う権限を税務署長に認めるものであり、収入金額又は総収入金額に関する通則的な規定である所得税法三六条とは別に、特別規定を設けた所得税法の構造からすれば、仮に、第三者から同族会社への支払が実質的には株主等に帰属する所得であるとして同条によって総所得金額を増額することができる場合であっても、その立証の困難性から、所得税法一五七条の要件を満たす限り、税務署長は、同項を適用して所得税の更正又は決定を行うことができるというべきであり、同項の要件を充足する場合にまで、所得税法三六条の適用を優先させ、所得税法一五七条の適用が否定されると解することは相当ではない。したがって、この点に関する請求人の主張には理由がない。

2　争点2について

(1)　法令解釈

所得税法一五七条の「所得税の負担を不当に減少させる結果となると認められる」かどうかは、当該行為又は計算が経済的合理性を欠くか否かにより判断すべきであり、「所得税の負担を不当に減少させる結果となる」とは、経済的合理性を欠いた行為又は計算の結果として所得税の負担が減少することをいうものと解すべきである。

土地の賃貸借契約に関していえば、立地条件、用途、規模などの貸付地の状況が類似する土地（比準貸付地）であれば、特別の事情がない限り、賃料の額は同程度となるといえるから、類似する比準貸付地を抽出し、その比準貸付地平均賃料を用いて算定した適正賃料額と実際に株主等が同族会社から収受した賃料の額とを比較して、同族会社がその株主等と合意した賃料の額が経済的合理性を欠くか否かを判断することも許されるというべきである。

(2)　認定事実

請求人はN社に、本件各土地を、駐車場、倉庫事務所の敷地、建物の敷地として使用させるためにそれぞれ賃貸したものと認められる。

(3)　判　断

①　本件賃貸借契約における適正賃料額

抽出した「比準貸付地」について、比準貸付地平均賃料を算定し「比準貸付地平均賃料」を求め、各土地の面積をそれぞれ乗じて、本件各年分の本件各土地の適正賃料額（以下「本件適正賃料額」という。）を算定すると、一千四〇〇万円となる。

②　所得税の負担を不当に減少させる結果となると認められるかどうか

本件各年分における本件賃料額と本件適正賃料額との差額を算定すると、本件賃料額は、本件各年分においていずれも本件適正賃料額を大きく下回り、これにより減少する本件各年分の所得税の額は、平成一八年分が二〇〇万円、一九年分が二〇〇万円、二〇年分が三〇〇万円となる。したがって、N社が請求人との間で合意した本件賃料額を容認した場合には、請求人の所得税の負担を不当に減少させる結果になると認められる。

③　請求人の主張について

請求人は、各比準貸付地の一㎡当たりの賃料の額の間に最大一・八六倍から最大二・三二倍のかい離があることからしても、抽出基準が不合理である旨主張するが、審判所抽出基準により抽出された比準貸付地に関しては、最大一・三五倍のかい離が認められるものの、この程度のかい離では、平均化によって捨象されないような特殊事情が存するのではないかとの疑義を生じさせるものではない。

また、請求人は、本件賃料額は、地価の下落、固定資産税の減額及びN社の経営安定などを考慮して、N社と請求人との間で合意したものであるから、通常の経済人の行為として合理的、自然なものである旨主張するが、養父又は請求人がN社との間でどのように本件賃料額を決定したのかを具体的に主張せず、これを裏付ける証拠資料もない。そして、本件賃料額が本件各年分においていずれも本件適正賃料額を大きく下回っていることからすれば、本件賃料額に係る合意は、経済的合理性を欠くものといえる。したがって、これらの点に関する請求人の主張には理由がない。

（4）本件各更正処分について

請求人の本件各年分における本件各土地に係る収入金額は、本件適正賃料額のとおり、いずれも一千四〇〇万円であり、請求人の本件各年分のその他の内容と金額は、請求人及び原処分庁の双方に争いがなく、当審判所においても相当と認められる。そうすると、本件各年分の総所得金額は、いずれも本件各更正処分の額を上回るから、本件各更正処分はいずれも適法である。

Ⅳ　研　究：裁決に反対

1　問題の所在

審判所は、所得税法一五七条の適用について、「所得税法三六条とは別に特別規定を設けた所得税法の構造からすれば、所得税法三六条によって総所得金額を増額することができる場合であっても、所得税法一五七条の要件を満たす限り税務署長は所得税法一五七条を優先して適用することができる」とし、また、「所得税の負担を不当に減少させる結果となるとは、経済的合理性を欠いた行為計算の結果として所得税の負担が減少することをいう」として、具体的には請求人が同族会社から収受した賃料は、審判所が抽出した比準貸付地の平均賃料をもとに算出した適正賃料を大きく下回るので、請求人の所得税の負担が不当に減少していると判断した。

同族会社の行為計算の否認規定は、実際にはない取引（本件では賃料収入）をフィクションして課税する権限を税務署長に与えるものであり、審判所の判断を認めた場合には、経済的合理性の名のもとに所得税法一五七条の適用が安易に行われることとなり、納税者の予測可能性と法的安定性が損なわれ、課税庁との争いが増加することが危惧される。

そこで、〈争点1〉所得税法一五七条を他の課税要件規定に優先して適用できるか、〈争点2〉税負担が「不当に減少する場合」をどのように考えるべきかの二点について検討する。

2　〈争点1〉同族会社の行為計算否認規定の位置付けと他の課税要件規定との関係

(1) 同族会社の行為計算の否認規定の性質

所得税法一五七条（同旨法人税法一三二条、相続税法六四条、地価税法三二条、地方税法七二条の四三）は、同族会社が少数の株主ないし社員によって支配されているために、当該会社やその関係者の税負担を不当に減少させるような行為や計算が行われやすいことから、税負担の公平を維持するため、それを正常な行為な計算に引き直して更正または決定を行う権限を税務署長に認める、租税回避行為否認の規定と解されている。[1]

(2) 同族会社の行為計算否認規定の変遷

同族会社の行為計算否認規定は、大正一二年に法制化されたが、立法当初は、同族会社とその株主等の間における行為について、「所得税逋脱ノ目的アリト認ムル場合」（当時は法人税も所得税法に規定されていたため）と規定されていたのが、昭和二五年の法人税法の改正で、「法人税の負担を回避し不当に減少することとなると認められる」場合に改められ、税の負担を「不当に減少する結果となる」という事実をもって適用できるようになった。

(3) 法人税法一三二条の現代的意義

同族会社の行為計算の否認の根拠は、制定当初の趣旨から、非同族会社では行われない営利法人にとって経済的不合理な行為計算を否認するとする非同族会社比準説と、同族会社の行為計算が客観的に経済的合理性があるか否かという経済的合理性基準説に分かれているが、後者が判例、通説とされている。[2]すると、合理的な純経済人であれば無償や不当な廉価をもってする行為はあり得ないという理由で、法人税法一三二条は、安易に持ち出されるようになった。しかし、その後、無償譲渡や低廉貸付等の問題は、所得を専ら経済的観点からとらえる経済的基準ではなく、法人税法二二条第二項の益金の法的性質により判断する「法的基準説」が提唱され[3]、従来同族会社の行為計算の否認規定で処理されてきた問題点は、今日では、各課税要件規定を適用することが主流である[4]。そこで、法人税法一三二条の現代的意義は、同族会社が私法上許された形式を濫用し異常な取引形式を選択するような租税回避行為に対処するための補完的作用として機能する[5]。

（４）所得税法一五七条と他の課税要件規定との関係

松沢智教授は、「法法一三二条は、法人の行為の濫用によって法人税を不当に免れることを対象とするのに対し、所得税法一五七条は役員等と当該法人との取引全体につき濫用があって、その結果、役員等の所得税を不当に免れることを対象とする点に差異があり[6]」、さらに、所得税法が、三六条に「収入金額」とは「収入すべき金額」と定め、特に「別段の定め」として、所得税法五九条に法人に対する資産の譲渡は時価で譲渡があったものとみなす規定をおいていることから、所得税法一五七条は、「法の趣旨、法体系上からみて、法人との取引に係る収入に対し、所得税法三六条、五九条を適用することはできないが、これを放置することが租税公平負担に反すると認められる場合に対処する補充的規定と解すべきである[7]」とされる。

田中治教授は、二つの理由により、本来の課税要件規定を優先適用すべきであるとして、租税法律主義からの制約と、各税法の規定の仕方から、行為計算否認規定は、「課税庁が一定の場合に課税処分をする際の根拠を与え、かつその範囲を画するための規定とみるべき」で、「本来の課税要件規定が尽きたところではじめて、行為計算否認規定の適用が考慮されるべきことになる[8]」と説かれる。

原処分庁は、本件で、「所得税法一五七条は、法律又は契約上収入すべき権利若しくは事実又は担税力の基礎となるべき資産の増加の事実を課税要件とするものではないことからすれば、所得税法三六条が適用できる場合であっても」所得税法一五七条を適用できると主張している。また、審判所も同趣旨の判断をしており、所得税法三六条を適用すべきときに、「その立証の困難性から」所得税法一五七条を適用できると述べているが、同族会社の行為計算の否認規定とは、事実として行われなかった行為計算、まさに原処分庁のいう担税力のないところに課税するものでそのような権限が課税庁に許されているのは、租税公平負担の原則を貫くために租税回避行為を否認するためであるが、本件のような原処分庁と審判所の解釈では、安易に所得税法一五七条の適用が行われる危惧があり、憲法が定める租税法律主義と申告納税制度を無視して、所得税法一五七条の射程を拡大することが予想され、容認することはできない。

3　〈争点2〉不当性の判断基準の考察

同族会社の行為計算の否認規定が、税負担を「不当に減少させる」という不確定概念を用いているところから、租税法律主義の中の課税要件明確主義に反するとの見解があるが[9]、最高裁は、税務署長に与えられた否認すべき権限は、「客観的・合理的な基準」に従うもので、「包括的、一般的、白地的」な課税処分権限ではなく、違憲ではないと判示している[10]。この「不当に減少する結果となる」は、「不当」という評価的要件であり、評価を根拠づける具体的事実及び評価を障害する具体的事実が要件事実となる[11]。

（1）租税回避行為の要件と所得税法一五七条の不当性

一般に租税回避行為とは次のすべての要件を満たす行為とされている。

①　私法上の法形式を濫用し、通常用いられない異常な取引形態を選択していること

②　通常の取引形態を選択した場合と結果的に同様の経済的効果を実現していること

③　①及び②の結果として租税負担を減少させ又は排除していること[12]

すると、所得税法一五七条の要件事実とは、法形式の濫用や異常な取引形態と評価される具体的事実である。本件では、法形式の濫用はなく、取引形態の異常性もない。当事者も審判所も争っていない。つまるところ、賃貸料が、原処分庁や審判所が主張する適正賃料に比して低いという事実をもって、「不当」と評価できるかという問題である。

（2）土地の賃貸料の不当性

低額の転貸料についての裁判例[13]として、同族会社が、個人から不動産を賃借してそれを第三者に転貸し、転貸料収入を得ている事件で、「本件賃貸料が不当に低額かどうかは、管理委託料が適正額かどうかの問題に置き換えることができる」とした判決で、一審は、「本件物件の適正賃貸料の額を算定するとしても、不動産賃貸料というものは、不動産の種類・構造・立地条件・建築年数等によって大きく異なるものであるから、本件物件の適正賃貸料を直接算定することは極めて困難であり、仮にそれが可能であったとしてもその数値の合理性、正確性には疑問がある」と判示し[14]、適正賃貸料の算定に疑問を呈した上で、判断基準として採用しなかった。

わが国における個人や法人間の土地の賃貸等に伴う課税の問題は非常に複雑で、特に個人が同族会社に土地を貸して同族会社が建物を建てる場合の借地権の課税関係等も歴史的にも特殊なものとなっている。現在では、相続税財産評価通達の個別通達[15]に取扱いが公表されており、同族会社に対する使用貸借も認めている。これはとりもなおさず個人が同族会社に対して土地を貸している場合の地代の多様性を認めていることになる。わが国では地価が高く、中小企業は高額である土地を購入したり、借地権の権利金等を支払う財力がない場合が多く、個人が所有している土地を無償で借りることも課税当局としては認めざるをえないという事情が存在している。

本件で原処分庁と審判所は、「適正賃貸料」を下回る請求人と同族会社間の賃貸料は、経済的合理性がないので、不当性の要件を満たしていると主張、判断しているが、多様な土地の賃貸状況の中で、適正賃料という不明確な基準（その適正賃料額は原処分庁主張額と審判所認定額では金額が異なる）との比較では不当に所得税が減少したと評価する要件事実として十分ではないと考える。

（3）法的基準と経済的合理性

所得税法においては、個人は会社と異なり純経済人とはいえないので、例えば、同族会社に無利息貸付をしても所得税法一五七条に基づき個人に課税されることはなかったが、いわゆる「平和事件[16]」で、代表取締役が同族会社に対して巨額の貸付を無利息で行う行為は純経済人として極めて不合理、不自然であるとして、課税庁は所得税法一五七条を適用した。これに対して、「所得税法一五七条の立法趣旨から、個人と同族会社間における行為計算が不自然・不合理という異常性があるかどうかが判断の対象となるのであり、個人が純経済人かどうかで判断するのではない[17]」とする批判、「所得税法三六条の外部からの経済的価値の流入がなければ収入を認識しない、いわゆる「所得なきところに課税なし」という大原則に反する」等の批判が続出した[18]。

同族会社の行為計算否認の適用要件としての「経済的合理性」とは、単に金額の多寡やかい離だけで不当と評価できるのではなく、「(ア)行為計算が異常で租税回避以外に正当な理由もしくは正当な事業目的が認められない（正当目的・事業目的の要件）、(イ)独立当事者間では通常行われることのない行為・計算に該当する（独立当事者間取引の要件）(ウ)通常の行為・計算による税額と比較し税負担を減少させたこと[19]」の要件を満たすかを判断すべきであろう。税負担の減少があるから「不当」なのではなく、税負担の減少があっても、取引として正当な理由や事業目的上の合理的な事情等は、「不当」性を障害する要件事実となると考える[20]。さらに所得税法一五七条の場合には、個人と同族会社間全体での取引の異常性が必要であり、「純経済人」という経済的視点ではなく、「法的にみて、通常一般人からすれば「濫用」が認められるかどうかで判断すべきである[21]」との視点が重要である。

本件にあてはめると、個人が土地を貸す場合には、相手が他人であれ、親族であれ、無償の場合には所得税法三六条の課税対象とならない[22]が、なぜ同族会社に貸す場合のみ適正地代を取らなければならないのか説明されていない。同族会社であるN社にとっては、低廉な地代で借りることには経済的メリットがあるという点で経済的合理性があるが、本件では、N社の状況等には一切触れていない。同族会社を介した不自然、不合理な取引であることが立証されなければならないが、本件ではN社の状況などには一切触れておらず、取引の異常性を示す要件事実が立証されていない。そこで、請求人の所得税の負担が「不当」に減少するという所得税法一五七条の適用要件を満たしているとはいえないと考える。

おわりに

同族会社の行為計算の否認規定は伝家の宝刀であり、他の原則規定で対応できないときに、最後の手段として適用される租税回避行為の防止規定であると解しているが、本件で、原処分庁と審判所は、所得税法三六条と所得税法一五七条を同列あるいは所得税法一五七条を優先に主張・判断しているが、所得税法の原則によらず、所得税法一五七条を拡大して適用するものであり、容認できない。また同族会社の行為計算の否認規定の適用については、「不当に減少する」の判断基準が明確でないことが問題とされているが、それを経済的基準に求めて、単なる金額の多寡で判断し、それがなぜ「不当」であるのか説明されていない。この二点の解釈が合体したとき、租税法律主義の課税要件明確主義、納税者の予測可能性、法的安定性にすべて違背することとなることが危惧される。特に不当性の判断については、法的な基準のルールの整備が急務であり、取引金額が異常であっても、合理的な理由や、正当な事業目的が認められる場合には「不当」とならないこと、また、個人の場合には、「純経済人」としての経済的合理性を強要することはできないこと等の厳格な解釈を確立することが必要である。最高裁も「客観的・合理的な基準」があるとしている。審判所に対しては、原処分庁の上級機関ではなく、納税者の正当な権利利益の救済のための第三者的機関として厳正な判断を期待するものである。

1　金子宏『租税法第二二版』四九八頁（弘文堂、平成二九年）。規定の趣旨については、東京高判昭和三四年一一月一七日行集一〇巻一二号二三九二頁。清永教授は、「租税回避否認のための一般的規定であると解することについては、特に異論はないように思われる。」とされる。清永敬次『租税回避の研究』四一四頁（ミネルヴァ書房、平成七年）。

2　最判昭和五九年一〇月二五日裁判集民一四三号七五頁「『法人税の負担を不当に減少させる結果になると認められる』か否かは、もっぱら経済的実質的見地において、法人の行為、計算が経済人の行為として不合理、不自然なものと認められるか否かを基準として判定すべきもの」。同旨　金子・前掲注1・四九八頁。

3　松沢智『新版租税実体法補正第二版』三三二頁（中央経済社、平成一五年）。

4　清永・前掲注1・四一七頁。清永教授は、「今日では、従来同族会社の行為計算の否認規定で処理されてきた低廉譲渡、無償譲渡などの各場合には同族会社の行為計算の否認規定ではなく、それ以外の各課税要件規定が適用されるべきであると主張されてきているところである」と述べられている。

5　松沢・前掲注3・四一頁。清永教授も「同族会社の行為計算の否認規定は、松沢教授も既に指摘しておられるように、他の課税要件規定の補充規定であるということになる」と意される。清永・前掲注1・四一八頁。

6　松沢・前掲注3・四八頁。

7　松沢智「個人の無利息貸付けと同族会社の行為計算否認規定」税務弘報四一巻一二号一一六頁以下（平成五年）。

8　田中治「同族会社の行為計算否認規定の発動要件と課税処分取消訴訟」税法学五四六号一八三頁（平成一三年）。

9　北野弘久『税法学原論第六版』九七頁（青林書院、平成一九年）。

10　最判昭和五三年四月二一日税資一〇一号一五六頁。

11　要件事実論における評価的要件については、伊藤滋夫『要件事実講義』二五七頁（商事法務、平成二〇年）。伊藤教授によれば、評価的要件とは、評価の根拠となる要件事実の内容が一義的に確定していないという性質を持つものであるとされる、たとえば、「正当事由」「過失」等。

12　「租税回避について」の諮問に対する答申　日本税理士会連合会　税制審議会（会長金子宏）。

13　最判平成六年六月二一日訟月四一巻六号一五三九頁、福岡高判平成五年二月一〇日訟月同号一五五九頁、福岡地判平成四年五月一四日訟月同号一五四五頁。

14　この判決では、適正賃貸料の算定方法に代わるものとして、「不動産管理会社の管理料割合の算定という方法に置き換えて」行った課税庁の更正処分を違法・不当ではないと認めた。「「純経済人たる法人」である同族会社は通常よりも多くの利益を受ける立場にあり、それをどのような意味で「不合理・不自然」と解するのかには議論の余地がありうる」。佐藤英明「不動産管理のための同族会社の利用と所得税法一五七条」税研一〇六号六四頁（平成一四年）との批判がある。

15　相当の地代を支払っている場合等の借地権等についての相続税及び贈与税の取扱いについて　昭和六〇直資二-五八直評九。

16　この問題については、税理三六巻五号三八頁（平成五年）。最終的には、最判平成一六年七月二〇日訟月五一巻八号二一二六頁。

17　松沢・前掲注3・四九頁。

18　大淵博義「同族会社からの地代収入と所得税法一五七条の適用」税務弘報四九巻九号一五一頁以下（平成一三年）。

19　増田英敏『紛争予防税法学』TKC四六九号八〇頁（平成二四年）。

20　村井泰人教授は、「社会通念上許される正当理由ないし事業目的が存在する場合には、純経済人の行為として不自然・不合理であるとはいえず、金額の多寡のみをもって否認することはできないと考える」とされる。「同族会社の行為計算否認規定に関する研究」税大論叢五五号六二五頁（平成一九年）。

21　松沢・前掲注3・五〇頁。

22　浦和地判平成一三年二月一九日税資二五〇号順号八八三九（所得税法一五七条適用による地代認定の初めての判決）に対して大淵博義教授は、「無償による土地使用で無償返還の届出書を提出した場合には、個人の地主には権利金の認定も土地の使用の対価としての地代の認定課税も生じないとする従来の課税実務の見解と異なり、営利を追求することを唯一の目的として生きているわけではない自然人である個人の特性を前提として所得税法が構成され、みなし譲渡課税等の個別規定による以外、「所得なきところに課税なし」という一般の認識とは異なる真に残念な判決である」と強い反対意見を発表しておられる。大淵・前掲注18・一五一頁以下。

【参考文献】　前掲書以外

大淵博義「同族会社の行為計算の否認規定（法法一三二条）を巡る論点の考察（1）～（10）」税経通信六三巻一二号三一頁から六四巻一二号四九頁一〇回連載（平成二〇年から二一年）。

（船本　洋子）

第6章　住宅借入金等特別控除の適用要件としての添付書類と住宅借入金等特別控除の適用の可否

はじめに

本事案は、住宅借入金等特別控除の適用を受けようとした納税者が登記事項証明書を提出しなかったため、少なくとも家屋の取得日が明らかになっていないとして住宅借入金等特別控除の適用を否認されたという事案である。納税者は提出した住民票の写し、売買契約書及び登記手続依頼書から総合的に判断すれば取得日は明らかであると主張し、さらに税務署には提出しなかった登記事項証明書を審判所に提出し、実体的要件を満たしていることは明らかであると主張していた。

住宅借入金等特別控除の適用には住宅取得資金に係る借入金の年末残高等証明書をはじめ一定の書類の提出が要件とされている。そのためそれらの書類の提出がない場合には適用を受けることができない。

当時の措置法四一条一七項（現行二五項）は「財務省令で定めるところにより、当該金額の計算に関する明細書、登記事項証明書その他の書類の添付がある場合に限り、適用する」とし、添付書類の詳細について政令に委任している。どういった書類の提出が求められているといえるのか、また審判所に提出することによって添付書類を提出したということができるのだろうか。

税法において政令委任は数多い。本事案でも政令委任されている添付書類が問題となった。本事案と、東京高裁平成七年一一月二八日判決との比較から政令委任の限界について確認したい。

Ⅰ　事案の概要

給与所得者である審査請求人（以下「請求人」という。）が、平成二三年に購入した宅地及び同宅地上に所在する区分所有建物（以下「本件物件」という。）に係る借入金について措置法四一条一項に規定する所得税額の特別控除（以下「住宅借入金等特別控除」という。）の適用を受けるために所得税の確定申告をしたところ、規定の書類の添付がないため適用できないとして更正処分を受けたという事案である。

Ⅱ　争点及び争点に関する当事者の主張

1　争　点

平成二三年分の所得税について、住宅借入金等特別控除を適用することができるか否か。具体的には下記の二点である。

① 請求人が提出した各書類で住宅借入金等特別控除の適用を受けることができるか

② 申告時には提出しなかった登記事項証明書等を審判所に提出することで住宅借入金等特別控除の適用を受けることができるか

2　当事者の主張

(1) 請求人

① 本件各書類について

本件各書類は、次のとおり、措置法施行規則第一八条の二一第九項（以下「本件条項」という。）に規定する事項を明らかにするものであるから、請求人に住宅借入金等特別控除を適用すべきである。

なお、原処分庁は、本件各書類をそれぞれ単体でみて本件条項に規定する事項を明らかにしていないと判断するが、本件各書類の全体から総合的に判断すべきである。

（イ）請求人は、本件売買契約書等により、平成二三年二月一三日に本件物件の売買契約を締結し、本件依頼書の「引渡日」欄に記載のとおり、同年三月〇日に本件物件の引渡しを受け、さらに、本件住民票のとおり、同年四月〇日から本件物件に居住している。

また、本件覚書のプロパーローンの支払時期が本件物件の引渡時とされており、本件年末残高等証明書によれば、プロパーローンが平成二三年三月〇日に支払われたことが認められる。

したがって、請求人が平成二三年三月〇日には、本件物件の引渡しを受け、同日（遅くとも同年四月〇日）には、本件物件を取得していたことは、本件各書類を総合的に評価すれば明らかである。

（ロ）本件引渡証及び本件登記事項証明書のとおり平成二三年三月〇日付で本件物件の引渡しを受け、本件依頼書のとおり共有持分割合を二分の一とする登記が完了しているから、請求人に、住宅借入金等特別控除の適用を受ける権利が実体法上あることは明らかである。

② その他の主張について

本件のような事例においては、原処分庁が本件二三年分確定申告書の内容及び添付書類の有無や内容を確認の上、不備があるとする事項について、適切に指導していれば、請求人が追完することによって、解決できたものである。

したがって、原処分庁が住宅借入金等特別控除の実体的要件を備えている請求人から追完する機会を奪わなければ、請求人は、住宅借入金等特別控除の適用が認められ、更正されなかったはずである。

しかしながら、原処分庁は、〔1〕本件条項に登記により証明をしなければならない旨の規定がないにもかかわらず、再三にわたり、登記事項証明書の提出を求めるなど、法令を無視した不合理、不適切な指導を行い、〔2〕請求人がその指導内容の誤りを指摘すると、説明内容を二転三転するなど請求人を混乱させ、さらに〔3〕請求人が登記事項証明書の添付がないと共有持分割合が二分の一であることを確認できないとする理由や法令解釈などについて、正式な書面による回答を求めていたにもかかわらず、何らの合理的な説明や書面による回答もしないまま、突然に本件二三年分更正処分を行ったものである。

（2）原処分庁

①　本件各書類について

措置法第四一条第一七項に規定するとおり、住宅借入金等特別控除は、本件条項に規定する事項を明らかにする書類を確定申告書に添付している場合に限り適用することができるところ、次のとおり、本件各書類は、本件条項に規定する事項のうち、〔1〕居住用家屋の取得をしたこと、〔2〕居住用家屋の取得をした年月日及び〔3〕居住用家屋の取得の対価の額を明らかにするものではないから、請求人には住宅借入金等特別控除を適用できない。

（イ）本件売買契約書等に本件物件の引渡し予定日等として記載されている平成二三年三月三一日は、本件物件の引渡しを予定している日であり、本件物件を取得した年月日ではなく、また、本件依頼書に引渡日が同月〇日と記載されているが、請求人が本件物件を取得したこと及び本件物件を取得した年月日も明らかではない。

（ロ）請求人は、本件登記事項証明書によって住宅借入金等特別控除の適用を受ける権利が実体法上ある旨主張するが、本件依頼書には、請求人及びＨの共有持分割合をそれぞれ二分の一とする登記手続を行うことを依頼する旨が記載されているだけで、その依頼どおりに登記が完了していることは本件登記事項証明書により初めて確認できることであり、請求人が国税不服審判所に本件登記事項証明書を提出したのはその証左である。

②　その他の主張について

原処分庁は、請求人に対して、平成二四年五月九日付及び同年六月一五日付で「添付書類等提出のお願い」と題する文書を送付し、〔1〕居住用家屋の取得をしたこと、〔2〕居住用家屋の取得をした年月日、〔3〕居住用家屋の取得の対価の額及び〔4〕居住用家屋の床面積が五〇平方メートル以上であることを明らかにする書類を提出するよう依頼し、同年一〇月三日付「添付書類等提出のお願い」と題する文書でも、再度、これらの書類の提出を依頼するとともに、その提出がない場合には、更正処分を行う旨説明している。

さらに、原処分庁は、平成二四年五月二四日及び同年六月一日にも、本件税理士に対して、住宅借入金等特別控除の適用に当たって本件条項に規定する事項を明らかにする書類を本件二三年分確定申告書に添付する必要がある旨、これらの事項を明らかにする書類を添付すれば、必ずしも登記事項証明書を添付する必要はない旨及び本件各書類では本件物件の共有持分割合を確認できない旨を説明している。

したがって、請求人の主張には理由がない。

Ⅲ　裁決の要旨　〈棄却〉平成二六年一月二八日裁決・裁決事例集九四集二〇七頁

1　争点①について

措置法四一条一項は、住宅借入金等特別控除の適用を、居住者が国内において居住用家屋で建築後使用されたことのないものの取得等をして、これらの家屋を同取得等の日から六月以内にその者の居住の用に供した場合に限るなどと定めており、これを受けて本件条項二号イは、同適用を受けようとする者は、確定申告書に当該居住用家屋等に係る登記事項証明書、売買契約書、補助金等の額又は住宅取得等資金の額を証する書類その他の書類で、当該居住用家屋等を〔1〕取得したこと及び〔2〕取得の年月日等を明らかにする書類又はその写しを添付すべきことを定めているのであるから、〔2〕取得の年月日については、当然、措置法四一条一項にいう「取得の日」をいうものと解するのが相当であるところ、上記の法令解釈のとおり、措置法四一条一項に規定する居住用家屋の「取得の日」とは、その家屋について現実に自己の居住の用に供することが可能となったと認められる日、すなわち、その家屋について支配が移転したときを指し、例えば、居住用家屋について所有権を有することを前提として引渡しないし所有権移転登記がされた日はこれに該当するものの、単に売買の合意があったのみではこれに当たらない。

そして、請求人が提出した本件各書類（本件住民票、本件年末残高証明書、本件売買契約書等、本件依頼書）を総合しても、請求人が本件物件を上記の意味で取得した日が明らかにならないことは、以下のとおりである。

A　本件住民票は、請求人及びその世帯を特定し、その住所と異動年月日等の登録内容を証しているものである。住民票記載の住所の異動年月日は、居住の用に供した日として請求人が登録した日を示すものであって、取得の日とは必ずしも一致しない。

B　借入金の残高証明書は、金融機関が、住宅取得資金に係る借入金の年末残高等証明書の交付を受けようとする者の氏名及び住所、住宅取得資金に係る借入金の年末残高、当初借入れ時における当該借入金の額、その契約締結年月日及び償還期間などを証明するために発行した証明書であり、請求人が本件物件を取得したこと及び取得した年月日について明らかにするものではない。

C　売買契約書等の記載事項によると、請求人及びHが本件売買契約書等によって本件物件の売買契約を締結したことは認められるが、現実に引渡しがされ、あるいは所有権移転登記がされて、支配の移転があった日が分かる書類ではない。

D　本件依頼書は、請求人及びHが本件物件に係る登記手続を依頼する内容の文書であって、現実にこれに沿う内容で登記手続がされたかは必ずしも明らかでない。また、本件依頼書には、引渡予定日が記載されたものであるが、本件物件の引渡しがされていない段階で作成されたものであるから、予定通りに本件物件の引渡しを受けたかは不明である。

上記AないしDのとおり、本件各書類のいずれによっても、少なくとも、請求人が本件物件を取得した日は明らかではないから、これらによって本件物件に係る請求人の共有持分割合や取得の対価が明らかになるかについて検討するまでもなく、本件各書類は、本件条項の要件を満たすものとはいえない。そして、措置法四一条一七項は、確定申告書に、本件条項書類添付のない場合には、住宅借入金等特別控除を適用しない旨定めている。

法が租税確定手続の明確化及び円滑化の観点等から、あえて実体的要件の充足のほかに、かかる手続上の要件を定めた趣旨からすれば、本件条項に定める書類の添付がない以上、原処分庁において、本件各書類等から請求人が住宅借入金等特別控除の適用の実体的要件を充足しているとしたことを推認できたかなどにかかわらず、請求人の平成二三年分の所得税について、住宅借入金等特別控除を適用することはできない。

2　争点②について

本件においては、確定申告書の提出後、原処分庁が本件条項書類添付の補完をする機会を与えたにもかかわらず、請求人は、本件各書類が本件条項に規定する事項の全てを明らかにしており追加で提出する添付書類はないとの前提に立ち、原処分庁に対しては、登記事項証明書を添付できない事情を説明したり登記事項証明書に代わる他の書類を提案し、提出をすることもなく、殊更、原処分庁が登記事項証明書の提出を指導したことなどの是非等に関する書面回答を求めることに終始し、結局原処分庁に対しては追完に応じなかった一方で、その後当審判所に対しては登記事項証明書等を示した経緯等からして、請求人に平成二三年分確定申告書に本件条項書類添付がなかったことについてやむを得ない事情があったものとは認められない。また、そもそも請求人が原処分庁に対して登記事項証明書その他の書類を提出し、本件条項書類添付を補完した事実はない。そうすると、確定申告書に本件条項書類添付がなかったことについてやむを得ない事情があると認められるときは、登記事項証明書その他の書類の提出があった場合に限り、措置法四一条一項の規定を適用することができる旨規定している同条一八項を請求人に適用する余地はない。

Ⅳ　研　究…裁決に賛成

1　添付書類の不足による住宅借入金等特別控除不適用の是非

請求人は審判所に、原処分庁には提出しなかった登記事項証明書を提出している。それによると、平成二三年三月○日に本件依頼書の通りの登記が完了しており、請求人は平成二三年分所得税について、住宅借入金等特別控除の適用を受ける実体的要件は満たしていた。

しかし審判所は、添付書類が申告時に提出されていなかったことを理由に適用を受けることはできないとした。当時の措置法四一条一七項（現行二五項）は「第一項の規定は、確定申告書に、同項の規定による控除を受ける金額についてのその控除に関する記載があり、かつ、財務省令で定めるところにより、当該金額の計算に関する明細書、登記事項証明書その他の書類の添付がある場合に限り、適用する。」と定めている。

具体的にどのような書類の添付が必要であるかについては財務省令に委任する規定となっている。措置法施行規則で具体的な添付書類を定めているが、これは租税法律主義の観点から許されるのであろうか。

（1）審判所の判断構造

審判所はまず、措置法四一条が要件となる事項を明らかにする書類の添付を求めている点について、所得税額を政策的な見地から特に軽減する制度であるから、他の納税者との公平を図る上で、適用要件を厳格に判定する必要があり、租税確定手続きの明確化及び安定化のため実体的要件を満たすかどうかを添付書類によって判断すると法定していると解するのが相当であると指摘した。そして、そう法定している以上、書類添付がない場合には実体法上の適用要件を満たすかどうかにかかわらず、住宅借入金等特別控除の適用を受けることはできないとした。

（2）政令委任の限界

措置法四一条一七項（現行二五項）は添付書類について政令に委任している。租税法律主義から税に関する規定は法律により定められなければならない。そのため、政令への白紙的委任は許されず、個別具体的委任であれば許されると解されている。

①　東京高裁平成七年一一月二八日判決[1]

本事案を考える上で参考となる事案として、政令への白紙的委任が問題なった東京高裁平成七年一一月二八日判決があげられる。措置法施行規則で措置法に規定される税率の軽減規定の適用を受けるには書類の添付が必要とされていたが白紙的委任であり、書類の添付まで措置法は求めていないとして、書類を添付しなかった納税者に税率の軽減規定の適用を認めた事案である。

東京高裁平成七年一一月二八日判決で問題となった当時の措置法七八条の三第一項は一定の土地等の所有権移転登記について「これらの登記に係る登録免許税の税率は、政令で定めるところにより、登録免許税法第九条の規定にかかわらず、千分の二十五とする」と定めていた。これを受けた施行規則が、同法の適用を受けようとする者は登記の申請書に都道府県知事の証明書を添付しなければならない、としていた。

東京高裁平成七年一一月二八日判決では、他の要件は満たしているが同規則に規定される添付書類を添付しなかった納税者が税率の軽減を受けられるかどうかが問題となった。

東京高裁平成七年一一月二八日判決はまず、次のように租税法律主義の原則の要請内容を確認している。「租税法律主義を規定したとされる憲法八四条のもとにおいては、租税の種類や課税の根拠のような基本的事項のみでなく、納税義務者、課税物件、課税標準、税率などの課税要件はもとより、賦課、納付、徴税の手続もまた、法律により規定すべきものとされており（最高裁大法廷昭和三〇年三月二三日判決民集九巻三号三三六頁、最高裁大法廷昭和三七年二月二一日判決刑集一六巻二号一〇七頁）、租税の優遇措置を定める場合や、課税要件として手続的な事項を定める場合も、これを法律により定めることを要するものである」。

上記のように確認した上で、「このような憲法の趣旨からすると、法律が租税に関し政令以下の法令に委任することが許されるのは、徴収手続の細目を委任するとか、あるいは、個別的・具体的な場合を限定して委任するなど、租税法律主義の本質を損なわないものに限られるものといわねばならない」と指摘し、法律の政令委任の限界を明らかにした。

そして、この前提により「租税法律主義のもとで租税法規を解釈する場合には、ある事項を課税要件として追加するのかどうかについて法律に明文の規定がない場合、通常はその事項は課税要件ではないと解釈すべきものである。それにもかかわらず、「政令の定めるところによる」との抽象的な委任文言があることを根拠として、解釈によりある事項を課税要件として追加し、政令以下の法令においてその細目を規定することは、租税関係法規の解釈としては、許されるべきものではない…中略…証明書の添付という手続的な事項を軽減税率による登記申請の受理要件という手続的な効果を有するにとどめるものとして有効であるが、右の手続的な事項を課税要件とし、登記申請時に証明書の添付がなければ、後に証明書を提出しても軽減税率の適用がないとする部分は、法律の有効な委任がないのに税率軽減の要件を加重したものとして無効である」との結論をくだしている。

②　政令委任の限界

白紙的委任と個別具体的委任との違いは程度の差ともいえ、その区別は困難である、との指摘[2]もあり、この点については様々な議論がある。しかし、具体的・個別的委任と一般・白紙的委任との区別の基準として、具体的・個別的委任であるといいうるためには、委任の規定・内容及び程度が委任する法律自体の中で明確にされていなければならない、[3]と解すべきであろう。

東京高裁平成七年一一月二八日判決はまさにその視点から判断されているといえる。本判決はまず、租税法律主義が課税要件はもとより、租税の賦課、徴収、納付といった手続的要件にも適用されるものであることを確認している。その上で、法律による具体的な委任のない手続的事項に関する委任立法は、手続き的効果を有するにとどめ、これを課税要件としない立法政策が存在していることを確認している。租税法律主義の趣旨と政令委任の限界点を確認したことが、本判決の注目すべき点である。[4]東京高裁は、「本件の委任文言は、抽象的で限定のない文言」であるとして委任に有効性がないと断じている。

法律の政令への委任の限界を判断するには、

ア　政令への委任が個別的・具体的委任によるものか

イ　法律により委任された政令の規定がその委任の範囲を超えてないか

この二つの視点が考えられる。ここにあげた東京高裁平成七年一一月二八日判決はアの視点を争点としたものといえる。本事案はどうであろうか。

(3) 本事案へのあてはめ

① 政令への委任が個別的・具体的委任によるものか

措置法四一条一七項（現行二五項）は、「第一項の規定は、確定申告書に、同項の規定による控除を受ける金額についてのその控除に関する記載があり、かつ、財務省令で定めるところにより、当該金額の計算に関する明細書、登記事項証明書その他の書類の添付がある場合に限り、適用する」としている。東京高裁平成七年一一月二八日判決で問題となった措置法七八条の三第一項との違いは「書類の添付がある場合に限り、適用する」と措置法にはっきりうたわれているところにある。法律に明文の規定として書類の添付が要件として定められているのである。この点で添付書類について法律には何もうたわれていなかった措置法七八条の三第一項とは大きく異なっている。

措置法四一条において定められる実体的要件を満たしていることを証明する書類を確定申告書に添付することをこの規定は求めているといえる。東京高裁平成七年一一月二八日判決は、法律に明文の規定がない場合、通常はその事項は課税要件ではなく、添付書類の提出という法律に定めのない課税要件を追加することは許されないとした。本事案の場合は、実体的要件を証明する書類の提出を法律で求め、書類の添付を要件の一つとしている。そして、その詳細を財務省令に委任したのであるのから、規則による課税要件の追加とはいえない。白紙的委任とはいえず、個別・具体的な委任といえるだろう。

②　法律により委任された政令の規定がその委任の範囲を超えてないか

措置法四一条一七項（現行二五項）を受けた本件条項が、具体的な添付書類を定めている。住民票などいくつかの書類があげられているが、そこで家屋の取得に係る事項を証明するための書類として、同項の二号イは「登記事項証明書、売買契約書の写し、補助金等の額を証する書類、住宅取得等資金の額を証する書類の写しその他の書類で次に掲げる事項を明らかにする書類

（1）　当該居住用家屋又は当該認定住宅を取得したこと。

（2）　当該居住用家屋又は当該認定住宅を取得した年月日

（3）　当該居住用家屋又は当該認定住宅の取得に係る施行令第二十六条第五項又は第二十三項に規定する対価の額

（4）　当該居住用家屋又は当該認定住宅の床面積が五十平方メートル以上であること。

（5）当該居住用家屋又は当該認定住宅に係る住宅の取得等が特定取得に該当する場合には、その該当する事実」以上のように定めている。

施行規則は、登記事項証明書や売買契約書の提出に限定しているわけではない。仮に添付すべき書類をそれらの書類に限定していたとすれば措置法四一条一七項（現行二五項）の委任の範囲を超えているといえるかもしれない。しかし、施行規則は上記のように（1）から（5）の事項を明らかにする書類を求め、その例として登記事項証明書等をあげている。そして、上記の（1）から（5）の事項はすべて措置法に定められる実体的要件を満たしていることを明らかにするために必要な事項といえる。これらの事項を明らかにする書類の提出を定めた施行規則は措置法四一条一七項の委任の範囲を超えているとはいえないだろう。

白紙的委任でもなく、委任を受けた施行規則も委任の範囲を超えていない。施行規則は妥当なものといえるだろう。施行規則が委任の範囲内のものといえる以上、請求人は施行規則一八条の二一第九項が定める書類を措置法四一条一七項（現行二五項）が規定するように申告時に提出しなければならない。請求人はそれをしなかったのであり、措置法が定める要件を満たしていなかったこととなる。審判所に追加提出した書類により実体的要件を満たしていたことが明らかになったとしても住宅借入金等特別控除の適用を受けることはできないというべきであろう。審判所の判断は妥当なものといえる。

2　請求人が提出した各書類で住宅借入金等特別控除の適用を受けることができるか

（1）審判所の判断構造

本事案では、「登記事項証明書」の添付がないため住宅借入金等特別控除の適用を受けることができない、とされたのではなく、請求人が提出した書類では本件条項第二号イが求めている事項を明らかにできていないため適用できないとされた。

審判所は、措置法四一条一項が実体的要件の一つとして「家屋を新築の日若しくはその取得の日から六月以内にその者の居住の用に供した場合に限る」としていることを指摘し、取得の日とはその家屋について支配が移転したときを指すとしている。そして、新築ではない居住用家屋の譲受けである場合には所有権移転登記が支配の移転の時期として適切であるとした。

つまり、実体的要件の充足を明らかにするために家屋の具体的な取得日を明らかにする必要があり、その取得日は所有権移転登記の日が適切であるとしている。これを受けて請求人が提出した本件住民票、本件年末残高証明書、本件売買契約書及び本件依頼書からはその意味で取得日は明らかにならないとして請求人の主張を斥けた。

(2)　取得の日

措置法四一条一七項（現行二五項）を受けた本件条項が、具体的な添付書類を定めている。住民票などいくつかの書類があげられているが、そこで家屋の取得に係る事項を証明するための書類として、同項の二号イは審判所もいうように必ずしも登記事項証明書の添付を求めているわけではなく、一定の事項を明らかにする書類の提出を求めている。

審判所は上記の場合の家屋について措置法四一条一項のいう「取得の日」と解される本件条項二号イが明らかにすることを求める取得の年月日が請求人の提出した書類からは明らかにならないとした。

住宅借入金等特別控除の適用に係る実体的要件はいくつかあるが、「家屋をその取得の日から六月以内に居住の用に供すること」もその一つであり、そのため家屋の「取得の日」を明らかにする必要がある。

本事案の場合では当然ながら住宅ローンを利用しており、住宅ローン実行後に最終代金が支払われる。その後、所有権が移転することとなるだろう。通常、所有権移転登記、抵当権設定登記そして住宅ローンの実行は同時に行われる。

売買契約書等とあわせて、最終代金の支払が完了したことを証する書類の提出があれば、その日をもって所有権が移転し取得したとする主張もできたかもしれないが、そのような書類の提出もなかった。

住宅ローンを利用した住宅購入の場合には同時に抵当権設定登記も行われているはずであり、登記事項証明書を確認すれば取引の流れを確認することが可能である。登記には公示力があり、だからこそ登記事項証明書が提出書類の例としてあげられている。原則的には所有権移転登記の日が取得の日と考えるべきであろう。仮に所有権移転登記の日以外を主張するのであれば、請求人から積極的に所有権移転の日を明らかにする書類を提出するべきであったが、それも請求人はしなかった。

住民票、残高証明、売買契約書そして登記依頼書では、所有権移転登記が行われた日はいつなのか、実際に行われたのかを明らかにはできない。そうすると少なくとも「取得をした日」を明らかにすることはできていないといえる。審判所の判断は妥当なものといえるだろう。

おわりに

政令に白紙的委任をし、課税要件を政令で追加するような規定は租税法律主義から許されない。政令委任の規定が、具体的・個別的委任であるといいうるためには、委任の規定・内容及び程度が委任する法律自体の中で明確にされていることが必要であることを再確認したい。本事案で問題となった措置法四一条一七項（現行二五項）は白紙的委任とはいえず、法律で添付書類の提出を適用要件と定めているため、納税者は、これらにそった書類を提出しなければならない。原処分庁は請求人に対し、実質的に書類を追完する機会も与えていたが、措置法の規定からいえば本来やむを得ない事情のない場合には追完の機会が与えられていなかったとしても、添付書類が不足していた場合には住宅借入金等特別控除の適用を受けることはできないこととなる。審判所の結論は妥当なものといえる。

本事案では、原処分庁の裁量によりいわゆる「行政指導」の範囲で添付書類追完の機会が与えられたと考えられる。しかし、上記のように本来、申告期限後の添付書類の追加提出は認められてはいない。審判所が、申告期限までに提出されていなかった以上、住宅借入金等特別控除の適用は認められない、と判断したことは租税法律主義の観点からは当然といえる。

ただ、住宅借入金等特別控除の適用についての申告は医療費控除と同様に普段年末調整で税金計算が完結し、確定申告に馴染みのない給与所得者が行うケースも多い。これほどの争いにはならなくとも、添付書類が不足しているケースは多いと推察できる。税務調査についても手続き規定の整備が進み始めたところである。納税者有利の「行政指導」であればそれほど問題にはならないであろうが、どんな名目にせよ課税庁により手続き規定外の指導等が行われるのはそれこそ租税法律主義の観点からは決して推奨されるものではないはずである。添付書類の提出を適用要件としつつも添付書類が不足していた納税者に対し、後日「行政指導」により追完の機会を与えるような実務対応を行っているのであれば、やむを得ない事情による宥恕規定とは別に、添付書類追完の機会も明文の規定として設けるべきではないだろうか。

（高木　良昌）

1　東京高判平成七年一一月二八日行集四六巻一〇・一一号一〇四六頁。
2　村井正「判批」雄川一郎、金子宏編『租税判例百選第一版』一四頁以下（有斐閣、昭和四三年）。
3　金子宏『租税法第二二版』七七頁（弘文堂、平成二九年）。
4　増田英敏「判批」租税法学会編『租税法研究第二五号』一六一頁以下（有斐閣、平成九年）。

第7章　タックス・ヘイブン対策税制をめぐる問題
―租税特別措置法四〇条の四第二項二号にいう「特定外国子会社等の各事業年度の決算」の意義

はじめに

本件は、タックス・ヘイブン対策税制をめぐって、租税特別措置法四〇条の四第二項二号にいう「特定外国子会社等の各事業年度の決算」は、特定外国子会社等の本店所在地の会計制度、あるいは我が国の会計制度のいずれに基づいて計算されるべきかが争われた事案である。本章では、租税特別措置法関係通達の妥当性の検討を通して、同号にいう「特定外国子会社等の各事業年度の決算」の意義を明らかにする。

Ⅰ　事案の概要

本件は、原処分庁（以下「Y」という。）が、租税特別措置法（平成一八年法律第一〇号による改正前のもの。以下「措置法」という。）四〇条の四第一項を適用して、審査請求人（以下「X」という。）が株式を保有する外国法人に係る課税対象留保金額に相当する金額をXの雑所得に係る収入金額とみなして所得税の決定処分等を行ったのに対し、Xが、Yの行った課税対象留保金額を算定する上での未処分所得の金額の計算に誤りがあるとして、原処分の全部の取消しを求めた事案である。

１　審査請求に至る経緯

（１）Ｘは、平成一七年分の所得税について確定申告書を提出しなかったところ、Ｙは、平成二三年三月一〇日付で総所得金額を〇〇〇円（内訳、給与所得の金額〇〇〇〇円、雑所得の金額〇〇〇〇円）、納付すべき税額を〇〇〇円とする決定処分（以下「本件決定処分」という。）及び無申告加算税の額を〇〇〇円とする賦課決定処分（以下「本件賦課決定処分」という。）をした。

（２）Ｘは、これらの処分を不服として、平成二三年四月二六日に異議申立てをしたところ、異議審理庁は、同年六月二四日付で棄却の異議決定をした。

（３）Ｘは、異議決定を経た後の原処分に不服があるとして、平成二三年七月二〇日に審査請求をした。

２　基礎事実

次の事実については、Ｘ及びＹの双方に争いはなく、当審判所の調査の結果によっても、その事実が認められる。

（１）シンガポール共和国を本店所在地とする株式会社であるＣ社は、所有する油そう船（以下「本件油そう船」という。）を平成一一年四月頃から裸用船として第三者に貸し付け、平成一六年一二月に売却した。

（２）Ｘは、平成一一年九月期ないし平成一七年九月期を通じて、Ｃ社の発行済株式総数五〇〇、〇〇〇株のうち四九九、九九九株を保有していた。

（３）Ｃ社は、平成一一年九月期及び平成一二年九月期においては特定外国子会社等に該当していなかったが、シンガポール共和国における法人の所得に対し課される税の税率の引下げに伴い、平成一三年九月期ないし平成一七年九月期においては特定外国子会社等に該当することとなった。

（4）C社は、平成一一年九月期ないし平成一七年九月期の各決算を行い、財務諸表を作成し、公認会計士の監査及び株主全員の承認を受けた。なお、これらの財務諸表には損益計算書（以下、これらを「C社損益計算書」という。）が含まれている。

（5）Yは、C社の未処分所得の金額を平成一三年九月期ないし平成一七年九月期の各C社損益計算書上の損益計算に基づいて計算し、Xの平成一七年分の雑所得に係る収入金額とみなす課税対象留保金額を○○○○円と算定した。

（6）Xは、C社の未処分所得の金額を計算することを目的として、表題を「日本法令によるC社損益計算書」とする平成一一年九月期ないし平成一七年九月期の各損益計算書を異議調査時に作成し、異議審理庁に提出した（以下、これらを「X作成損益計算書」という。）。

Ⅱ　争点及び争点に関する当事者の主張

1　争　点

本件の争点は、C社の未処分所得の金額は、C社損益計算書上の損益計算、あるいはX作成損益計算書上の損益計算のいずれに基づいて計算すべきかである。

2　争点に対する当事者の主張

（1）Yの主張

措置法四〇条の四第二項二号に規定する特定外国子会社等の各事業年度の決算とは、特定外国子会社等の本店所在地国における会計上の決算をいうものであるから、C社の未処分所得の金額はC社損益計算書上の損益計算に基づいて計算すべきである。

（2）Xの主張

以下の事情を参酌すれば、措置法四〇条の四第二項二号に規定する特定外国子会社等の各事業年度の決算とは、特定外国子会社等の株主のために特定外国子会社等の未処分所得の金額を計算することを目的として行った損益の計算をいうものであるから、C社の未処分所得の金額はX作成損益計算書上の損益計算に基づいて計算すべきである。

①　シンガポール共和国では事業年度の終了の日から六か月以内に開催される株主総会において決算を承認すべきとされていることから、C社のように九月三〇日を事業年度の終了の日とする特定外国子会社等においては、我が国の所得税の確定申告期限である翌年の三月一五日までに、株主総会の承認を受けた決算によりC社の未処分所得の金額を計算することは不可能である。

②　C社は、本件油そう船の取得から売却までの間の各事業年度の損益を通算すると赤字であり、Xは租税回避行為を行っていないのであるから、平成一七年九月期の未処分所得の金額だけを捉えた原処分は、租税回避行為を防止するという措置法四〇条の四第一項の目的に反するものである。

Ⅲ　裁決の要旨

1　租税特別措置法四〇条の四第二項二号にいう「特定外国子会社等の各事業年度の決算」の意義

〈棄却〉平成二四年六月一日裁決・裁判事例集八七集二三九頁

「措置法第四〇条の四第二項第二号が、（中略）特定外国子会社等の未処分所得の金額を『特定外国子会社等の各事業年度の決算』に基づき計算することとしている趣旨は、特定外国子会社等については、その本店所在地国における会計制度が様々であり、我が国の確定した決算のような概念になじまないものがあるとしても、法人である以上は、利害関係者に対して財政状態及び経営成績を明らかにするために何らかの形で決算自体は行われることとなるから、その決算に基づいて計算した金額を未処分所得の金額の計算の基礎とすることにより、納税者による恣意的な未処分所得の金額の計算を抑制しようとしたものと解される。

そのような趣旨からすると、措置法第四〇条の四第二項第二号に規定する『特定外国子会社等の各事業年度の決算』とは、特定外国子会社等が利害関係者に対して財政状態及び経営成績を明らかにするために行った決算を意味すると解するのが相当である。

そして、決算とは、財務諸表を作成する一連の手続をいうところ、財務諸表は、その形式においては目的に応じて種々であり得ても、その内容においては実質的に単一のものでなければならず、また、会計制度は、法人にその財政状態及び経営成績を利害関係者に対して適正に開示させることを目的として定められているものであることからすると、特定外国子会社等がその本店所在地国における会計制度に従って行った決算がある場合には、その決算を措置法第四〇条の四第二項第二号に規定する『特定外国子会社等の各事業年度の決算』であると認めるのが相当である。」

２　措置法通達六六の六－一〇の⑵による取扱いの適否

「措置法通達六六の六－一〇の⑵が（中略）定めている趣旨は、我が国の法人税法が、例えば、減価償却費や圧縮損の損金算入につき確定した決算における経理を要件としているところ、我が国と本店所在地国との会計制度の違いにより特定外国子会社等がそれらを決算において費用として経理することが期待できない場合もあり得ることから、未処分所得の金額の計算に当たっては、特定外国子会社等の決算における経理によるべきことを原則としつつも、納税者がその決算を修正して作成した損益計算書における経理も損金経理の要件を満たすとしたものであり、その取扱いは、当審判所においても相当なものと認められる。

そのような趣旨に鑑みれば、同通達は、特定外国子会社等が減価償却費等を決算において費用として経理しているにも関わらず、納税者が、その額を恣意的に変更した損益計算書を作成することにより、未処分所得の金額を調整することまで許容したものと解することはできない。」

３　Ｃ社損益計算書あるいはＸ作成損益計算書のいずれに基づいて計算すべきか

「Ｃ社損益計算書は、（中略）公認会計士の監査及び株主全員の承認を受けるなど、Ｃ社の本店所在地国であるシンガポール共和国の会計制度に基づき行われた決算により作成されたものであると認められることから、Ｃ社が利害関係者に対して財政状態及び経営成績を明らかにするために行った決算、すなわち措置法第四〇条の四第二項第二号に規定する『特定外国子会社等の各事業年度の決算』により作成されたものと認められる。

これに対し、Ｘ作成損益計算書は、（中略）Ｘが異議調査時に作成したものであって、Ｃ社が、利害関係者に対して財政状態及び経営成績を明らかにするために行った決算により作成されたものではないため、措置法第四〇条の四第二項第二号に規定する『特定外国子会社等の各事業年度の決算』により作成されたものと認めることはできない。

また、措置法通達六六の六―一〇の(2)は、（中略）特定外国子会社等が減価償却費等を決算において費用として経理しているにも関わらず、納税者が、その額を恣意的に変更した損益計算書を作成することにより、未処分所得の金額を調整することまで許容したものと解することはできないところ、X作成損益計算書は、C社が決算において行った減価償却費の計算に関わらず、（中略）『X作成損益計算書』欄のとおり、平成一一年九月期ないし平成一六年九月期の各期の欠損金額が零シンガポールドルになるまで当該各事業年度の本件油そう船の減価償却費を減額したものであり、C社の未処分所得の金額を恣意的に調整するために作成されたものにすぎないため、X作成損益計算書における経理を措置法通達六六の六―一〇の(2)によって損金経理の要件を満たすものとして取り扱うこともできない。

したがって、C社の未処分所得の金額は、X作成損益計算書上の損益計算ではなく、C社損益計算書上の損益計算に基づいて計算すべきであり、Xの主張は採用することができない。」

4　C社損益計算書に基づいてC社の未処分所得の金額を算定することの妥当性

「措置法第四〇条の四第二項第二号に規定する『特定外国子会社等の各事業年度の決算』とは、特定外国子会社等が利害関係者に対して財政状態及び経営成績を明らかにするために行った決算と解され、株主総会の承認を受けた決算であることが必要とされているわけではないため、特定外国子会社等の決算がXの所得税の確定申告期限である三月一五日までに株主総会の承認を得られないとしても、その決算に基づいてC社の未処分所得の金額を計算することは可能であり、仮にC社の未処分所得の金額の計算の基礎とした決算が、後に株主総会の承認を得た決算とその内容を異とすることとなった場合には、提出した申告について修正申告若しくは更正の請求を行うことができることから、この点においてXの主張には理由がない。」

5　租税特別措置法の適用と租税回避の意図

「措置法第四〇条の四第一項は特定外国子会社等に未処分所得の金額がある場合に課税することを規定しているところ、C社は、（中略）特定外国子会社等に該当し、未処分所得の金額の計算については、（中略）措置法施行令第二五条の二〇第五項は未処分所得の金額の計算に当たり欠損金額を繰り越すことができる年数を限定し、また、特定外国子会社等に該当した事業年度において生じた欠損金額に限り控除することを認めていることからも明らかなように、特定外国子会社等の未処分所得の金額は、特定外国子会社等に該当しない事業年度を含めた、全ての事業年度の損益を通算して計算するものではないので、この点においてもXの主張には理由がない。」

Ⅳ　研　究…裁決に賛成

1　本裁決の意義と判断構造

(1)　本裁決の意義

措置法四〇条の四にいう「適用対象金額」は、措置法四〇条の四第二項二号にいう「特定外国子会社等の各事業年度の決算」に基づいて算定される。本件の主たる争点は、同号にいう「特定外国子会社等の各事業年度の決算」は、C社の損益計算書あるいはX作成損益計算書のいずれが該当するかである。

タックス・ヘイブン対策税制の論点は、①租税条約との関係、②実質所得者課税の関係、③適用要件の解釈、④適用除外基準（要件）の解釈の四つに大別することができる。[1] 特定外国子会社である香港法人が域外の中国本土で行う来料加工が製造業あるいは卸売業のいずれに該当するかが争点とされた事件、[2] タックス・ヘイブンに設立した特定外国子会社の欠損を親会社の損金に算入することの可否が争点とされた事件、[3] ○％から三○％の間で税率の選択が認められる中で二六％の税率を選択した場合、これが租税に該当するか否かが争点とされた事件（ガーンジー島事件[4]）などが争われてきた。

一方で、措置法四○条の四第二項二号にいう「特定外国子会社等の各事業年度の決算」の意義が争われた事件は、管見の限り存在しない。本裁決が、同号にいう「特定外国子会社等の各事業年度の決算」とは、原則として、特定外国子会社等がその本店所在地国における会計制度に従って行った決算であると明確にした点に意義を見出すことができる。

本件は、諸外国の制度と我が国の制度との関係、すなわち、両国の決算制度の違いに基因した問題である。同種の問題には、法人税の納税義務者である人格のない社団等に該当するか否かをめぐって、外国法によって組成されたＬＰＳ（リミテッド・パートナーシップ）が法人に該当するか否かが争点とされた事件[5]などがある。本裁決は、多様化・複雑化するグローバル社会の中で、諸外国と我が国との制度の違いに基因する我が国の課税問題をいかに解決すべきかという問題を顕在化させた事案の一つと意義付けることができよう。

（２）本裁決の判断構造

審判所は、措置法四○条の四第二項二号の立法趣旨を踏まえて、決算とは、利害関係者に対して財政状態及び経営成績を明らかにするために行うものであり、特定外国子会社等の本店所在地国における会計制度に基づいて作成した決算により未処分所得の金額の計算する目的は、納税者による恣意的な未処分所得の金額の計算を抑制することにあると確認した。同号にいう「特定外国子会社等の各事業年度の決算」とは、特定外国子会社等が本店所在地国における会計制度に従った決算をいうと判示した。

未処分所得の金額の計算に当たっては、原則として、特定外国子会社等の決算における経理によるべきであるとしつつも、措置法通達六六の六-一〇の(2)は、諸外国と我が国との決算制度の違いに基因する問題に対処するために、例外的に、納税者が特定外国子会社等の決算を修正して作成した損益計算書における経理も損金経理の要件を満たすとの取扱いであるとした。

本件では、C社の本店所在地国であるシンガポールの会計制度に基づいて、C社が利害関係者に対して財政状態及び経営成績を明らかにするために作成したC社損益計算書は、同号にいう「特定外国子会社等の各事業年度の決算」に該当する。一方で、Xが異議調査時に作成したX作成損益計算書は、同号にいう「特定外国子会社等の各事業年度の決算」に該当しないとした。したがって、C社の未処分所得の金額は、C社損益計算書上の損益計算に基づいて計算すべきであるとの判断を下した。

2　タックス・ヘイブン対策税制の意義

全世界所得課税主義を採用する我が国では、企業が海外に支店を設けて行った事業活動に係る所得には、我が国の所得税または法人税が課税される。一方で、海外に子会社を設けて行った事業活動に係る所得には、株主に配当がなされない限り、我が国では課税されない。企業は、法人の所得に対する税負担がゼロあるいは極端に低い国または地域であるタックス・ヘイブンに子会社を設立し、子会社を通じて国際的経済活動を行うことによって、我が国での税負担の回避または軽減を図る傾向がある。[6]
タックス・ヘイブン対策税制の導入以前には、租税行政庁は、法人税法一一条に規定する実質所得者課税の原則を法的根拠にタックス・ヘイブンを利用した租税回避に対処していた。[7] しかしながら、実質所得者課税の原則を根拠に所得の帰属を判断し、タックス・ヘイブンと我が国との間で適正な所得配分を認定することは、極めて困難な作業であった。また、法人税法一一条を根拠にタックス・ヘイブンを利用した租税回避に対して課税することには、納税者の予測可能性と法的安定性を要請する租税法律主義の視点から問題があった。[8]

そこで、タックス・ヘイブンを利用した租税回避に対処するために、我が国では昭和五三年にタックス・ヘイブン対策税制を導入して、措置法四〇条の四以下及び六六条の六以下が規定された。[9]

最高裁平成一九年九月二八日判決[10]は、「同条（筆者注：措置法六六条の六第）一項の規定は、内国法人が、法人の所得等に対する租税の負担がないか又は極端に低い国又は地域に子会社を設立して経済活動を行い、当該子会社に所得を留保することによって、我が国における租税の負担を回避しようとする事例が生ずるようになったことから、課税要件を明確化して課税執行面における安定性を確保しつつ、このような事例に対処して税負担の実質的な公平を図ることを目的として、一定の要件を満たす外国会社を特定外国子会社等と規定し、これが適用対象留保金額を有する場合に、その内国法人の有する株式等に対応するものとして算出された一定の金額を内国法人の所得の計算上益金の額に算入することとしたものである。」と判示して、タックス・ヘイブン対策税制の立法目的が、①課税要件を明確化し、租税法律関係における法的安定性を確保することと、②タックス・ヘイブンを利用した租税回避に対処し、税負担の実質的な公平を実現することにあると明らかにした。

具体的には、タックス・ヘイブン・コーポレーションの課税対象金額相当額を株主であるわが国の内国法人等の擬制収益ないし擬制配当として課税し、租税回避の手段としてのタックス・ヘイブン・コーポレーションの機能を実質的に減殺することにある。[11] タックス・ヘイブン対策税制は、タックス・ヘイブンを利用した国際的租税回避に対する個別否認規定と位置付けることができる。[12]

３　租税特別措置法四〇条の四第二項二号にいう「特定外国子会社等の各事業年度の決算」の意義―措置法通達の妥当性の検討

措置法四〇条の四による居住者に対する課税は、措置法六〇条の六による法人に対する課税における計算方法が重用されており、[13]措置法四〇条の四第二項二号と措置法六六条の六第二項二号は、「特定外国子会社等の各事業年度の決算」の文言を同意義に解している。

租税特別措置法関係通達（法人税編）（平成二一年一二月二八日付課法二-五ほか一課共同による改正前のもの。）六六の六-一〇の(2)は、措置法施行令三九条の一五第一項一号の規定により内国法人に係る特定外国子会社等の未処分所得の金額につき法人税法及び措置法の規定の例に準じて計算する場合には、減価償却費等の損金算入等確定した決算における経理を要件として適用することとされている規定については、特定外国子会社等がその決算において行った経理のほか、内国法人が措置法第六六条の六《内国法人に係る特定外国子会社等の留保金額の益金算入》の規定の適用に当たり当該特定外国子会社等の決算を修正して作成した当該特定外国子会社等に係る損益計算書等において行った経理をもって当該要件を満たすものとして取り扱うと規定している。また、居住者に係る特定外国子会社等の未処分所得の金額を計算する場合においても法人に対する取扱いと特に異なる取扱いをする理由もないので、同様に取り扱うものと規定している。

「特定外国子会社等の各事業年度の決算」をめぐって、措置法通達は、特定外国子会社等がその本店所在地国の会計制度に基づいて作成した決算と、内国法人が我が国の会計制度に基づいて特定外国子会社等の決算を修正して作成した決算との関係を明確にしていない。本件は、両決算は選択可能な並列の関係か、あるいは、原則・例外の関係かという取扱いの不明確さに基因する問題であるといえる。

審判所は、措置法通達六六の六－一〇は、減価償却費や圧縮損の損金算入につき確定した決算における経理を要件としている我が国の法人税法では、我が国と本店所在地国との会計制度の違いにより特定外国子会社等の決算において費用として経理することができない場合があることに鑑みて、未処分所得の金額の計算では、原則として、特定外国子会社等の決算における経理によるべきであるが、例外的に、納税者が特定外国子会社等の決算を修正して作成した損益計算書における経理も許容する趣旨であるとしている。

決算とは、利害関係者に対して財政状態及び経営成績を明らかにするものであることから、同号にいう「特定外国子会社等の各事業年度の決算」は、原則として、特定外国子会社等が本店所在地国の会計制度に基づいて作成した決算をいう。措置法通達は、例外的に、納税者が特定外国子会社等の決算を修正して作成した決算による経理を許容するにすぎない。納税者が特定外国子会社等の決算を修正して作成した決算を無制限に許容した場合、納税者がタックス・ヘイブン対策税制の適用を免れるために、恣意的に決算を修正する可能性を排除することができないからである。

Xは、シンガポールと我が国との会計制度に違いがあると主張しつつも、[14]シンガポール会計制度に基づくC社作成の損益計算書の損益計算に基づいて計算することとの具体的な不合理性を明らかにしていない。Xは、シンガポールの決算制度に基づくC社作成損益計算書ではC社の未処分所得の金額は妥当性を欠くこと、例えば、利害関係者に対して財政状態及び経営成績を明らかにすることができないことを主張・立証したうえで、X作成損益計算書上の損益に基づく未処分所得の金額を計算すべきであると主張すべきであった。C社の未処分所得の金額は、C社損益計算書上の損益計算に基づいて計算すべきであるとの本裁決の判断は妥当であるといえる。

ところで、Xは、本件が租税回避事案ではないことを根拠に、措置法四〇条の四の形式的な適用は許されないと主張している。しかしながら、租税法律主義の厳格な統制下におかれる租税法領域では、当該規定が租税回避の意図の存在を適用要件とすることを明示していない場合には、課税要件に租税回避の意図を加えるべきではない。納税者が租税回避の意図が存在しないことの主張・立証に成功する場合も、条文の適用要件を充足する課税要件事実が存在するならば、規定は適用されるべきである[15]。

おわりに

本件の争点は、C社の未処分所得の金額は、C社損益計算書上の損益計算、あるいはX作成損益計算書上の損益計算のいずれに基づいて計算すべきかであった。措置法通達が、特定外国子会社等が行った決算と、内国法人が特定外国子会社等の決算を修正して作成した決算との関係を明確にしておらず、両決算は選択可能な並列の関係か、あるいは、原則・例外の関係かの取扱いを規定していないことに基因した問題である。

審判所は、措置法四〇条の四第二項二号にいう「特定外国子会社等の各事業年度の決算」とは、原則として、特定外国子会社等が本店所在地国の会計制度に基づいて作成した決算をいうと判示した。諸外国と我が国の決算制度の違いに基因する問題に対処するために、措置法通達は例外的に、納税者が特定外国子会社等の決算を修正して作成した損益計算書における経理も許容する取扱いであると確認した。C社の本店所在地国であるシンガポールの会計制度に基づいて、C社が利害関係者に対して財政状態及び経営成績を明らかにするために作成したC社損益計算書は、同号にいう「特定外国子会社等の各事業年度の決算」に該当することから、C社の未処分所得の金額は、C社損益計算書上の損益計算に基づいて計算すべきであるとの判断を下した。

Xは、シンガポールの決算制度に基づくC社作成損益計算書ではC社の未処分所得の金額は妥当性を欠くことを主張・立証しておらず、本裁決の判断は妥当であると評価できる。

租税法の解釈・適用を統制する租税法律主義は、租税回避行為は明確な法規定によって否認すべきであることを要請している。[16] タックス・ヘイブン対策税制は、①課税要件を明確化することによって、租税法律関係における法的安定性を確保し、②タックス・ヘイブンを利用した租税回避に対処し、税負担の実質的な公平を実現する、タックス・ヘイブンを利用した国際的租税回避に対する個別否認規定である。

措置法四〇条の四にいう「適用対象金額」が、措置法四〇条の四第二項二号にいう「特定外国子会社等の各事業年度の決算」に基づいて算定されるという法構造からは、現行の措置法通達による不明確な取扱いは是正されるべきである。

以上のことを指摘して、本章のむすびに代えたい。

1　中里実ほか編『国際租税訴訟の最前線』一三八頁以下（宮塚久・北村導人執筆部分）（有斐閣、平成二二年）。
2　最決平成二五年一二月一一日税資二六三号順号一二三四九（上告審）、東京高判平成二三年八月三〇日訟月五九巻一号一頁（控訴審）、東京地判平成二一年五月二八日税資二五九号順号一一二一七（第一審）。
3　最判平成一九年九月二八日民集六一巻六号二四八六頁（上告審）、高松高判平成一六年一二月七日判タ一二一三号一二九頁（控訴審）、松山地判平成一六年二月一〇日税資二五四号順号九五五四（第一審）。評釈としては、増田英敏「判批」判時二〇一一号一六九頁以下（判例評論五九六号七頁以下）（平成二〇年）など参照。
4　最判平成二一年一二月三日判タ一三一七号九二頁（上告審）、東京高判平成一九年一〇月二五日訟月五四巻一〇号二四一九頁

（控訴審）。

5　東京地判平成二三年七月一九日ＴＡＩＮＳ：Ｚ八八八-一六一六。評釈としては、林仲宣・谷口智紀「外国ＬＰＳを利用した海外不動産投資事業から生ずる損益の不動産所得該当性」税務弘報六〇巻三号一〇四頁以下（平成二四年）など参照。

6　金子宏『租税法第二二版』五七八頁（弘文堂、平成二九年）。

7　高橋元監修『タックス・ヘイブン対策税制の解説』八九頁以下（清文社、昭和五四年）参照。

8　増田・前掲注３・一七三頁。

9　金子・前掲注６・五七九頁。

10　最判平成一九年九月二八日・前掲注３参照。

11　金子・前掲注６・五八四頁。

12　赤松晃教授は、タックス・ヘイブン対策税制は、軽課税国に設立した外国子会社等を利用した租税回避の問題に対処する税制から、問題の本質を『課税の繰延べ（tax deferral）』の問題と捉える外国子会社合算税制、さらに最近では「課税権からの離脱」の防止を目的とする税制へと変遷したと指摘されている（同『国際課税の実務と理論―グローバル・エコノミーと租税法―』二八〇頁以下（税務研究会出版局、平成二三年））。

13　居住者に対する課税については、措置法四〇条の四は、同条にいう「課税対象金額」は雑所得の収入金額に算入すると規定している。

14　シンガポールの決算及び申告制度については、税理士法人トーマツ編『アジア諸国の税法第七版』五四八頁（中央経済社、平成二三年）など参照。

15　増田・前掲注３・一七四頁以下。

16　増田英敏教授は、課税の現状と法的規制とのTime Lagの問題を指摘されたうえで、国際的租税回避の否認については、「その手段としては、租税行政庁が租税回避行為の現状に柔軟に対応できるように、法的規制を加えるための包括的規定を存在させることも考えられるが、租税法律主義との関係で慎重を期すべきである。したがって、最も重要と思われる手段は、租税回避に関する調査研究及びその成果である情報交換を国際的規模ではかることであると思われる。ＯＥＣＤ諸国では、すでにそのような問題に対して、協力して調査研究がすすめられ、報告書も公表されている。かかる研究とその成果の公表を、さらに充実させていくことが重要であると思われる。」（同『納税者の権利保護の法理』二八二頁（成文堂、平成九年））と述べられている。

（谷口　智紀）

第二編 ■ 法人税

第1章　使用人の詐取行為に係る損害賠償請求権の収益計上時期と重加算税賦課の適否

はじめに

本件は①使用人の詐取行為に係る損害賠償請求権は損失発生と同時に益金算入される、②同人の隠ぺい・仮装行為は請求人の行為と同視できず、国税通則法六八条の適用はない、③当該使用人の行為は同法七〇条四項に規定する偽りその他不正の行為に該当することから、請求人には同項が適用されるとした事案であるが、果たしてそうであろうか。収益の帰属年度決定のための基準である権利確定主義の本質をどのように解釈し適用するのか。また、使用人が隠ぺい・仮装行為をした場合、納税者の行為と見なされるか否か、重加算税の賦課の適否についても検討してみたい。

I　事案の概要

本件は、原処分庁が、菓子類の製造販売業を営む法人である請求人の使用人が詐取した金員の損金算入と詐取した金員に係る損害賠償請求権の額を益金に算入する法人税の更正処分等をしたのに対し、請求人が、使用人のした架空取引は、同人が請求人から金員を詐取する目的で行った取引であり、損害賠償請求権の額の益金算入時期は実際に支払を受けた日であるなどとして、更正処分等の一部の取消しを求めた事案である。

Ⅱ　争点及び争点に関する当事者の主張

１　争　点

争点１：使用人に対する本件損害賠償請求権に係る収益計上時期はいつか。

争点２：本件使用人取引は、納税者である請求人の隠ぺい、仮装行為と同視することができるか否か。

２　争点に関する当事者の主張

（１）争点１について　　一五二頁表のとおり。

（２）争点２について　　一五三頁表のとおり。

争点1について

原処分庁	請求人
詐取行為に伴い発生する本件損害賠償請求権の額は、次の理由から詐取行為による損失が発生した時と同時に益金として計上すべきである。	詐取行為に伴い発生する本件損害賠償請求権に係る収益計上時期は、次の理由から、詐取行為による損失が発生した時と同時ではない。
①　詐取行為に係る損害賠償請求権については、詐取行為による損失が発生した時には損害賠償請求権も発生、確定しており、これらを同時に損金と益金とに計上するのが原則である。	①　損失の発生と同時に収益を計上すべきとした例は、役員や経理責任者が詐取した場合であり、本件の使用人は、役員でもなく、相当な権限も有していない一使用人である。
②　本件使用人取引は、納品時に現物との照合を行った上で納品伝票に受領・検査印を押すという通常の手続が守られ、虚偽の納品伝票に基づいて支払われた金銭の使途先が確認されていれば、本件使用人取引は発覚したものと認められる。そうすると、本件使用人取引について通常人を基準とすれば、請求人は、容易にその損害賠償請求権の存在、内容等を把握し得たものということができることから、詐取行為による損失が発生した時と同時に本件損害賠償請求権の額を益金に計上すべきものと認められる。	②　本件使用人取引は、通常の納品と同じように納品伝票一枚当たりの数量、金額を細かく分散するよう使用人がQに指示して行わせていたもの、すなわち、使用人による巧妙な伝票操作により行われていたものであり、予算管理を担当していた資材課長をも欺き請求人の本社購買部及び経理部のみならず、d工場の資材・生産の管理責任者である生産統括次長及び工場長でさえ気がつかなかったもので、通常の管理体制では容易に発覚するものではない。

争点２について

原処分庁	請求人
本件使用人取引は、次のとおり、請求人の隠ぺい、仮装行為と同視することができる。	本件使用人取引は、次のとおり、請求人の隠ぺい、仮装行為と同視することはできない。
①　使用人は、Ｌ社から発行される納品伝票の請求人における事務処理を事実上一任され、ｄ工場においてこれをチェックする者は他におらず、結局、使用人の指示により発行された虚偽の納品伝票の処理が、そのまま消耗品費の計上という形で、請求人の会計処理として反映される状況にあったものと認められる。	①　本件使用人取引は、請求人の役員でもなく、相当な権限も有していない一使用人である使用人の自己の利益を目的としたもので、請求人の関知しないところにおいて、独断で行った巧妙な伝票処理に基づき行われ、通常の管理体制では容易に発覚しなかったものであり、請求人に使用人の監督につき何らかの落ち度があったとしても、使用人の行為を請求人の行為と同視することはできない。

Ⅲ　裁決の要旨　〈一部取消し〉平成二三年七月六日裁決・裁決事例集第八四集三〇頁

1　争点1について

本件使用人取引においては請求人が取引先の発行した虚偽の納品伝票に基づき支払をした時点において、請求人に使用人の詐取行為による損失が発生したと認められ、本件損害賠償請求権の額については、基本的には本件事業年度において益金の額に算入すべきこととなる。

ただし、例外的に本件損害賠償請求権の額は本件事業年度において益金に算入しない取扱いをすることが許される場合があるから、この点について以下検討する。

本件使用人取引においては、取引先発行の納品伝票には、納品された現物と異なるものが記載され、他社に対する配送等代金分が含まれているにもかかわらず、資材課長による所要のチェックが行われていなかったことが、本件使用人取引が長期間発覚しなかった要因と認められ、使用人が担当していた取引先との取引に係る納品伝票について、それぞれの担当部署において現物との照合や資材課長による受領日、購入単価、購入数量等のチェック等が確実に行われていれば、詐取行為は間違いなく発覚するものであったと認められる。

このような点を総合考慮すると、通常人を基準とすれば、請求人は本件事業年度において本件使用人取引に係る損害賠償請求権につき、その存在、内容等を把握できず、権利の行使を期待できないような客観的状況にあったということはできないから、本件損害賠償請求権の額は、本件事業年度において益金の額に算入すべきものと認められる。

２　争点２について

本件は、①使用人がｄ工場資材課に配置されて以後退社するまで長期間にわたり同課において職制上の重要な地位に従事したことがなかったこと及び請求人の経理帳簿の作成等に携わる職務に従事したこともなかったこと等から同人が、ｄ工場において単に資材の調達業務を分担する一使用人であったと認められること、また、②本件使用人取引が、使用人個人の私的費用を請求人から詐取するために同人が独断で取引先に依頼して行ったものであり、当該隠ぺい、仮装行為が請求人の認識の下に行われたとは認められないこと等を総合考慮すると、請求人が取引内容の管理を怠り、請求人から隠ぺいするための使用人の仮装行為を発見できなかったことをもって、当該行為を請求人自身の行為と同視することは相当ではない。

３　本件更正処分について

（１）本件使用人取引による本件損害賠償請求権の額は、詐取による損失の発生と同時に発生したものと認められるから、本件事業年度において本件損害賠償請求権に係る収益を益金の額に算入すべきとした更正処分は適法である。

（２）ただし、本件苺代払取引について、その全額が本件事業年度のクリスマスケーキの売上高に対応する製造原価として本件事業年度の損金の額に算入されるべきものと認められる。

以上により、本件更正処分のその一部を取り消すべきである。

（３）なお、国税通則法七〇条四項は、納税者の故意や過失といった主観的な責任要件を問題とする必要はないものと解される。したがって、使用人の隠ぺい、仮装行為が、同法七〇条四項に規定する偽りその他不正の行為に該当する以上、本件更正処分に更正の期間制限を徒過した違法はなく適法と認められる。

4　本件賦課決定処分について

本件更正処分における苺代払取引に係る金額は、その全額が損金の額に算入されること、また、本件使用人取引によって過少申告となった金額については、重加算税を賦課することは相当ではないと認められることから、本件賦課決定処分は、過少申告加算税相当額を超える部分の金額につき別紙「取消額等計算書」（編注：本章では割愛している）のとおり取り消すのが相当である。

Ⅳ　研　究…裁決に反対

本件の争点は二点である。その一つは、使用人に対する損害賠償請求権に係る収益計上時期はいつか。その二つは、本件使用人取引は、納税者である請求人の隠ぺい、仮装行為と同視できるか否かであるので、以下検討する。

1　争点1についての検討

損害賠償請求権の収益計上時期に関しての考え方は、大きく分けて「同時両建計上説」と「異時両建計上説」の二つである。以下、これら二つの説を検討する。

（1）同時両建計上説

この説は、大阪地裁昭和三一年一一月一七日判決（行集七巻一一号二七八〇頁）で、同時両建処理を示されてから税務行政において処理されてきた原則で、その後、最高裁昭和四三年一〇月一七日判決で「横領行為によって法人の被った損害が、その法人の資産を減少せしめたものとして、右損害を生じた事業年度における損金を構成することは明らかであり、他面、横領者に対して法人がその被った損害に相当する金額の損害賠償請求権を取得するものである以上、それが法人の資産を増加させたものとして、同じ事業年度における益金を構成するものであることも疑いない[1]」と判示し同時両建計上説に立った判決を下している。以後、同時両建計上説による処理が行われてきた。

（2）異時両建計上説

この説は、最高裁昭和六〇年三月一四日判決によれば、「収益及び損失はそれが同一原因によって生ずるものであっても、各個独立に確定すべきことを原則とし、従って、両者互い他方の確定を持たなければ当該事業年度における確定をさまたげるという関係に立つものではないと解するのが相当である。[2]」と判示し、異時両建計上説による判決を下したのである。

この判決の意義は「損害賠償請求権の債権としての法的性質を的確に把握し、実際に請求権としての権利の行使が可能となった時点で、その事業年度の益金として計上すればよいと示した点に法的視野としての権利確定主義の本質に応じた妥当な判決である[3]」といえる。

松澤智教授は「経済的基準説は税務会計上、損害賠償請求権を益金に計上したうえ、他面、被った損害が資産の減少を生ぜしめたから損金を計上し、両建処理するから、所得に異動はないと説く。しかしながら、法的基準説によれば、収益および損失は、それが同一の原因によって生じたものであっても、それぞれ独立に法的視点から確定し得べきものかを論ずべきである。二二条二項と三項三号（損失）とを必ずしも対応させる必要はない。もし損害賠償の請求そのものが加害者から争われれば、未だ収益計上はできないことになろう。両建処理に固執する考えは、単に形式論にのみ拘泥し、簿記会計という技術的見地から課税所得概念を捉えようとする。しかし、税法上の所得とは、如何なる方法で経理処理できるかではない。損害の確定は容易であるが、他方の損害賠償請求権については、その発生原因が複雑であるから、商取引上の代金債権に比し経済的価値も乏しいので、収益の法的支配については厳格に解する必要があるといわねばならない。[4]」と指摘し、異時両建計上説の立場をとっている。

私は、異時両建計上説の立場を是と考えている。

（3）権利確定主義との関係性について

法人税法は、期間損益決定のための原則として、いわゆる権利確定主義を法的基準としており、収益については「収入すべき金額とは、収入すべき権利の確定した金額をいい、その確定の時期は、売買代金債権については、法律上これを行使することができるようになった時[5]」に収益が実現したと認識する。

また、法人税法上「債務確定主義は、権利確定主義とともに、法的基準によって、費用の帰属事業年度を決定する基準となる。費用の計上について要件とされる債務の確定とは、当該事業年度中に、当該費用に係る債務が成立し金額まで確定していること、若しくは、少なくともその金額が合理的に算出できるものであることを要する。債務とは、金銭債務であり、右債務が成立するためには、かかる法律効果の発生原因たる法律要件の存在すること（契約、債務不履行、不法行為等）を要する[6]」と言われている。

以上のように権利と債務との関係から、権利確定主義は、請求権として法律上行使できるか否かであって、確定計算できなくとも、その金額が合理的に算出できる状態にあればよいといえる。[7]

民法では、一般債権の消滅時効の起算日は権利を行使することができるときから進行する（民一六六①）としているが、不法行為による損害賠償請求権は、被害者又はその法定代理人が損害及び加害者を知った時から三年間行使しないときは、時効によって消滅する（民七二四）と定めている。

これは、損害及び加害者が確認できなければ法律上権利を行使できないからである。少なくとも損害額が合理的に算出しうる状態であり、加害者が特定できたときに権利を行使できると考える。

（4）最近の関連裁判例（損害賠償請求権の益金計上時期）

① 東京地裁平成二〇年二月一五日判決・判時二〇〇五号三頁

この判決は、従業員が金員を詐取したことによる損害賠償請求権の益金の計上時期について争われたものである。

判決は、「権利が法律上発生していても、その行使が事実上不可能であれば、これによって現実的な処分可能性のある経済的利益を客観的かつ確実に取得したとはいえないから、不法行為による損害賠償請求権は、その行使が事実上可能となった時、すなわち、被害者である法人（具体的には当該法人の代表機関）が損害及び加害者を知った時に、権利が確定したものとして、その時期の属する事業年度の益金に計上すべきものと解するのが相当である（最高裁平成四年一〇月二九日第一小法廷判決・裁判集民事一六六号五二五頁参照）。」と判示して、権利確定主義の本質を法的に的確に判断し、損害賠償請求権は損害及び加害者を知った時に権利が確定したと判断したことは、異時両建計上説の立場であり、相当と考え、判決に賛成である。

この判例評釈につき増田英敏教授は「損害の発生と同時に損害賠償請求権が発生したとしても、その請求権の行使が実現可能となったとはいえないのであるから、実現可能となった時点で権利確定したとして益金計上がなされるべきことは、租税公平主義の要請からも合理的であろう。したがって、本判決は、担税力を実質的に構成したといえる時点、すなわち債権の発生時点ではなく、債権行使の実現可能時点で益金を計上すべきであるとする権利確定主義の本来の考え方を踏まえたものであり、租税公平主義の要請にも適合した判断として評価できる。[8]」と述べ、判旨に賛成されている。

② 東京高裁（控訴審）平成二一年二月一八日判決・訟月五六巻五号一六四四頁

①の控訴審は、同時両建計上説により逆転判決が出された。その判決は「不法行為による損害賠償請求権については、通常、損失が発生した時には損害賠償請求権も発生、確定しているから、これらを同時に損金と益金とに計上するのが原則であると考えられる（不法行為による損失の発生と損害賠償請求権の発生、確定はいわば表裏の関係にあるといえるのである）。

もっとも、本件のような不法行為による損害賠償請求権については、例えば加害者を知ることが困難であるとか、権利内容を把握することが困難なため、直ちには権利行使（権利の実現）を期待することができないような場合があり得るところである。このような場合には、当該事業年度に損失については損金計上するが、損害賠償請求権は益金に計上しない取扱いをすることが許されるのである。

ただし、この判断は、税負担の公平や法的安定性の観点からして客観的にされるべきものであるから、通常人を基準にして、権利（損害賠償請求権）の存在・内容等を把握し得ず、権利行使が期待できないといえるような客観的状況にあったかどうかという観点から判断していくべきである。

以上の考え方に基づき、本件について検討する。

ア　乙は、被控訴人の経理担当取締役らに秘して本件詐取行為をしたものであり、被控訴人の取締役らは当時本件詐取行為を認識していなかったものではあるが、本件詐取行為は、経理担当取締役が本件預金口座から払戻し及び外注先への振込み依頼について決裁する際に乙が持参した正規の振込依頼書をチェックしさえすれば容易に発覚するものであったのである。

また、決算期等において、会計資料として保管されていた請求書と外注費として支払った金額とを照合すれば、容易に発覚したものである。こういった点を考えると、通常人を基準とすると、本件各事業年度当時において、本件損害賠償請求権につき、その存在、内容等を把握できず、権利行使を期待できないような客観的状況にあったということは到底できないというべきである。

そうすると、本件損害賠償請求権の額を本件各事業年度において益金に計上すべきことになる。」と判示している。

しかし、この判決には反対である。判決の中で「通常人を基準にして、権利（損害賠償請求権）の存在、内容等を把握し得ず、権利行使が期待できないといえるような客観的状況にあったかどうかという観点から判断していくべきである」というのは、法的考察を無視しており反対である。それは客観的状況にあったかどうかではなく、法律上の権利を行使できたかどうかで判断すべきものと考える。

この判決の評釈として伊藤義一教授は「果たして本件詐取行為の発見が期待できたかどうかという点については、疑問がある。」[9]と述べ、判旨に反対されている。

（5）本件裁決事例へのあてはめ

この事案は、請求人が損害賠償請求権をいつの時点で行使し得る状態になったかという観点で判断すべきである。それは、税務調査により使用人による詐取が判明し、損害の程度が合理的に算定できるようになった時、すなわち、平成一七年四月二七日か、平成二二年三月一九日（重加算税の処分があった時）であると考えられる。租税実体法を解釈し適用する場合は、権利の性質は法的に、その評価は経済的に行わなければならないし、租税法律主義の原則である予測可能性と法的安定性の観点から見ても、審判所の判断は、前掲東京高裁平成二一年二月一八日判決に引きづられていて権利確定主義の本質を誤った、法的考察を無視したもので到底賛成できない。裁決に反対である。

2　争点2についての検討

使用人の不正による隠ぺい、仮装行為が請求人が行った隠ぺい、仮装行為と同視できるか否かについて積極説と消極説があるので以下検討する。

（1）積極説

「重加算税の制度上は従業者の行為は納税義務者本人の行為と同視せらるべく、従業者による所得の事実の隠ぺい又は仮装を納税者本人が知らずして右隠ぺい又は仮装したところに基づき、所得の過少申告をし又は所得の申告をしなかったときは、納税者が正当なる所得を申告すべき義務を怠ったものとして重加算税が賦課せられるものと解するのが相当である。[10]」と判示して、納税者が知っていると否とを問わず重加算税を課せられるとしている。

（2）消極説

武田昌輔教授は「その事実を隠ぺいすることも仮装することもできない状態にある者に対しては基本的には重加算税は課せられないと解すべきである。したがって、たとえば従業員が隠ぺい又は仮装した場合においても、その従業員の地位及びその状況に応じて判断すべきである。[11]」と述べられている。また、大阪高裁平成三年四月二四日判決（税資一八三号三六四頁）では、「納税者が隠ぺい、仮装行為にかかる故意もなく、かつ、不正申告の事実も知らなかったときは、重加算税を賦課することはできないとするのが相当である」としている。

（3）行為者の範囲と行為の目的

国税通則法六八条一項（重加算税）の主語は、「納税者が…」とその行為の主人公を規定しているのであるが、その行為者の範囲、行為の目的をどこまで射程対象にするかについては「納税者以外の者の「隠ぺい又は仮装」の行為であっても、重加算税の対象となる場合とは、納税者又は実質経営者並びにこれらの者の統括監督に服すべき立場になる者が、納税者本人に代わって、その属する集団の目的のためにする行為に限定すべきものと考える。

納税者以外の者の行為によって、納税者に重加算税が課せられる理由は、行為者の行為が納税者本人の行為と同視されるのではなく、これらの者が納税者の目的の為に不正行為を行った場合には、結果的に納税者に責任があり、重加算税を賦課できる。[12]」と考えるのである。

また「重加算税制度は、申告納税義務違反の発生を防止するためにあるが、刑罰的要素を持つことを考慮するならば、納税者等が隠ぺい、仮装の事実を知り得ない場合等、有責性のない場合にまで重加算税を課すことは、その目的を逸脱しているものであると考える。たとえば、従業員がなした横領等の発覚を防ぐために費目を仮装したような場合は、従業者が行う通常の業務の範囲を逸脱するものであり、納税者に対しては重加算税ではなく、過少申告加算税の賦課で足りるのではなかろうか[13]」と言われていることは妥当であると考える。

(4)本件裁決事例へのあてはめ

使用人が行った隠ぺい、仮装行為は、そもそも自分の利益のために詐取したものであり、納税者の目的のために行ったものではないこと。そして、この隠ぺい、仮装行為が納税者は全く知り得なかったこと(外部的付随事情を具備していない)。使用人が納税者と同一視できるような立場の者ではないこと。以上によって納税者はその責任はないものと考える。そもそも納税者は被害者なのである。国税通則法六八条一項は、罰則であるので法文上特に厳格に文理解釈することが妥当と考える。

よって審判所の重加算税を取消した結論は、妥当であり賛成できるが、その理由に「行為の目的」の観点が検証されていないので不充分であり残念である。

また、国税通則法七〇条四項の「偽りその他不正の行為」については、法人税法一五九条一項と同じ文言を使っていて新たな解釈定義をしていないので同じ意味と解しなければならない。「偽りその他不正の行為」の意義は、租税逋脱犯すなわち刑事罰として「逋脱の結果までの確定的な故意（犯意）を求められる[14]」のである。納税者は隠ぺい、仮装行為を全く知らないうえ、偽りその他不正の行為など行っていないので七年間遡るのは誤った判断であり賛成できない。

おわりに

本件事例は①、損害賠償請求権の収益計上時期と、②納税者が全く知らないところで使用人が隠ぺい、仮装行為による詐取行為をしていた場合に、重加算税が賦課できるかという問題であった。

①については、直近の裁判事例に引きづられ、経済的基準説に立脚した誤った判断による裁決になっている。国税不服審判所は、納税者の権利救済機関として法的視点からの争訟裁断機能を第一義とすることに意義があると考えるのだが、理想にほど遠い裁決となっている。とても残念である。

②については、納税者以外の者の隠ぺい、仮装行為が、重加算税の対象となる場合は、納税者本人に代わって、その属する集団の目的のためにする行為に限定すべきとする見解を妥当と考えるため、審判所はもう一歩踏み込んだ判断が求められるのではないか。

1　最判昭和四三年一〇月一七日訟月四巻一二号一四三七頁。

2　最判昭和六〇年三月一四日税資一四四号五四六頁（上告審）。東京高判昭和五四年一〇月三〇日訟月二六巻二号三〇六頁（控訴審）。

3　板垣力「益金・損金の本質―益金・損金の同時計上の可否（損害賠償債権に係る両建処理は許されるか）」松沢智編『租税実体法の解釈と適用』八四頁（中央経済社、平成五年）。
4　松沢智『新版租税実体法補正第二版』一五一頁（中央経済社、平成一五年）。
5　最判昭和四〇年九月八日判時四二五号四四頁。
6　松沢・前掲注４・一四九頁。
7　松沢智「課税所得の本質―権利確定主義と収益の帰属年度（課税所得と企業利益の本質的差異」松沢編・前掲注３・四八頁。
8　増田英敏「判批」ＴＫＣ税研情報一七巻五号三六頁（平成二〇年）。
9　伊藤義一「判批」ＴＫＣ税研情報一八巻六号一七頁（平成二一年）。
10　大阪地判昭和三六年八月一〇日訟月七巻九号一八九四頁。
11　武田昌輔「使用人等による不正行為と租税逋脱に関する若干の考察」税理三〇巻五号七頁（昭和六二年）。
12　船本洋子「法人税と重加算税―納税者以外が行った隠ぺい・仮装行為に対する重加算税」松沢智編『租税実体法の解釈と適用・２』三五六頁（中央経済社、平成一二年）。
13　船本・前掲注12・三五七頁。
14　松沢智『租税処罰法』三三頁（有斐閣、平成一一年）。

（小野内　宣行）

第2章　業績悪化による役員給与の減額事由の該当性

はじめに

本件は、経常利益の減少により代表取締役の給与を減額したことは業績悪化による役員給与の減額には該当しないとされた事案である。

会社の経営においては、致命的な経営悪化に至る前に人件費削減などの何らかの対策を講じるのが通常であり、業績悪化の兆候が見られた時点で役員報酬減額を判断するのは普通の経営者がおこなうことと思われる。定期同額給与の損金算入要件は著しい業績悪化に限定しているが、利益操作の余地が排除されるのであれば問題はないだろうか。このような点を問題意識として本件を検討する。

Ⅰ　事案の概要

本件は、経常利益が対前年比で六％減少したため、代表取締役の役員給与を事業年度の中途において減額改定したところ、損金算入を認めなかったという事案である。

Ⅱ　争点及び争点に関する当事者の主張

本件の争点は、取締役会の減額改定決議の理由（経常利益が対前年比で六％減少したこと）が業績悪化改定事由に該当するか否かである。

Ⅲ　裁決の要旨　〈棄却〉平成二三年一月二五日裁決・裁決事例集八二集一五八頁

1　法三四条一項一号の解釈

法人税法施行令六九条一項一号ハは、業績悪化を理由とした事業中途の役員給与の改定は、給与の改定の前後で支給額が同額とする。

これは、従来から役員給与の支給の恣意性排除が適正な課税を実現する観点から不可欠と考えられており、損金算入される役員給与の範囲を制限すべく、外形的基準として定期同額給与が定められている。

定期同額給与について業績悪化改定事由による場合、当該給与改定の前後の期間の支給額が同額で、当該給与改定にやむを得ない理由があり恣意性がない場合には役員給与の損金算入とする。

したがって業績悪化改定事由に該当するか否かは、役員給与減額のやむを得ない事情があるかどうかであり、法人税基本通達九-二-一三が「経営の状況の著しい悪化に類する理由につき『やむを得ず役員給与を減額せざるを得ない事情がある』かどうかは客観的な事情の有無などにより判断し、『一時的な資金繰りの都合や単に業績目標値に達しなかったことなどはこれに含まれない』」とすることは、恣意性排除の点で妥当である。

2　本件へのあてはめ

事業年度の中途の役員給与の減額改定理由は、上記のとおり、定額で支給の役員給与の額を減額するやむを得ない事情が存するかどうかである。本件で、本件五月次損益計算書の経常利益の対前年割合が九四・二%と若干の下落があるものの著しい悪化ではなく、本件事業年度及びその前六事業年度で本件事業年度の最終売上高が最高額で経常利益も二番目に高く前六事業年度と比較して遜色のない業績であり、また取締役会での代表取締役給与の減額は、本人からの申出により本件五月次損益計算書の経常利益が業務目標に達しなかったからなされたもので請求人の業績が著しく悪化したわけではないこと等からして、経常利益が対前年比六%減少をもって、平成二〇年五月で経営の状況の著しい悪化や業績悪化が原因でやむを得ず役員給与を減額せざるを得ない事情にあったと認めることはできず、上記理由以外に役員給与を減額せざるを得ない特段の事情が生じていたと認めるに足る事実はない。

したがって、減額改定の理由が単に業績目標値に達しなかったことによりと考えるのが相当であり、法人税法施行令第六九条第一項第一号ハに規定する業績悪化改定事由には該当しない。これは、当審判所が相当と判断した法人税基本通達九−二−一三に照らして判断しても同様である。

Ⅳ　研　究

裁決の結論はやむを得ないが、「業績悪化」の判断時期を明示しなかった点で不満である。

1　法人税法三四条による役員給与

(1)　法人税法三四条による役員給与

平成一八年まで役員の給与は「定期」か「臨時」かにより損金算入が区分され、定期的な給与は役員報酬で損金算入、臨時的な給与は役員賞与で損金不算入とされていた。

法三四条は、従来の立場を踏襲して、①定期同額給与、②事前確定届出給与、③利益連動給与　の三つの類型に当てはまるもののみ損金算入と規定する。[1] 役員給与について納税者の恣意性の排除が法三四条の制定趣旨と説明される。[2,3]

(2)　法人税法施行令六九条が定める定期同額給与

①　法人税法施行令六九条一項イの定期同額給与となる役員給与

定期同額給与となる役員給与は、事業年度の始めから終わりまで同額の役員給与である。また、事業年度の途中で給与を改定した場合であっても、イ．三ケ月以内（あるいは保険会社などは四ケ月以内）の改定は定期同額給与とされる。図示すると図1、図2A、図2Bのようになる。

図2Aあるいは図2Bのように、事業年度開始の日から三ケ月で改定した役員給与についても改定前（一～三月）と改定後（四～一二月）の各月の支給額が同額であれば定期同額給与とされる。

なお新しい事業年度開始後三ケ月内の改定も定期同額給与とされるのは、定

【図1　もっとも一般的な定期同額給与】

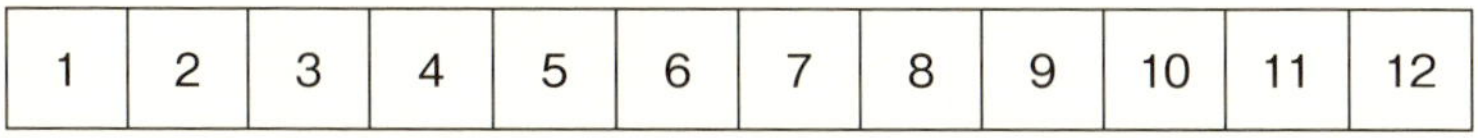

【図2A　施行令六九条一項イの改定　増額改定として認められる定期同額給与】

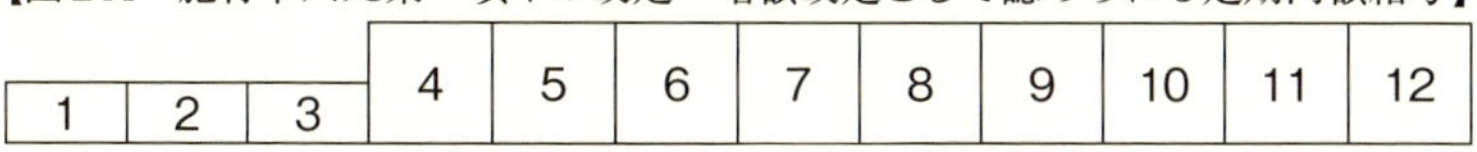

△決算日から三ケ月以内の改定（増額改定）

【図2B　施行令六九条一項イの改定　減額改定として認められる定期同額給与】

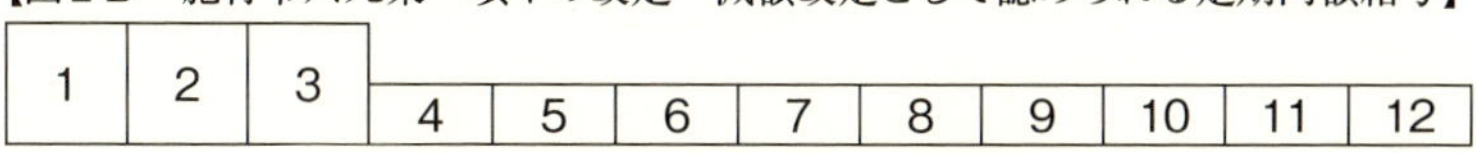

△決算日から三ケ月以内の改定（減額改定）

時株主総会が事業年度終了から三ケ月以内に開催されるものだからである（会社法二九六条一項ならびに一二四条[4]）。

②　施行令六九条一項ロの臨時改定事由

施行令六九条一項ロは、事業年度の途中で取締役の給与を変更しなければならない事情が発生した場合を想定した規定である。例えば、代表取締役が一名の会社において、事業年度の途中で代表取締役が病気により退任し他の取締役を代表取締役に選任しなければならない場合などであろう。

なお臨時改定事由は、あくまでも臨時的、あるいは突発的な事由により役員の業務範囲や業務の量の増減により役員給与を改定する場合を指すものと考えられ、定期的な人事異動にともなう改定は想定していないようである。

③　法人税法施行令六九条一項ハの業績悪化その他これに類する理由

当該内国法人の経営の状況が著しく悪化したことその他これに類する理由（三項二号において「業績悪化改定事由」という。）により役員給与を改定した場合にも定期同額給与とされる。

2　業績悪化改定事由

(1)　法人税法施行令六九条一項の業績悪化改定事由

施行令六九条一号ハの「著しい業績悪化」とはどのような場合であろうか。

施行令六九条一項ハの業績悪化改定事由は上記二つで、それぞれ別個の事情で、図4のA、Bのいずれの円にも含まれない場合には損金算入されない。

【図3　施行令六九条一項ロの改定　臨時改定として認められる定期同額給与】

1	2	3	4	5	6	7	8	9	10	11	12

△臨時改定事由が生じた際の改定（増額・減額とも可）

施行令六九条一号ハの「著しい業績悪化」とは、「経営の状況が著しく悪化した」場合のほか「その他これに類する理由」とされる。

「経営の状況が著しく悪化した」場合のほか「その他これに類する理由」とは、どのような場合を指すのであろうか（『その他』と『その他の』とは意味するところが異なる）[5]。「その他の」は包括的例示であるから、「著しい業績悪化」と同様の場合が考えられる。

これについて国税庁は業績悪化改定事由の例として、次の三つをあげている。

① 株主との関係上、業績や財務状況の悪化についての役員としての経営上の責任を問えるケース

② 取引銀行との間で行われる借入金返済のリスケジュールの協議が行われるケース

③ ③信用の維持・確保の必要性から、経営状況の改善を図るための計画の策定が行われるケース

他方、業績や財務状況、資金繰りの悪化といった事実が生じても、利益調整を目的として減額改定を行う場合にはやむを得ず役員給与の額を減額したとはいえないので、業績悪化改定事由に該当しないとしている[6]。

(2) 国税庁の解釈の変遷

① 役員給与に関するQ&Aで示された当初の考え方

「役員給与に関するQ&A」[7]はその公表の都度変更点があり、国税庁は業績悪化改定に関する見解を変更してきた。

【図４　業績悪化を理由にする改定】

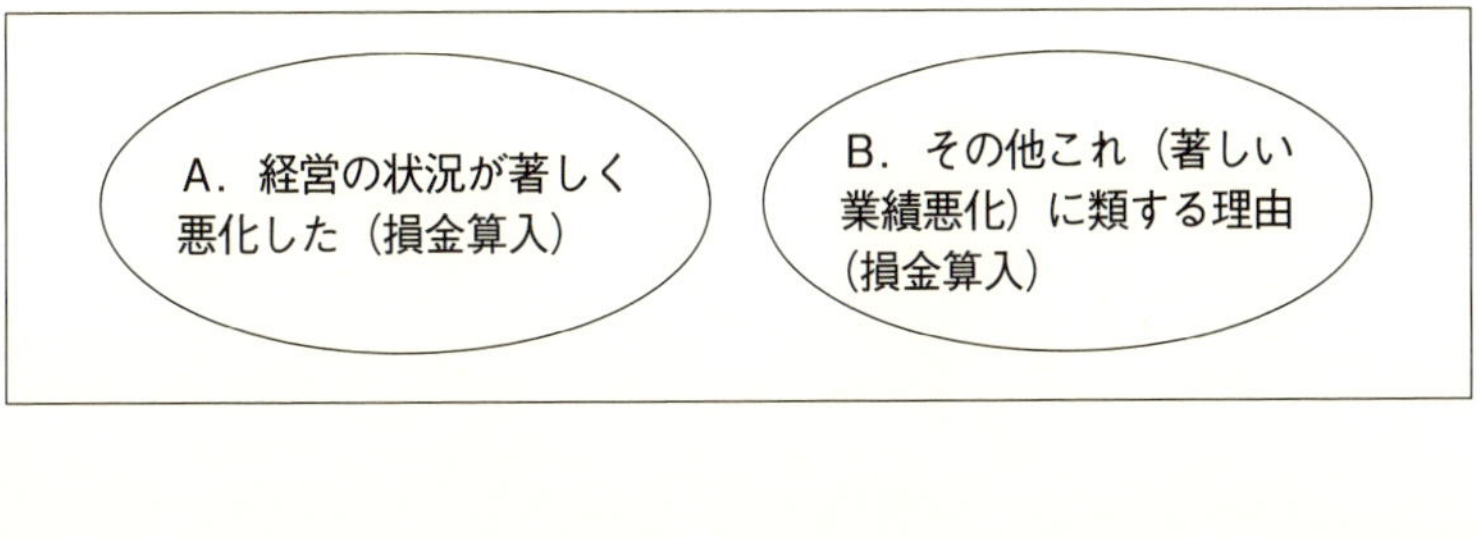

先に述べた①〜③の例示は、業績は悪化したがその程度は著しくないことから「著しい業績悪化」ではない。しかしこの例示によって、今は「著しい業績悪化」ではないが「業績悪化」が生じており将来の著しい業績悪化に移行させないための改定はやむをえないと認めたものといえよう。そうであれば国税庁は「著しい業績悪化」につきその適用範囲を拡大しているといえよう。

具体的には、平成一八年に業績悪化改定事由を三つ挙げたうえで、「業績や財務状況、資金繰りの悪化といった事実が生じていたとしても、利益調整のみを目的として減額改定を行う場合には、やむを得ず役員給与の額を減額したとはいえないことから、業績悪化改定事由に該当しない」とした。[8]

②　平成二四年四月に追加されたQ＆Aの考え方

しかし、平成二四年四月には実際に業績悪化が生じる前であっても業績悪化の蓋然性を理由に役員給与の減額をした場合でも損金算入を認めた。

いわく、「売上の大半を占める主要な得意先が一回目の手形の不渡りを出し、得意先の経営は悪化していてその事業規模を縮小する見込で数か月後には当社の売上が激減することが避けられない状況となったため、役員給与の減額を含む経営改善計画を策定した（中略）、このように、現状では数値的指標が悪化しているとまでは言えないものの、役員給与の減額などの経営改善策を講じなければ、客観的な状況から今後著しく悪化することが不可避と認められますので、業績悪化改定事由による改定に該当するものと考えられます。また、今後著しく悪化することが不可避と認められる場合であって、これらの経営改善策を講じたことにより、結果として著しく悪化することを予防的に回避できたときも業績悪化改定事由に該当するものと考えられます。」とした。すなわち業績悪化改定事由の範囲を拡大したといえよう。

（３）中小企業経営力強化支援法における役員給与の扱い

平成二四年八月三〇日に「中小企業経営力強化支援法」が施行され、中小企業に対して税務、金融及び企業財務の知識・経験を持つ中小企業診断士、金融機関、税理士等が中小企業に対して専門性の高い支援事業を行う経営革新等支援機関の認定する制度が創設された。それは平成二五年三月の金融円滑化法終了後の中小企業対策であり、経営改善計画や事業再生計画などの経営改善計画を策定してその実行を監督し、健全な事業活動への復帰を支援させようとするものである。

認定経営革新等支援機関とは、中小企業診断士、金融機関、税理士、公認会計士、弁護士等のうち経営革新等支援を行うものとして申請しその知識経験から経営革新等の支援を行う機関として認められたものである。また、認定経営革新等支援機関は、中小企業の経営改善や経営革新のために、経営改善計画や事業再生計画の策定などを行い、さらにその経営改善計画や事業再生計画の実施状況につき監督（モニタリング）して中小企業の経営改善や事業再生を支援することとなっている。

まず認定経営革新等支援機関はこの経営改善計画や事業再生計画の達成を指導するものであり、そのために経営改善計画や事業再生計画の達成状況についてモニタリングすることになっているのであるが、この際の問題は経営改善計画や事業再生計画の未達成である。

これについて経営革新等支援機関の研修資料では、策定した経営改善計画や事業再生計画の未達の状況について、次のように述べられている。

「経営改善施策を実施しても、計画通りに効果が上がらず、実績が計画値を下回るケースがあります。多額に差異が生じている場合には、計画の見直しを行うこともありますが、接待交際費、広告宣伝費、残業代等経営者の裁量により支出を抑えることができる経費や役員報酬については、柔軟に支出額を変更し資金不足に対応できるように、管理統制を行う必要があります」（傍線は筆者）。

言い換えると、経営改善計画等の実行に当たっては減額可能な費用から減額するものであり、中でも接待交際費、広告宣伝費、残業代等経営者の裁量により支出を抑えられることができる経費や役員給与は最初に減額されるべきものとしている。

3　本件事例へのあてはめ

本件は、月次損益計算書の経常利益が対前年比六％減少したことから代表取締役の経営責任を示すことを代表取締役本人からの申出に基づき減額したものであり、過去六事業年度中、当期の売上高が過去最高であり経常利益も二番目であり、業績が大幅に悪化したと認められる特段の事情が生じていないこと等から、原処分庁は経営の状況の著しい悪化や業績悪化が原因でやむを得ず役員給与を減額せざるを得ない事情にあったと認めることはできず、その結果、施行令六九条一項一号ハの業績悪化改定事由には該当しないとした。

この点は法三四条、施行令六九条一項一号の解釈からやむを得ないことであろう。

（1）業績悪化の判断基準

しかし業績悪化改定事由については、その業績悪化の判断時期につき法文はなんら規定していない。

少なくとも、①役員給与を改定した時点で業績悪化が生じていなければ役員給与の改定の理由がない。しかし役員給与を改定した時点では「著しい業績悪化」が起きていないがその予兆があるという場合はどうであろうか。「著しい業績悪化」が起きたり顕在化したりしてから対応したのでは遅いのではないか。未然に手をうつことが経営には必要ではないか。

「著しい業績悪化」の判断基準の問題は、「著しい業績悪化」の立証責任と同一の問題であろう。「著しい業績悪化」を理由に役員給与を減額するのは納税者であることから、納税者は「著しい業績悪化」の立証責任を負うことになろう。

(2) 中小企業における業績悪化への対処

さらに中小企業は全国の法人数二九八万件余[9]の大部分を占めているが、財務基盤が弱く資金調達に苦労していることから、ひとつの取引先の倒産や受け取った手形の不渡りなどですぐに資金が不足したり売上高が大幅に減少したりするなど「著しい業績悪化」に陥る。換言すると、中小企業とは恒常的に業績悪化の要因を抱えている企業といえよう。そこで中小企業庁は、平成二五年に大型経済対策（補正）と二五年度予算の「切れ目のない対策」により、地域経済を支える中小企業・小規模事業者の活力を引き出すとともに、事業再生に向けた取組の徹底支援を行うこととした[10]。

殊に、経営改善計画や事業再生計画を策定して経営改善施策を実施している中小企業とは、すでに借入金返済資金の不足や企業利益の減少など経営上の問題を抱えている企業である。これらの中小企業は、こうした状況から抜け出すために経営改善計画や事業再生計画を策定して経営改善施策を実施しているのであろう。

経営改善計画や事業再生計画が未達ということは、こうした問題から脱出できないということであり、経営悪化の状況に瀕しているといえよう。殊に借入金返済資金の不足とはすなわち資金繰りの悪化であり、借入金、とくに金融機関からの借入金の返済が滞る状況となれば金融機関から期限の利益を理由に一括返済を求められ、その後法的手続きに移行することも予想される。

もちろん経営改善計画や事業再生計画が未達というだけで必ず経営悪化の状況に瀕するわけではなく「著しい経営悪化」でない場合が多いと思われる。しかし「著しい経営悪化」になってから手を打ったのでは遅い。経営状況が悪化しているのではないかと感じた段階で手を打つことが必要である。

経営改善計画等を実施する法人において、計画の未達成等、経営改善計画等実行の段階において問題が生じた際に役員給与の減額を考えるのは極めて当然のことであろう。役員が自ら範を垂れて給与を返上したり減額したりすることは、経営改善計画等の実行の主体である役員として当然だからである。

おわりに

裁決の結論はやむを得ない。しかし「業績悪化」の判断時期を明示しなかった点で裁決には不満である。

全国約二九五万の法人の大部分が中小法人であり、また中小企業は財政基盤が弱いことからその多くは金融機関からの融資によって資金を調達している。換言すれば中小企業にとっては融資を行う金融機関の意向は重要である。

金融機関の融資判断は企業の経営成績と財政状態によりなされるから、金融機関の融資に頼る中小企業は良好な経営成績を表示しようと考える。赤字決算や経営計画の未達成が予想されるとき、その対策として最初に役員給与の減額に取り組むのは当然である。国税庁は計画未達を理由とする役員給与の減額は「著しい経営悪化」に該当しないとしたが、将来の資金繰り等の悪化などは考慮されていない。

松澤智教授は、租税法が法である以上は公平な負担は当然なことであるにもかかわらず、なお依然として課税の公平の観点を強調するのは、課税庁が租税法をもって徴税の法とのみ理解し国庫収入をいかに確保すべきかにのみ傾倒し、真に「租税法は誰のためにあるか」の理念を忘却しているからであるという[11]。

国税不服審判所は、本件の裁決に当たり、法人税法三四条、同施行令六九条を通して法の趣旨を解釈し、法が規定していない「著しい業績悪化」の判断時期について言及すべきであったと考える。

1　なお、法三四条の役員給与は、報酬、賞与、退職給与、その他いわゆるストック・オプションなどとして役員の職務執行の対価として支給されるものをいい、金銭で支給されるものに限らず、債務の免除による利益等の経済的利益を役員に与えた場合の経済的利益の額も含まれるとされる。第一法規『コンメンタール法人税法』二二六一の五頁。また白土英成『設例・図でみる役員給与の税務』六五頁（中央経済社、平成一九年）は、「損金算入されるものを個別的・限定的に規定し、これに該当しないものは、損金に算入しないとする限定列挙型の規定ぶりへ変更されたといえるでしょう。」という。

2　財務省広報誌「ファイナンス」平成一八年八月号別冊三二三頁以下。いわく、法人が支給する役員給与については役員に直接的に経済的利益を帰属させるというその態様からお手盛り的な支給が懸念され、また税制上の観点からこのような性質の経費について法人段階での損金算入を安易に認め、結果として法人の税負担の減少を容認することは課税の公平の観点からもともと問題があるという考えから、今般の税制改正においては、会社法制や会計制度など周辺的な制度が大きく変わる機会を捉えて、こうした役員給与の損金算入のあり方を見直すこととし、具体的には、従来の役員報酬に相当するものだけでなく、事前の定めにより役員給与の支給時期・支給額に対する恣意性が排除されているものについて損金算入を認めることとする（以下略）（傍線は筆者）。

3　金子宏『租税法第二二版』（弘文堂、平成二九年）三七一頁で金子宏教授は「役員給与の支給の恣意性を排除し適正な課税の実現を図るためには、このような形式基準による一律の損金不算入が必要である、という意見もあったと制定過程を紹介している。なお三類型のうち利益連動給与については、一定の要件があることから多くの中小企業においては適用できない。

4　神田秀樹『会社法第一九版』一八六頁。なお神田教授は、定時株主総会の開催時期は決算期ごとの定時であって、株主の権利行使の基準日を定めた会社法一二四条二項の規定から、基準日から三ケ月以内に開催しなければならないという。なお東日本大震災に関連して法務省は、「会社法上、事業年度の終了後三か月以内に必ず定時株主総会を招集しなければならないものとされているわけではありません。」http://www.moj.go.jp/hisho/kouhou/saigai0011.html とも述べる。

5　伊藤義一『税法の読み方判例の見方　改訂第三版』一六六－一六七頁（TKC出版、平成二六年）。

6　国税庁「役員給与に関するQ&A平成二〇年一二月」一頁。なおこのQ&Aでは、会社の上半期の業績が予想以上に悪化したため、年度の中途で、株主との関係上、役員としての経営上の責任から役員が自らの定期給与の額を減額することを取締役会で決議した場合について、「経営状況の悪化に伴い、第三者である利害関係者（株主、債権者、取引先等）との関係上、役員給与の額を減額せざるを得ない事情が生じたために行ったものであり、業績悪化改定事由に該当するものと考えられる」（傍線は筆者）とし、「このような事情によって減額改定をした場合の改定前に支給する役員給与と改定後に支給する役員給与は、それぞれ定期同額給与に該当」すると回答している。

7　国税庁「役員給与に関するQ&A」の法的位置付けは不明であり、本来は通達を設けて解釈を表明すべきであろう。通達とは上級行政庁が下級行政庁に対して法令の解釈適用を示すものであることから国税職員に対する指示命令である一方、「役員給与に関するQ&A」は国税庁が一般納税者に対してパンフレットという形式でその見解を表明したものと考えられよう。国税庁は「役員給与に関するQ&A」により、従来、通達という法形式により国税職員にその解釈を伝え間接的に納税者にその解釈を適用しようとしてきた立場を変更して、直接、納税者に対してパンフレットという形式でその解釈を表明することにしたと考えられよう。その効果を考えるならば国税庁の解釈を広める点で同様であるが、通達という法形式をとらないことはどこか問題があると思われる。

8　国税庁・前掲注6・一頁。

9　国税庁『国税庁レポート二〇一四』九頁。ここでは全国の法人数を二、九八五千件としている。また中小企業庁は『日本の中小企業・小規模事業者政策について（平成二五年八月）』において、中小企業は我が国の企業数の九九・七%を占め（三頁）ていることから、また中小企業は「財務基盤も弱く、株式市場から資本を調達することが困難である等の理由により、円滑な資金供給の確保はもっとも重要な課題」であることから、中小企業の支援が必要と述べる（同一二頁）。

10　中小企業庁・前掲注9・一〇頁。

11　松沢智『租税法の基本原理』三二頁（中央経済社、昭和五八年）。

【参考文献】前掲書以外

松沢智『新版租税実体法』（中央経済社、平成三年）

品川芳宣『役員報酬の税務事例研究』（財経詳報社、平成一三年）

相沢哲ほか編著『論点解説　新・会社法　千問の道標』（商事法務、平成一八年）

今井康雅著『Q＆A判断に迷う法人税実務　役員給与』（税務経理協会、平成二四年）

財団法人日本税務研究センター編『新会社法と課税問題』（日本税務研究センター、平成一八年）

品川芳宣監修・役員給与研究会著『実務家のための役員給与の税務』（ぎょうせい　平成一九年）

税経通信「役員給与の最新実務と税務処理」二〇〇七年五月臨時増刊

税務弘報「まるごと！税務調査」二〇一二年九月号

鈴木秀長「役員報酬　期中に増額し訴求して支給した役員報酬の取扱い」松沢智編『租税実体法の解釈と適用』二三五頁（中央経済社、平成五年）

筒井保司「役員報酬　過大な役員報酬の損金不算入」松沢智編『租税実体法の解釈と適用・2』二二三頁（中央経済社、平成一三年）

（内藤　和夫）

第3章　役員の分掌変更の翌事業年度に支払われた金員を当該役員に対する退職給与として取り扱うことの可否

はじめに

本件事例は、役員の職務の分掌変更に伴う役員退職金で、分割支給された場合の翌事業年度以降において支給された金員は役員退職給与ではなく、役員給与として損金不算入とされたものである。同様の事例はこれまでに裁決事例や判決において多く紹介されている。

このことは、現行の法人税法基本通達九－二－三二の解釈と適応により判断された結果と思われる。本章は、当該通達の解釈が間違いではないものの、これのみを以ての判断は、中小企業における分掌変更に伴う役員退職金の支給の実態から必ずしも妥当とは考えられないことから、審判所の裁決に疑問を呈したものである。その後、本件事例は、東京地方裁判所に訴訟を提起し、原告勝訴となったことから俄に脚光を浴びている事案となったものであるため、判決と対比した批評も併せ試みたものである。

Ⅰ　事案の概要

1　事案の概要

本件事例は、審査請求人（以下「請求人」という。）が、役員の分掌変更に伴い退職慰労金として役員退職給与を支給することを決定し、その一部を当該分掌変更のあった事業年度及びその翌事業年度に支給したとして、これを当該支給をした各事業年度の損金の額にそれぞれ算入して法人税の確定申告をしたところ、原処分庁が、当該分掌変更の翌事業年度に支給された金員は退職給与ではなく損金の額に算入されない役員給与に当たるとして法人税の更正処分等及び源泉徴収に係る所得税の納税告知処分等を行ったことから、請求人が、当該金員は退職給与として取り扱われるべきであるなどとして、その全部の取消しを求めた事案である。

2　審査請求に至る経緯

（1）請求人は、平成一九年九月一日から平成二〇年八月三一日までの事業年度の法人税について、青色の確定申告書を法定申告期限までに申告した。

（2）原処分庁は、平成二三年五月二七日付で、平成二〇年八月期の法人税について、所得金額及び納付すべき税額の増額更正処分及び過少申告加算税の賦課決定処分をするとともに、平成二〇年八月分の源泉徴収に係る所得税について、本件第二金員（3の（3）参照）が退職所得でなくて役員賞与に当たるとして、当該役員賞与に対する源泉所得税と退職所得としての源泉所得税との差額を「納税告知処分等」欄記載のとおりの納税告知処分及び不納付加算税の賦課決定処分をした。

（3）請求人は、これらの処分を不服として国税通則法の規定により、平成二三年六月二三日に審査請求をした。

3　基礎事実

（1）請求人の代表取締役であったD（以下「本件役員」という。）は、平成一九年八月三一日に代表取締役を辞任し、非常勤取締役となった（以下、本件役員が非常勤取締役となったことを「本件分掌変更」という。）。本件分掌変更に伴い、本件役員の役員報酬は月額八七〇、〇〇〇円から四〇〇、〇〇〇円に減額となった。

（2）請求人の取締役会は、平成一九年八月一〇日付で、「退職慰労金の計算」と題する書面（以下「本件計算書」という。）を作成した。本件計算書には、本件役員に退職慰労金として支給する役員給与について「二五〇、〇〇〇、〇〇〇円を退職慰労金の額とし、支払は、平成一九年八月末日七五、〇〇〇、〇〇〇円、平成二〇年八月以降残額とする（三年以内）」旨記載されている（以下、この二五〇、〇〇〇、〇〇〇円の役員給与を「本件退職慰労金」という。）。

なお、本件計算書のほかに、本件退職慰労金の支給決定等に関する取締役会議事録及び株主総会議事録等の書面はない。

（3）請求人は、本件退職慰労金として、平成一九年八月三一日に七五、〇〇〇、〇〇〇円を、平成二〇年八月二九日に一二五、〇〇〇、〇〇〇円をそれぞれ本件役員に支払った（以下、平成一九年八月三一日に支払われた七五、〇〇〇、〇〇〇円を「本件第一金員」といい、平成二〇年八月二九日に支払われた一二五、〇〇〇、〇〇〇円を「本件第二金員」という。）。

なお、本件退職慰労金のうち残額の五〇、〇〇〇、〇〇〇円は支払われていない。

Ⅱ　争点及び争点に関する当事者の主張

１　争　点

ア　本件更正通知書の理由付記に不備があるか否か。（注・本章では省略した。）
イ　本件第二金員を退職給与として取り扱うことができるか否か。

２　争点イに関する原処分庁の主張

下記の理由から、本件第二金員を退職給与として取り扱うことはできない。
（１）法人税法基本通達（役員の分掌変更等の場合の退職給与）九−二−三二（以下「本件通達」という）が適用されるのは、その趣旨及び弊害防止の必要性から、原則として、債務の確定だけではなく、実際に金銭等の支給があった場合に限られるところ、未払の期間が長期にわたったり、長期間の分割払となっていたりするような場合には適用されない。
（２）本件退職慰労金は、平成二二年八月期においていまだ残金（筆者注五千万円）が支払われておらず、未払の期間が長期である場合に該当する。また、本件第二金員の分割支給の理由につき、利益調整の目的があったと認められ、本件通達の射程外であるといわざるを得ない。

３　争点イに対する請求人の主張

下記の理由から、本件第二金員を退職給与として取り扱うことができる。

（1）本件通達第一項の定めにより、「退職した」として取り扱われる以上、退職給与の損金算入時期について定めた基本通達九-二-二八が適用されるというべきであり、同通達のただし書きの定めにより、法人がその退職給与の額を支払った日の属する事業年度の損金の額に算入できる。

（2）請求人は、本件退職慰労金を支払うことを決定したものの、資金繰りの都合及び赤字決算を回避し黒字決算を組む目的のため、分割で支払い、その支払った事業年度の損金に算入したものであり、このことは、上記各通達の定めに従っている。

Ⅲ　裁決の要旨　〈棄却〉平成二四年三月二七日裁決・裁決事例集八六集三一二頁

イ　本件役員は、本件分掌変更により請求人の代表権を有しなくなるとともに、非常勤取締役として実質的にも請求人の経営に直接関与しなくなったことが認められ、その報酬額もおおむね五〇％以上減額されていることが認められることからすると、本件分掌変更は、本件通達に定める実質的に退職したと同様の事情がある場合に当たると認めることができる。

しかしながら、本件第二金員は、本件分掌変更から一年近くを経て支給されたものであり、本件分掌変更の時に支給された金員とはいえない。そこで、本件分掌変更の時に当該支給がされなかったことが合理的な理由によるものであるかどうかについてみると、平成一九年八月末における現金及び預金の残高のみでは本件退職慰労金の全額を支給できる状況にはなかったことがうかがえるものの、請求人の代表取締役は、本件第二金員の支給時期に関する事情について、当座貸越額に余裕はあるものの、先行して資金需要があるなどの資金繰りの事情によるものである旨説明するにとどまり、本件退職慰労金に関する株主総会議事録や取締役会議事録が存在せず、請求人が主張する資金需要を認めるに足りる具体的な資料もない。以上の事実及び証拠からすると、本件分掌変更から、請求人の役員退職慰労金規程で定められた支給期限である二か月を大幅に経過する一年後に本件第二金員が支払われることとなった事情や、その支払額の決定に関する経緯が明らかでないというほかはない。かえって、上記基礎事実や代表取締役の回答内容によれば、本件退職慰労金の総額に関する株主総会議事録又は取締役会議事録は存在せず、本件計算書においては、「平成一九年八月末日七五、〇〇〇、〇〇〇円　平成二〇年八月以降残額とする（三年以内）」と、本件第一金員を除く本件退職慰労金について支払時期やその支払額を具体的に定めずに漠然と三年以内とされており、本件退職慰労金の支払に関しては、請求人の決算の状況を踏まえて支払がされていることがうかがえることからすると、本件第二金員をその支払日の属する事業年度において損金算入を認めた場合には、請求人による恣意的な損金算入を認める結果となり、課税上の弊害があるといわざるを得ない。

以上によれば、本件分掌変更の時に本件第二金員が支払われなかったことが合理的な理由によるものであると認めるに足りる証拠はなく、本件第二金員を本件通達の定めに基づき退職給与として取り扱うことはできないというべきである。

ロ　この点に関し、請求人は、赤字決算を回避する目的は、翌事業年度における銀行借入れを円滑に実行することにあり、これが資金繰りの事情に該当する旨主張するが、請求人の主張する事情は翌事業年度以降における銀行融資を円滑に実施するにとどまるものであって、分掌変更等に際して支給をすることができなかった合理的な理由に当たるとはいえないから、この点に関する請求人の主張は採用できない。

また、請求人は、本件第二金員について法人税基本通達九－二－二八の定めが適用されるべきである旨主張するが、同通達は実際に退職した役員に対する退職給与の損金算入時期について定めたものであって、本件役員に退職の事実はないのであるから、本件第二金員について同通達の定めは適用されず、また、役員の分掌変更等に際し退職給与として支給した役員給与の取扱いについて定めた本件通達の取扱いからしても、本件第二金員を退職給与として取り扱うことはできないことは上記イのとおりであるから、請求人の主張は採用できない。

Ⅳ　研　究…裁決に疑問

1　退職手当等の意義

退職手当等の意義につき、法人税法上の定めはないが、所得税法上においては、同法三〇条一項において、「退職所得とは、退職手当、一時恩給その他の退職により一時に受ける給与及びこれらの性質を有する給与」と定められている。最高裁[1]は、所得税法第三〇条にいう退職所得としての給与であるためには、「①退職すなわち勤務関係の終了という事実によってはじめて給付されること、②従来の継続的な勤務に対する報償ないしその間の労務の対価の一部の後払いの性質を有すること、③一時金として支払われること、の要件を備えることが必要であり、また、また右規定にいう「これらの性質を有する給与」にあたるというためには、それが、形式的には右の要件の全てを備えていなくても、実質的に見てこれらの要件の要求するところに適合し、課税上、右「退職により一時に受ける給与」と同一に取り扱うことを相当とするものであることを必要とすると解すべきである。」と判示しその意義を示している。前者は、退職を要件とするものであり、後者は、必ずしも退職という事実を絶対的要件としているものではないとみられる。役員退職金の損金算入時期は法人税基本通達九-二-二八において、「株主総会の決議等によりその額が具体的に確定した日の属する事業年度とする。ただし、法人がその退職給与の額を支払った日の属する事業年度においてその支払った額につき損金経理をした場合には、これを認める。」と規定しているが、前段の部分は債務確定主義を単に確認したものといえよう。ただし書き部分は、債務確定主義とは別に現実の支払いに対して損金経理をした場合、損金算入を認めている。これは源泉徴収や死亡退職金の場合におけるみなし相続財産との関係によるものと説明されていて、同通達は関係法令の内容を逸脱したものではない。

一方、本件通達は、「法人が役員の分掌変更又は改選による再任等に際しその役員に対し退職給与として支給した給与については、その支給が、例えば次に掲げるような事実があったことによるものであるなど、その分掌変更等によりその役員としての地位又は職務の内容が激変し、実質的に退職したと同様の事情にあると認められることによるものである場合には、これを退職給与として取り扱うことができる。

(1) 常勤役員が非常勤役員（常時勤務していないものであっても代表権を有する者及び代表権は有しないが実質的にその法人の経営上主要な地位を占めていると認められる者を除く。）になったこと。

(2) 取締役が監査役（監査役でありながら実質的にその法人の経営上主要な地位を占めていると認められる者及びその法人の株主等で令第七一条第一項第五号《使用人兼務役員とされない役員》に掲げる要件の全てを満たしている者を除く。）になったこと。

(3) 分掌変更等の後におけるその役員（その分掌変更等の後においてもその法人の経営上主要な地位を占めていると認められる者を除く。）の給与が激減（おおむね五〇％以上の減少）したこと。

(注) 本文の「退職給与として支給した給与」には、原則として、法人が未払金等に計上した場合の当該未払金等の額は含まれない。」と規定していて、これについては、裁判例[2]においても、「役員としての地位または職務の内容が激変

し、実質的に退職したと同様の事情にあると認められるときは、上記分掌変更または再任の時に支給される給与も、「退職給与」として損金に算入することとされるのが相当である。本通達は、これと同様の趣旨を、一般的に、実質的に退職したと同様の事情にあると認められる場合を例示した上で規定したものであると解されることができる」と判示し、本通達を評価しているが、この判決では退職給与を分割支給したものではないため、上記（注書）の未払金等の計上の場合の判断はされていない。

2　裁決における判断について

裁決における本件第二金員が退職給与として取り扱うことができないとした理由について。

（1）支給時期が一年近くを経て支給され、未払とされた分割支給に合理的理由がないことについて審判所の判断の要旨は、「請求人の取締役会は、平成一九年八月一〇日付けで「役員退職金の計算」と題する書面を作成し、この書面には、本件役員に退職慰労金として支給する役員給与について二五〇、〇〇〇、〇〇〇円を退職慰労金の額とし、支払は、平成一九年八月末日に、七五、〇〇〇、〇〇〇円、平成二〇年八月以降残額とする（三年以内）旨記載されていて、本計算書のほかに本件退職慰労金の支給決定等に関する取締役会議事録及び株主総会議事録等の書面はなく、本件第二金員が支払われるととなった事情やその支払いの経緯が明らかでない。」とされているが、「役員退職金の計算」と題する書面が作成されている以上、これを以て議事録等に準ずる決議過程が明らかであるといえよう。

また、分割支給についても、前述の退職金の意義で述べているとおり、役員退職給与の算定にあたり、その支払い方法が算定基準に影響を及ぼすものではないし、一時にかつ多額に発生することから、その債務が確定している限り、その債務の弁済方法は、原則としてその決議機関に委ねられるべきであり、合理的理由や恣意性の判断を原処分庁の一方的な判断のみで決するべきではない。また、中小企業においては、資金繰りの都合や一時の損金算入に難を示す場合が多い。このため、分割支給を採ることは不合理とは言えないことから、分割支給については法人税法第二二条四項の一般に公正妥当な会計処理として普及しているものと考える。

（2）法人税基本通達九－二－二八と同九－二－三二（本件通達）の関係

本件事案は、本件通達の解釈と適用の問題であるが、審判所は同通達を適用するにあたり、余りにも硬直的に捉えていると思える。即ち、本件通達は「引き続き在職する場合の一種の特例として打ち切り支給を認めているもので、本通達により退職給与とされるものは、法人が実際に支払ったものに限られる。ただ、その性格上その法人の資金繰り等の理由による一時的な未払金等までも排除することは適当でないことから「原則として」という文言が付されているものである。」[3]と、説明されているが、同族会社の中小企業においては、役員の高齢化とともに世代交代が急務となっている現実において、代表者変更は容易であるが、金融機関との関係上（債務の個人保証・抵当権設定等）、前任の代表者を排除できない場合が多く、やむなく分掌変更による事実上の退職は恒常化され、一種の特例とするとの判断は時代にそぐわないものであると考える。また、「一時金の支払い」につき、京都地裁平成二三年四月一四日判決では、分掌変更に伴う退職給与を分割支給した事案において、三年八ヶ月間にわたる分割払いにおいて、原告の年金制度に基づいて支払われたものではないことはもとより、平成一五年一二月一三日開催の原告理事会において本件金員の総額が決定されていたこと、年金と同視しうる程度に長期に及んでいたということはできないことを併せ考慮すれば「一時金として支払われること」の要件を欠くものでないと解されると判断している。なお、この判決では分割払いに合理的な理由が必要か否かについては判断していないが、この判断によれば、本件事例の本件第二金員の支払いは翌事業年度でありながら、一時金として支払われたものとみなされ、また、分割払いに合理性が要件とされていないとすると、請求人の主張も肯定される可能性があると考えられる。

したがって、分掌変更が「実質的に退職したと同様の事情にある」と判断された以上、法人税基本通達九‐二‐二八の適用を受け、なおかつ、本件通達における「原則として」の文言にかかわらず、分割支給を認めるべきである。

(3) 役員退職給与の適正額について

法人税法上、役員退職給与の定めは三四条二項において、内国法人がその役員に対して支給する退職給与の額のうち不相当に高額な部分として政令で定める金額は損金の額に算入しないとして、損金不算入とされる額につき、政令七〇条二号において、「退職した役員対して支給した退職給与の額が、当該役員のその内国法人の業務に従事した期間、その退職の事情、その内国法人と同種の事業を営む法人でその事業規模が類似するものの役員に対する退職給与の支給の状況等に照らし、その退職した役員に対する退職給与として相当であると認められる金額を超える場合」と規定されているが、本件事例においては、分割支給のみを以て否認し、支給額についての妥当性の判断は全くなされていないが、役員退職金の適否の判断は、まず上述した法令の規定を当てはめ、次にその支払い方法の適否を判断すべきでなかろうか。

実務家にとっては二五〇、〇〇〇、〇〇〇円の算定根拠に興味を持つものである。これを後述する判決において原告の算定根拠によれば、「(最終月額報酬八七万円×勤続年数三六・五年×功績倍率四)＋特別功労加算金一〇〇％＝二五〇、〇〇〇、〇〇〇」であり、結果、功績倍率は四×二＝八倍であり、適正額における裁判例[4]からみると異常に高額の退職給与と考えられることから、本件事案の否認理由に疑問を感じるものである。

３　裁決と判決の対比

判決（東京地裁平成二七年二月二六日判決（平成二四年（行ウ）第五九二号）の主な争点は、本件第二金員が、①退職起因要件を満たしているか、②労務対価要件を満たしているか、③一時金要件を満たしているか、④法人税法上の退職給与に該当するか、⑤平成二〇年八月期の損金算入が可能か、であるが、事実認定において、いずれも原告の主張を認めたものである。そこで、特に実務においても、前述した疑問を呈した事項において注目する二点を対比した。

（１）本件退職慰労金に関する株主総会議事録や取締役会議事録が存在していない等の理由から本件退職慰労金の額が確定していたものと認めることはできない、とした被告の主張に対して、判決は、本件役員に対して総額二五〇、〇〇〇、〇〇〇円の退職慰労金を支給することを前提として、その一部として本件各金員を支給したことは明らかであり、本件退職慰労金を支給する旨の意思決定（機関決定）がされたと考えるのが合理的であり、平成一九年八月当時、株主総会等の議事録を作成していないが、原告が同族会社であり、原則として株主総会等の議事録を作成していなかったことに鑑みれば、開催当時に作成した議事録が存在しないからといって、本件株主総会等が開催されなかったということはできない。（なお、原告の株主が本件役員及びその家族の僅か四人であることに照らせば、本件役員が親族との食事会における話し合いの結果を以て、原告の株主総会としての決議としたことが特段不自然、不合理であるということはできず、株主全員による決議であることに照らせば、その有効性にも特段問題はない。）との判断は、あまりにも現実的あるとも言えるが、中小企業の実態を言い表したものといえよう。

（２）法人税基本通達九‐二‐二八と同通達九‐二‐三二（本件通達）関連について、被告は、九‐二‐二八の定めは、役員が完全退職して役員退職金を分割支給する事例において、本件通達ただし書きに基づき、支給年度損金経理が認められるものであり、九‐二‐三二の定めは、本件役員が原告を退職していない本件事案において、本件事案ただし書きに基づき損金経理をすることは許されないとの主張にたいして、判決は、法人税法三四条一項にいう「退職給与」とは、役員が会社その他の法人を退職したことによってはじめて支給され、かつ、役員としての在任期間中における継続的な職務執行に対する対価の一部の後払いとしての性質を有する給与であると解すべきであり、分掌変更により実質的には退職したと同様の事情にあると認められる場合に退職給与として支給される給与も、上記「退職給与」に含まれると解すべきであると判断したことは、今後同様な事例に対して参考になると思われる。

おわりに

本件事案は、つきつめれば、本件通達をどのように解釈し適用するのかという点に絞られるものと考えられる。本来通達とは、法令の解釈を目的とするものながら、本件事案における被告は、通達を法令に当てはめている感がするが、通達が法律が定める課税要件の例外（特例）を定めることは租税法実主義に反するとした品川芳宣教授の本判決の評釈が今後通達に向きあううえでの参考になるものである。

1　最判昭和五八年九月九日、昭和五三年（行ツ）七二号　判タ五〇一号九四頁。
2　東京地判平成二〇年六月二七日・平成一九年（行ウ）二七〇号。
3　小原一博編『法人税基本通達逐条解説 八訂版』七六九頁（税務研究会出版局、平成二八年）。
4　最判昭和六〇年九月一七日・昭和五七年（行ツ）三六号によれば、退職役員の功績倍率の最高三・〇を基準として判断することが合理的である。

【参考文献】前掲書以外
松沢智『租税法の基本原理』（中央経済社、平成一二年）
武田昌輔・後藤喜一『ＤＨＣ会社税務釈義二巻』（第一法規、平成二五年）
武田昌輔編書『会社税務事例三』（第一法規、平成二五年）
山本守之「分掌変更における役員退職給与」税理五四巻五号一〇六～一一一頁
一杉直「代表取締役が監査役に就任した場合につき、実質的に退職したと同様の事情が認められるとして事例」月刊税務事例四四巻二号二六～二九頁
品川芳宣「分掌変更による役員退職慰労金の「退職所得」性と分割支払の損金性」ＴＫＣ税研情報二〇一五・八号九八～一一四頁

（有賀　武夫）

第4章　営業権の譲渡対価の認定の可否
——事実認定のあり方

はじめに

本裁決事例は営業権譲渡について、その事実認定が争われている。原処分庁Yは営業権の譲渡を否認し、役員賞与及び寄附金として認定している。これに対し本件裁決は、役員賞与とするには職務執行の支出であることを証明する必要があり、さらに寄附金とするためには「直接的な対価を伴わないでした支出」であることを証明する必要があると述べている。そこで、本件裁決を素材として寄附金の立証について考察してみたい。

I　事案の概要

本件は、請求人Xが、法人設立時に事業を承継した各個人事業者に対して、設立から相当の年月を経過した後に支払った金員を、営業権の対価として貸借対照表に計上して、毎期減価償却をしたところ、原処分庁Yが、無償で取得した営業権の資産計上は認められず、支払金員は、役員賞与又は寄附金に該当するとして法人税の更正処分を行うとともに、役員賞与として認定した金額については源泉徴収に係る所得税の納税告知処分を行った事案である。

Xは、昭和四八年のその設立に際し、各権利者の営業権を買い上げる合意の上で経営統合を行って設立したものであるが、資金不足から、営業権の買い取りができず、平成一五年九月において、各権利者又は相続人との間で営業権売買契約書を取り交わして、金融機関から融資を受けたうえで、代価を支払ったものであると主張する。

一方、Yは、請求人設立時に営業権の対価が授受されていないから、本件取引は無償で行われ（営業権は発生せず）、営業権の対価として支払った金員は、各権利者のうち請求人の役員に対するものを役員賞与と認定し、権利者の相続人で役員ではないものに対するものを寄附金であると主張する。

Ⅱ　争点及び争点に関する当事者の主張

1　争　点

本件の争点は、本件金員は役員賞与及び寄附金に該当するかにある。

2　Yの主張

営業権（のれん）は、商法において有償取得又は合併による取得の場合に限り貸借対照表に計上することができるとされている。また、企業会計上も有償取得に限って資産性が認められている。よって、法人税法においても旧商法及び企業会計原則と同様に解すべきである。

本件の場合、X設立当時の貸借対照表に本件営業権の計上がないほか、Yの調査担当職員が本件営業権の買い取りの件について聴取したところ、平成一五年の役員会で話し合いがなされ、その後の臨時株主総会で買い取り額が決定されるまで、Xと各権利者間において「本件営業権の対価の額や支払時期が不明確であったと認められることからすると、本件営業権は、法人設立時に存在しなかったか、あるいは無償で取得したもの」と認めざるを得ない。

法人は発生主義にて営業権を認識するものであり、設立当時取得した営業権を平成一六年に計上することは一般に公正妥当と認められる会計処理の基準から認められず、単なる資金繰りの都合で自由にその計上を認めることになれば利益調整にもつながる。

3　Xの主張

Xは各権利者が有していた供給権としての営業権を買い取ることを条件に設立された。そして、各権利者はXに対する本件営業権に係わる請求権があることを、X設立以来これまで認識しており、Xも精算すべき負債であることを十分認識していた。

Yは、ただ帳簿に計上がなかったからということを理由に、これを営業権ではないという事実認定をしている。Xと本件各権利者は、本件営業権の存在、未精算を設立当時から認識していたのは明確である。

Ⅲ　裁決の要旨　〈全部取消し〉平成二一年二月二〇日裁決・ＴＡＩＮＳ：Ｆ０-２-４７３

1　認定事実

Xの販売業界の実態及び営業権の取引実態について当該業界団体によれば、当時の特別法制定や改正などにより経営統合や営業譲渡が進み、バブル期にはそれなりの金額で取引されていた。X設立時に、各権利者が有していた顧客数や年間販売数を確認し、本件営業権を買い上げする約束で経営統合に合意したものの、会社をスタートしてみると経営が困難な状況で、営業権を買い上げる余裕もなく、役員報酬も一万円しか払えない状況であった。このような資金難であったため、X設立時に営業権の対価を支払う意思はあったが、営業権の金額や支払時期が不明確なままでは、売買契約書を作成することができなかった。

そうこうしているうちに、各権利者の高齢化が進む中、平成一五年九月に代表取締役に就任したAは、X設立時を知る最後の執行役員（常勤役員）であることから、本件営業権問題を次代に延ばすことはふさわしくないと考えた。このような中、経営統合時代の役員からの家族・親類等の入社要請に歯止めが立たず、世襲、つまり相続人が本件営業権を盾に、種々の要求をすることを打ち切る必要もあり、たまたま資金確保が可能となったこともあって本件営業権の買い取りを実行した。

2　Yの主張に対して

（1）Yは、X設立時に本件営業権は無償譲渡されたと認定し、本件営業権の譲渡代金名目で支払った本件金員は役員賞与ないし寄附金に該当すると主張する。しかし、役員賞与と認定するためには、本件金員が役員の職務執行の対価の性質を有することを明らかにする必要があり、また、寄附金と認定するためには、本件各権利者の相続人に支払われた本件金員が直接的な対価を伴わないでした支出であることを明らかにする必要がある。

（2）Yは、X設立時において有償による取引が行われた形跡（事実）がないことから、本件営業権取引は無償で行われたものと主張する。確かに、X設立後も各関係者が取締役又は株主等として関係が継続されるなら、営業権は無償であっても、その営業権の対価に見合った価値を利益の配当や報酬といった形で得ていれば、全体として経済的合理性を有するといえる。そのような場合であれば一応、当該営業権が無償で譲渡されたものと推認することは可能であるが、この場合でも、対価が定まっていないこと、代金が授受されていないことについて合理的な理由があった場合にはこの推認は覆されるべきものというべきである。

X及び各関係者の間で営業権が有償で譲渡されることが合意されていたことは認定事実から一応推認することができ、この点についてXはYの調査の時から一貫して主張しており、これらの事実を否定するに足る証拠はない。

（3）X設立時に本件営業権の譲受けがあったことを前提とするなら、Xが支払可能となる時期まで支払を猶予するとの合意は不合理とはいえない。そこで、本件金員が本件営業権の対価の支払いであることを否定するためには、X設立時に対価の授受がなされていない事実を主張立証するだけでは足りず、支払いを猶予する合意が存しないこと、さらに本件金員が本件営業権の譲渡対価以外の理由で支払われたことを主張立証する必要がある。

以上によれば、本件金員はX設立時にXが各権利者に対して負っていた営業権債務を平成一五年に具現化したものと推認せざるを得ない。

（4）Yは当初貸借対照表上計上されなかった営業権を平成一五年に計上することは認められず、法人は発生主義にて営業権を認識するものである。単なる資金繰りの都合で自由にその計上が認めることになれば利益調整にもつながるから認められないと主張する。しかし、企業会計基準は債務確定基準により債務計上を認識するところであり、Yの主張はその前提において誤っている。さらに、本件営業権の譲渡対価として合意した取引で、Xにおいてその支払いのために借入れまで行っていることから、本件取引を利益調整のために行ったと認めるに足る証拠は存しない。

（5）以上のとおり、本件金員が、本件営業権の譲渡代金であることを否定することはできず、本件金員を役員賞与又は寄附金と根拠づける主張立証は他に存在しないから、Yの主張立証は不十分であり、本件金員を役員賞与又は寄附金として行われた原処分は違法であるから、その全部を取り消すべきである。

Ⅳ　研　究…裁決に賛成

1　営業権について

本件裁決において審判所は、営業権の存在を前提として議論を進めている。もっとも原処分庁Yも営業権の存在を否認しているわけでは無く、営業権を無償譲渡したと認定している。営業権そのものの存否は、本件では争点とされてはいない。

ところで、営業権について、最判昭和五一年七月一三日は、「当該企業の長年にわたる伝統と社会的信用、立地条件、特殊の製造技術及び特殊の取引関係の存在並びにそれらの独占性等を総合した、他の企業を上回る企業収益を稼得することができる無形の財産的価値を有する事実関係」であると判示している。[1] 実務上、本件事案のように個人事業者が集まって法人を設立し、当事者間においては営業権のやりとりがなされている事例として、公設市場の法人設立事例が本件の事案と似たようなケースとして存在する。

本件裁決において審判所は営業権の存在自体については認めており、問題はその営業権の価格についての認定方法について判断している。営業権がそもそも無償譲渡であったか否かについて「無償で譲渡されたと推認することは可能である」が、その場合には、「対価が定まっていないこと、代金が授受されていないこと」について合理的な理由があった場合には、「この推認は覆されるべきもの」であると指摘している。その上で本件事案については有償で譲渡されることが合意されていたと「推認」することができ、これを否定する証拠はないと判断している。結局、審判所は原処分庁Yの行った営業権の事実認定について否定している。その意味で、この裁決は正当な判断であったと評価できる。

2　支払われた金員の法的評価

ところで、本件事案において原処分庁Yが営業権を無償譲渡と認定した上で、当事者間で後日支払われた金員について行った処分には、大きな疑問が残る。すなわち、原処分庁Yは、後日支払われた金員は、役員については認定役員賞与、その他の関係者については寄附金として処分した。以下では、この点について検討する。

そもそも、会社から資金の流出があった場合、その流出先が役員であれば、その内容について検討することなく役員賞与と認定すべきなのであろうか。本件裁決も述べるように、役員賞与と認定するには、「役員の職務執行の対価の性質を有する」ことを明らかにする必要がある。また、その他の関係者に対して支払われた金員については、その支払金員の性質や内容が検討された上で寄附金の条件に合致するものであれば寄附金認定がなされる。しかしながら、単に役員でないこと理由に寄附金と認定することは実に安易な判断であると言わざるを得ない。

本件裁決において、寄附金認定にあたっては「直接的な対価を伴わないでした支出」であることを明らかにする必要があると述べている。寄附金認定は、単に「直接的な対価」を伴わないでした支出を検討することで可能か否かを以下で検討する。

3　寄附金の意義

法人税法三七条七項によると、寄附金とは、寄附金、拠出金、見舞金その他いずれの名義をもってするかを問わず、内国法人が金銭その他の資産又は経済的な利益の贈与又は無償の供与をした場合における当該金銭の額若しくは金銭以外の資産のその贈与の時における価額又は当該経済的な利益のその供与の時における価額をいう。ただし、広告宣伝及び見本品の費用その他これらに類する費用並びに交際費、接待費及び福利厚生費とされるべきものは除外されている。

このことから、寄附金とは「民法上の贈与よりもその範囲が広く、経済的利益の無償の供与はすべて含まれる」[2]といえる。それが法人の収益を生み出すために必要な費用であるのか、あるいは、単に利益処分の性質を有するものであるのかを判断することについては、現実的に非常に困難な問題であるとする論者は多い[3]。

この点について、最初に鋭く指摘された松沢智教授は、そもそも寄附金には、事業の遂行に必要なものと、事業遂行に関係のないものがあることを明らかにされた上で、営利を目的とする法人において、寄附金を何ら対価もなくして支出する意義は、「定款所定の目的とは関係なく、会社が社会を構成する社会的実在として社会的作用に属する活動をすることが一般に期待されているところに寄附金の本質をもとむべきである」と述べられている。そして、「単に事業関連の判定困難という理由で寄附金をタブー化して、理論的解明を放置することは許されない」とされた上で、「寄附金につき、不明確な支出を国が補助する結果となってはならない」とされている[4]。

さらに、寄附金が事業の遂行上、事業性のないことが明らかであるのに寄附金として損金計上した場合は「隠れた利益処分」と理解すべきであり、それは「資本取引」における「利益の分配」にあたると指摘されている[5]。

この点について、金子宏教授は、「もし、それが法人の事業に関連を有しない場合は、利益処分の性質を持つと考えるべきであろう」とされつつも、多くの場合、どれだけが費用の性質を持ち、どれだけが利益処分の性質を持つかを「客観的に判定することが困難[6]」であると指摘されている。

以上のように、租税法理論上では、寄附金が利益処分の性質について検討がなされているが、実務上で対応することは難しい問題である。

4　寄附金の意義をめぐる判例の検討

寄附金の意義について、大阪高判昭和三五年一二月六日は、「本来益金獲得に必要な経費としての損金の範囲を超えるものであっても、別個の政策的考慮に基づいて例外的にその全部につき損金たることを擬制したものと解され、したがって寄附金の性質が会社の事業と関係があるかどうかは問うところではなく、また損金算入により法人税の負担が減少する結果となることは、もとより法の甘受するところであり、さらにその寄附金額の多寡ないしその会社にとって課題であるか否かも問わない趣旨と解すべきである」[7]と明らかにしている。

また、熊本地判平成一四年四月二六日は、寄附金とは「法人の事業に関連するか否かを問わず、法人が行う対価性のない支出であると解すべきである」[8]と判示している。さらに、東京地判平成二一年七月二九日は、一定額を超える寄附金の額の損金不算入の制度を設けているのは、「法人が支出した寄附金の全額を無条件で損金の額に算入するとすれば、国の財政収入の確保を阻害するばかりではなく、寄附金の出えんによる法人の負担が法人税の減収を通じて国に転嫁され、課税の公平上適当でないことから、これを是正することにあると解される。他方で、法人が支出する寄附金には、これが法人の収益を生み出すのに必要な費用としての側面を有するものもあり、当該支出が費用の性質を有するか、又は利益処分の性質を有するかを客観的に判定することは困難であるため、法人税法は、行政的便宜及び公平の維持の観点から、統一的な損金算入限度額」を設けたことから、寄附金は「金銭その他の資産又は経済的利益を対価なく他に移転する場合であって、その行為について通常の経済取引として是認することができる合理的理由が存在しないものを指すと解するのが相当である」[9]と判示している。

ところで、寄附金の損金不算入制度の趣旨について、福井地判平成一三年一月一七日は、「寄附金もまた法人の純資産の減少ではあるが、法人が支出した寄附金の全額が無条件で損金となるものとすると、その寄附金に対応する分だけ当該法人の納付すべき法人税額が減少し、その寄附金は国において負担したと同様の結果になることから、これを排除する」[10]ことにあると判断している。

5　寄附金の意義をめぐる学説の検討

寄附金の法的性質について、吉村典久教授は、以下の三種類に分類できるとされている[11]。第一は、事業関連説、法が予定している寄附金は事業上の関連性を持つものに限定されるとする。その理由は、法人税法上事業に関連しない支出までの控除を認める必要はないとし、法人の性質上事業に関連しない領域は存在しないとしている。これは松沢智教授の学説であると指摘されている[12]。第二は、事業非関連説、事業に関連しない支出のみの控除を認めるとし、そもそも本来必要経費として控除することが許されない支出をあえて例外的に所定の限度額内で控除することを認めたものとする。これは碓井光明教授の学説であると指摘されている。第三は形式的基準説、寄附金には事業に関連するものと関連しないものがあり不明確であるため、一律に寄附金控除に関する規定を設けて形式的基準により処理しようとしたものとする。現在の判例・有力説である。

吉村典久教授はこれらの三説を検討した上で、第三説である形式基準説は、事業との関連性区分が明確でないために形式的基準により一律に損金算入限度額を設けたというならば、事業との関連性を有することが明確な寄附金は損金として、明らかに事業とは関連性を有しない寄附金については利益処分として取り扱うべきであるとされている。また、第一説である事業関連説については、そもそも事業に関連性を持つ支出を認めるべきことは当然のことであるが、あえて、立法者が本来控除を許されない支出に特別に控除を認めるということは論理的矛盾が発生することとなり、十分な根拠となり得ないのではないかと指摘がされている。さらに、法人に非事業領域が存在しないとする前提は、今日の社会的状況に鑑みて、非事業領域の存在も一概には否定できないことからは、その結果として消去法的に第二説である事業非関連説が妥当であると主張されている[13]。

ところで、各説はそれぞれの理論を持って展開しているわけで、それらの理論の、よって立つところはどこにあるのかを考えれば、そもそもどのように考えるべきなのかという基本原理に立ち返って考える必要がある。判決や裁決の場合においては、現実的な対応が求められる場合もあろうが、学説としてはあくまであるべき姿を追い求めて、本来あるべき姿に向かって考えを進めるべきことが研究者の姿勢ではないかと考える。そうだとすれば、上記の三説を検討する場合、原則論に対応した考え方は第一説であり、第三説は現実的対応としての妥協によるもので、それを合理的な判断として認めてゆく延長線上には、妥協が妥協を呼び込む混乱の恐れを感じざるを得ない。この点については吉村教授が指摘されるように、第三説は、明らかに事業と関連するなら損金とし、明らかに事業と関連しないなら利益処分とすべきとの指摘[14]は的確である。

また、法人にとって寄附金は「事業遂行のための経費ではなく、利益処分の性格[15]」をもっている。

この点について、武田昌輔教授は、説得力のある指摘をされている。すなわち、税務上の寄附金はその原点において「恣意的なものであり、事業に関連を持たず、したがって、事業上の費用とは認められず、本来は利益処分をもって行われるべきもの[16]」であるとの認識のもと、単に寄附であるから、損金算入限度の制度があるのではなく、本来的には事業経費又は損失として認められるべきでないから損金不算入とするのである。だから、名目が寄附金であっても、それが当初から事業経費又は損失に該当するものは当然損金算入が認められる[17]。あくまで寄附は対価性がないことが必要である。明らかに対価性のあるものは寄附とはいえない。相手先に損失が生じた場合、これを補塡するという契約や慣行のある場合の支出金は寄附金とはいえないこととなる。「全く自由に対価性のない支出ではない[18]」からである。それは、義務の履行である。単に無償であるからといって、それが直ちに寄附となるわけではない。単に無償であるということだけで寄附となるのであれば、強制的であるか任意であるかの違いはあるものの、「税金、課徴金、罰金なども寄附金」[19]となるのである。

寄附金の意義と範囲について米国連邦最高裁判決を手掛かりとして詳細な研究をなされた玉國文敏教授は、「寄附金」ないし「贈与」とは「①当事者の自由意思でなされた支払であり（言い換えれば、支払う法律上・倫理上の義務がなく）、かつ、②代償・対価性がない支払い[20]」、と要約することができるとされている。

これらの議論は以下のように整理できよう。

すなわち、明らかに事業と関係しない支出と認められるなら、それを損金に計上することは本来的な対応ではない。なんらかの明確な根拠により説明がなされなければ、それは利益処分によるものとして対処すべきものである。[21]

そうだとすれば、法人がその事業上の支出として支払った金員が、事業との関連性を明確にできない支出であれば、それは利益処分としての支出として全額損金不算入と処理すべきものであって、間違っても寄附金として一部でも損金に算入される処理を認めることは許されないと考える。その意味で、本件裁決において、審判所が寄附金と認定するために「直接的な対価を伴わないでした支出」を検討すればよいとするだけでは問題が残る。もし、この直接的な対価を伴わない支出が事業に関連性のないものとするなら、それは利益処分として全額損金不算入の処理がなされ、なんらかの事業関連性があるものとなれば、その内容において対処すべきものである。

結局、寄附金の認定に当たっては事業関連性を明確にすることが求められる。そもそも法人の支出する金員が事業に全く関連しないというならば、それはもはや経費性の全くない利益処分と認識すべきものであって、寄附金と認定するためにはまず利益処分ではないことの検討が求められる。寄附金とは「法人が負担すべき金額であって、かつ、第三者に対して法人が経済的利益を与える」[22]こととの認識から、全く事業に関連しない支出、利益処分ではないとの検討がまずなされなければならない。

本件裁決の場合、審判所は、寄附金について「直接的な対価を伴わないでした支出」であったかどうかを検討すべきであるとしている。しかし、寄附金の認定に当たっては、まず利益処分に該当するかどうか検討すべきである。

本件は、旧役員の相続人という関係者に金員を支払っていることから、旧役員の相続人という意味で事業関係者であって、全く関連がない相手ではない。ましてや営業権の支払いと当事者は認識していたのであるから、当事者は、税務処理上営業権として認識できるか否かは別として、事業に少なからず関連のある支払いであると判断していた。このことからは、本件金員の支払いが全く事業関連性のない支出、利益処分であったとはいえないと判断されるべきである。その上で寄附金の検討に入るべきである。

本件では、まず事業に全く関連性のない支出であるかどうかの検討がなされなければならない。この点の認識が本件裁決においては明確になされていないことを指摘したい。

おわりに

課税処分庁における現場レベルでは、本件事案のように役員であれば役員賞与、それ以外なら寄附金として形式的に処分が行われている事実は、実務家として経験していることである。そのような中で、当該審判所が寄附金の意義について掘り下げた検討をしていないことに物足りなさを感じるものの、営業権の譲渡を否認する以上は、その立証責任を負う原処分庁が立証を尽くしたとは言えないとした当審判所の判断には賛意を表する。

最後に、このような非公開裁決をＴＡＩＮＳが積極的に収集公開していることに対し、私は敬意を表したい。

1　最判昭和五一年七月一三日判時八三一号二九頁。
2　水野忠恒『租税法第五版』四一〇頁（有斐閣、平成二三年）。
3　金子宏『租税法第二二版』三八三頁（弘文堂、平成二九年）。
4　松沢智『租税実体法増補版』二七一頁（中央経済社、昭和五五年）。
5　松沢・前掲注4・二七二頁。
6　金子・前掲注3・三八三頁。
7　大阪高判昭和三五年一二月六日行集一一巻一二号三二九八頁、TAINS：Z〇三三-〇九七四。
8　熊本地判平成一四年四月二六日税資二五二号順号九一一七頁、TAINS：Z二五二-九一一七。
9　東京地判平成二一年七月二九日判時二〇五五号四七頁、TAINS：Z八八八-一四八九。
10　福井地判平成一三年一月一七日訟月四八巻六号一五六〇頁、TAINS：Z二五〇-八八一五。
11　吉村典久「日独における寄付金控除等の法的性質とその基準」租税法研究一九号六〇頁以下（平成三年）。
12　碓井光明、月刊税務事例八巻一〇号二五頁（昭和五一年）。
13　吉村・前掲注11・六九頁。
14　吉村・前掲注11・六九頁。
15　本間正明「社会的貢献と寄付金税制」税経通信四七巻四号一九頁（平成四年）。
16　武田昌輔「寄付金の現行制度上の問題点」日税研論集一七号二四-二五頁（平成三年）。
17　武田・前掲注16・二五頁。
18　武田・前掲注16・二五頁。

19　武田・前掲注16・二五頁。
20　玉國文敏「寄付金控除の対象となる『寄付金』の意義と範囲」ジュリ九九四号九三頁（平成四年）。
21　高野裕「隠れたる利益処分」松沢智編『租税実体法の解釈と適用2』一二六頁（中央経済社、平成一二年）。
22　武田・前掲注16・三〇頁。

（高野　裕）

第5章　不動産の取得に際して売主へ支払った「固定資産税等相当額」の損金算入の可否

はじめに

本件における審査請求人（以下「請求人」という。）は固定資産の取得に際して売主に支払った固定資産税・都市計画税（以下「固定資産税等」という。）の按分額を損金の額に算入したが、課税庁から当該按分額は当該固定資産の取得価額に算入すべきであるとして法人税の更正処分を受けた。

本件の争点は、資産の買主である請求人が固定資産税等の精算として負担した「固定資産税相当額」が固定資産の取得価額に算入されるべき費用か否かである。

不動産の売買契約書には「公租公課の負担」条項が設けられ当事者間で固定資産税等の負担額の調整が行われることが慣習となっている。しかし、申告実務においてこの負担額の取扱いについて明文の規定がないため、その損金性を巡る審査請求や訴訟が繰り返し提起されている現状がある。固定資産税等相当額の取扱いについては、固定資産の取得価額を法人税法の規定に従って整理し、租税法律主義の観点から厳格に検討されなければならない。

本章の目的は、当該「固定資産税等相当額」について法人税法上減価償却資産の取得価額を定めた法人税法施行令五四条一項一号の解釈のあり方を固定資産の原価性の有無といった基本的視点から検討することにある。

Ⅰ　事案の概要

本件は、請求人が土地及び建物の取得に際して売主に支払った固定資産税等に相当する金額を損金の額に算入したことについて、課税庁が、当該金額については当該土地及び建物の取得価額に算入すべきであるとして法人税の更正処分を行ったのに対し、請求人が同処分の取消しを求めた事案である。

以下の事実は、請求人と課税庁との間に争いはなく、審判所の調査の結果によってもその事実が認められる。

1　不動産信託受益権売買契約書の内容

請求人は平成二二年二月五日付で、売主との間で「土地」及び「建物」欄に記載した土地及び建物を主たる信託財産とする不動産信託受益権売買契約を締結した。

なお、本件受益権売買契約書には、要旨次のとおり記載されている。

（1）売主は請求人に対し、平成二二年二月一八日又は請求人と売主との間で別途合意する日（以下、これらの日を「クロージング日」という。）において、平成一七年二月二五日付の、本件不動産を主たる信託財産とし、当初委託者をA社、受託者をB信託銀行とする不動産管理処分信託契約に基づく信託受益権を一括で売り渡し、請求人は、これを買い受ける。

（2）本件受益権は、本件売買代金の支払と同時に、売主から請求人に移転する。

（3）請求人は、本件受益権の移転後直ちに、クロージング日付で、自らの責任と負担において本件信託契約を解約し、本件信託契約の受託者であるＢ信託銀行から本件不動産の交付を受けてその所有権を取得しなければならず、また、Ｂ信託銀行をして、信託終了による本件不動産の所有権移転登記及び信託登記の抹消登記の申請手続きを行わせなければならない。

（４）本件受益権に係る一切の費用（本件不動産に対して賦課される平成二二年度の固定資産税等（その起算日は、平成二二年一月一日とする。）、管理費等、水道光熱費、各種負担金等の費用並びに信託報酬を含む。）は、クロージング日をもって区分し、その前日までに相当する部分は売主の負担、その当日以降に相当する部分は請求人の負担とする。

（５）本件信託契約に係る収益（本件不動産より生ずる収益（賃料及び共益費等）を含む。）については、本件信託契約及び宛名名義のいかんに関わらず、クロージング日をもって区分し、その前日までに相当する部分は売主の収益、その当日以降に相当する部分は請求人の収益とし、その詳細は請求人及び売主が別途協議の上、決定する。

２　精算に関する確認書の内容

請求人は平成二二年二月一八日付で、売主との間で本件売買代金及び本件受益権に係る費用並びに本件信託契約に係る収益の精算について合意し、「精算に関する確認書」と題する書面を取り交わした。

なお、本件確認書には請求人及び売主はクロージング日時点で本件確認書に添付された精算計算書記載のとおりの債権債務があることを確認し、請求人はクロージング日に売主に対して当該債権債務を相殺した後の精算額を振込みにより支払う旨記載されている。

そして、精算計算書には上記精算額の内訳として本件売買代金などの金額の他、建物の各室の賃貸料及び袖看板の使用料に係る請求人帰属分の精算金の額、請求人が負担すべき公租公課精算金として、本件不動産に係る土地、建物及び償却資産の固定資産税等の精算金の額、当該建物及び当該償却資産の固定資産税等の精算金に係る消費税等の額並びにその合計金額がそれぞれ記載されている。

3　所有権移転登記と法人税法上の処理

請求人は平成二二年二月一八日付で、B信託銀行との間で不動産管理処分信託契約解除合意書を取り交わして本件信託契約を解除した。そして本件不動産は、同日付で信託財産引継を原因としてB信託銀行から請求人へ所有権移転登記を経由した。

請求人は平成二二年二月一八日に、本件確認書に基づき債権債務を相殺した後の本件固定資産税等相当額を含む精算額を売主に支払い、本件固定資産税等相当額を租税公課勘定に計上して本件事業年度の損金の額に算入した。

Ⅱ　争点及び争点に関する当事者の主張

1　争　点

本件固定資産税等相当額は、請求人の本件不動産の取得価額に算入すべきか否か。

2　当事者の主張

(1)　請求人の主張

請求人の負担した本件固定資産税等相当額は、請求人が地方税法上の納税義務者として支払う固定資産税等そのものではないものの、請求人と売主は、本件受益権売買契約書に基づいて本件不動産の所有権の移転日をもって、その年度の固定資産税等を所有期間で按分し、固定資産税等の負担を公平に分担したものであり、地方税法上の納税義務者でないという理由で損金の額に算入しないというのは明らかに誤りである。

不動産取得に係る租税公課は、別段の定めがあるものを除き、取得価額を構成しないと考えるのが相当である。

また、法人税法施行令五四条一項一号の規定は、減価償却資産の購入に直接要した費用を指すものであり、所有期間に対応して請求人と売主との間で公平に分担した本件固定資産税等相当額のような間接経費を取得価額に含めることは、貸借対照表上に時価以上の過大な資産を計上することになる。

（2）課税庁の主張

地方税法三四三条一項等の各規定によれば、固定資産税等は、その賦課期日である毎年一月一日現在の固定資産の所有者に対して課されるものであり、賦課期日後にその固定資産の所有者となった者が当該固定資産に係る当該年度の固定資産税等の納税義務を負うことはないから、本件不動産の買主である請求人が本件固定資産税等相当額を負担したとしても、請求人が納税義務を負うことはなく、請求人が本件不動産に係る固定資産税等そのものを負担したものとは認められない。

本件固定資産税等相当額は、本件受益権売買契約書の定めにより生じる債権債務関係に基づいて売買当事者間で授受されるものであり、その授受は、本件不動産の売買の条件の一つであるから、本件固定資産税等相当額は、本件不動産の購入の代価の一部であると認められ、法人税法施行令五四条一項一号の規定により本件不動産の取得価額に算入すべきものである。

Ⅲ　裁決の要旨　〈一部取消し〉平成二四年七月五日裁決・裁決事例集八八集一九三頁

「請求人は、本件受益権売買契約書等に基づき、平成二二年二月一八日までに本件売買代金の全額を売主に支払い、同人から本件受益権を取得するとともに、本件受益権の原契約である本件信託契約を解除し、本件信託契約の受託者であるB信託銀行から信託財産の引継ぎとして本件不動産の所有権を取得していることからすると、請求人は、本件受益権売買契約及びそれに基づく不動産管理処分信託契約解除により、本件売買代金を支払って本件不動産を取得しているものと認められる。」

「地方税法第三四三条第一項等の規定によれば、固定資産税等は固定資産の所有者に対して課されるものであり、その賦課期日は毎年一月一日であることからすると、固定資産税等の納税義務者は、賦課期日現在において当該固定資産を所有している者であると解されるところ、同日後に当該固定資産の所有者に異動が生じたからといって課税関係に変動が生じるものではなく、同日後に当該固定資産の所有者となった者が納税義務を負うことはないから、当該固定資産の売買の当事者間において売買後の期間に対応する固定資産税等、すなわち未経過分の固定資産税等相当額が授受されたとしても、買主において当該未経過分の固定資産税等相当額について地方税法上の固定資産税等の納税義務に伴う負担とみることはできない。」

「そうすると、請求人が負担した本件固定資産税等相当額は、本件不動産に対して賦課される平成二二年度の固定資産税等をクロージング日すなわち本件不動産の引渡日以降に相当する部分は請求人が負担する旨の本件受益権売買契約書の定めに基づいて売主に対して支払われたものであるから、上記のとおり、地方税法上の固定資産税等の納税義務に伴う負担ではなく、本件受益権売買契約書の定めにより請求人と売主との間に生じる債権債務関係に基づいて固定資産税等の相当額として売買当事者間で授受されたものであって、また、本件不動産の売買に伴って授受されたものであり事後費用とはいえないことからすれば、本件固定資産税等相当額は、本件各減価償却資産に係るものについては法人税法施行令第五四条第一項第一号の規定により、また、減価償却資産以外の固定資産すなわち本件不動産のうち土地に係るものについては基本通達七－三－一六の二の定めにより、本件不動産の購入の代価の一部であると認めるのが相当である。したがって、本件固定資産税等相当額は、本件不動産の取得価額に算入すべきである。」

Ⅳ　研　究：裁決に反対

1　本裁決の意義

本裁決は、不動産の受益権売買契約に伴い、精算された固定資産税等相当額が法人税法上の固定資産の取得価額に含まれるかどうかが争われた。

審判所はまず、本件信託契約が不動産売買と同様の法的効果を有することを確認している。その上で、本件において請求人が負担した固定資産税等相当額は地方税法上の納税義務を伴う租税ではなく、また、不動産の売買に伴って授受された固定資産税等相当額は、事後費用であるともいえないから、当事者間で合意した契約に基づく費用として購入代価を構成するものであり、固定資産の取得価額に算入すべきであると判断している。

しかし、固定資産税等相当額が、固定資産の取得価額に含まれるという法律的な裏付けがなされておらず、これらの理由をもって直ちに固定資産の取得価額に含まれるとする審判所の判断には疑問がある。

近年、固定資産税等相当額の損金性（個人の不動産譲渡であれば必要経費性）について複数争われており（主なものとして、国税不服審判所平成二四年三月一三日裁決（裁決事例集八六集）、福岡高判平成二八年三月二五日（TAINS：Z八八八－一九九一）、東京高判平成二六年四月九日訟月六〇巻一一号二四四八頁）、いずれも固定資産税等相当額は、契約により取得した固定資産の取得価額に含まれるべきという判断が導き出されている。

しかし、審査請求及び訴訟が繰り返し提起されていることは、固定資産税等相当額が取得価額に含まれるという取扱いに疑義があることの証左である。

これは、固定資産税等の課税制度と、固定資産税等の課税趣旨が相反していることに起因しているものといえる。

したがって、以下においては、本裁決の判断を中心に、改めて固定資産税等の性質と課税制度のあり方を確認し、さらに法人税法上の取得価額の範囲について法律的に検討を行うことで、固定資産税等相当額のあるべき解釈と適用を明確にする。

2　固定資産税制度と固定資産税等相当額

固定資産税は、固定資産の価格を課税標準として課されることから、固定資産の所有に担税力を認めて課税を行う財産税としての性質を有していると解されている[1]。

固定資産税の納税義務者は、地方税法三四三条一項において、固定資産の所有者に課する旨規定されている。当該所有者について、同条二項は、土地又は家屋については、登記簿又は土地補充課税台帳若しくは家屋補充課税台帳に、さらに同条三項は償却資産については、償却資産課税台帳に賦課期日において所有者として登録されている者をいう旨規定している。そして、地方税法三五九条は、固定資産税の賦課期日を、当該年度の初日の属する年の一月一日として定めている。[2]

すなわち、固定資産税は、財産税としての性質を有し、所有の事実に着目して課する税である一方で、賦課期日において各台帳に登記、登録されている者が固定資産の所有者として納税義務を負う、いわゆる台帳課税主義を採用している。[3]

これは、「真実の所有者を個別に追求して納税義務者を決定することを求めるのは、課税庁に非常に困難を強いることになるので、徴税の便宜の観点から、徴税義務を円滑、迅速に行うための課税技術上の措置として採用された[4]」ものであると解されている。

一方、不動産の売買契約書には、当事者間の権利・義務等を明らかにするため、本件のように固定資産税等の精算に関する条項を設けていることが慣習となっている。

これは、台帳課税主義を採用することによって、年の中途で不動産の売買があった場合、旧所有者である売主は、真の所有者である買主に、固定資産税等相当額を転嫁しなければ、実質よりも多額な負担を強いられることによる。

すなわち、固定資産税等相当額の算定が取引上の慣習になっているのは、便宜上の理由により形式を重視する固定資産税制度のあり方と、固定資産税等の負担は、当該不動産の真の所有者が負うべきという実体適合的な課税趣旨が相反していることに起因している。

3　法人税法上における固定資産の取得価額

固定資産の取得価額についての関係法令として挙げられるのは、法人税法二二条三項、同四項、及び法人税法施行令五四条一項一号である。

法人税法二二条三項は、「内国法人の各事業年度の所得の金額の計算上当該事業年度の損金の額に算入すべき金額は、別段の定めがあるものを除き、当該事業年度の収益に係る売上原価等の額及び当該事業年度の販売費、一般管理費その他の費用（償却費以外の費用で当該事業年度終了の日までに債務の確定しないものを除く）の額である」とし、同条四項はその額は一般に公正妥当な会計処理の基準に従って計算される旨規定している。

さらに法人税法施行令五四条一項一号は、「購入した減価償却資産の取得価額には、当該資産の購入代価のみならず、引取運賃、購入手数料等その他当該資産の購入のために要した金額を加算し、当該資産を事業の用に供するために直接要した費用の額も計上する」と規定している。なお、土地に関しても、法人税基本通達（以下「基通」という。）七―三―一六の二に基づき、一定のものを除いて、法人税法施行令五四条一項一号に関する取扱いの例によるものと解される。

ここにいう「購入のために要した金額」及び「事業の用に供するために直接要した費用の額」には、不動産取得税、特別土地保有税のうち土地の取得に対して課されるもの、登録免許税等の公租公課等（基通七―三―三の二）のほか、取得に際して支払う立退料（基通七―三―五）や、土地とともに取得した建物等の取壊費用（基通七―三―六）等を含むと解されている。

なお、公租公課である固定資産税等そのものは、資産の所有に対して課されるものであるから、法人税法施行令五四条一項一号にいう「購入のために要した金額」には含まれない。

ここに、固定資産税等相当額は、本裁決をはじめ、同旨で争われた他の裁決例、裁判例において、法人税法施行令五四条一項一号に定める「購入の代価」に含まれるとされるのか、若しくは、取得関連費用として「購入のために要した金額」及び「事業の用に供するために直接要した費用の額」のいずれに該当するのかという問題がある。この点について、固定資産税等相当額は、契約書上当事者間の合意により定められた金額であるとして、いずれの裁決例・裁判例においても、当該契約に係る資産の取得関連費用ではなく、「購入の代価」の一部であると結論付けられている。

４　固定資産税等相当額の原価性の有無

（１）本裁決の問題点

審判所は、①請求人が負担した固定資産税等相当額が地方税法上の納税義務を伴う租税ではないことと、②不動産の売買に伴って授受された固定資産税等相当額は事後費用であるともいえないから、当事者間で合意した契約に基づく費用として購入代価を構成するものであるという二点について判断を下している。

しかし、審判所は租税法律主義の下、法律の厳格な解釈を行わなければならないところ、固定資産税等相当額がいかに固定資産の取得価額に含まれるのかという租税法上の解釈が行われていない。

すなわち按分した固定資産税等相当額が固定資産の取得価額に含まれるかという問題は、単に固定資産税等の納税義務の有無を根拠とするのではなく、法人税法上の解釈によりその原価性が検討されるべきである。

そして、固定資産税等相当額の取扱いについて、明確な条文が存在していない以上、その実態に即して法人税法上における固定資産の取得価額該当性が検討されるべきである。

したがって、審判所の判断は以下の理由によって固定資産税等相当額が資産の購入の代価に含まれることを十分に説明しているものとはいえず、法人税法上損金として計上すべき費用であると考えられる。

（２）固定資産税等相当額と固定資産税等の納税義務者

審判所は、①の固定資産税等の納税義務者に関する点において、地方税法三四三条一項等の解釈により、「当該固定資産の売買の当事者間において売買後の期間に対応する固定資産税等、すなわち未経過分の固定資産税等相当額が授受されたとしても、買主において当該未経過分の固定資産税等相当額について地方税法上の固定資産税等の納税義務に伴う負担とみることはできない」ことを根拠とし、当事者において決められた契約に基づいて精算された固定資産税等相当額は資産の購入の代価であるとしている。

しかし、「法律上の納税義務がないことはそのとおりであるが、これを経済的実質からみれば、固定資産税そのものであることは明らかである。だからこそ、所有期間按分で負担するという取引慣行が定着しているのであり、金額的にもその算定基礎は極めて明確になっている」[6]という見解があるとおり、固定資産税等の精算を行う慣習が定着しているのは、台帳課税主義を採る地方税法上の規定と、資産の所有に着目して課税を行うという固定資産税等の趣旨が乖離しているからに他ならない。

売買契約を行う当事者間においては、所有期間に応じて固定資産税等の負担額を按分する調整を行わなければ、適正な負担が実現しないのであり、固定資産税等相当額を支払う買主においては、固定資産税等相当額の支出として経済的に認識しているものである。したがって、当該精算額を当事者の契約書上の合意であることをもって、直ちに資産の購入の代価に含まれるという審判所の判断は是認できるものではない。

（3）固定資産税等相当額と契約書上の合意

審判所は、②の当事者間の合意という点について、「本件受益権売買契約書の定めにより請求人と売主との間に生じる債権債務関係に基づいて固定資産税等の相当額として売買当事者間で授受されたもの」であるから、固定資産税等相当額は購入の代価の一部であると結論付けている。

つまり、契約書において、売買代金と同様に、売買取引条件の一つとして当事者間において任意に定めたものであるから、購入の代価であるとするものである。

この点において、前掲東京高裁平成二六年四月九日判決の下級審判決である東京地裁平成二五年一〇月二二日判決（高裁においても同旨）[7]は、固定資産税等相当額の「合意は、固定資産の売買契約を締結するに際し、売主が一年を単位として納税義務を負う固定資産税等につき買主がこれを負担することなく当該固定資産を購入するという期間があるという状況を調整するために個々的に行われるものであることからすると、この合意に基づく金額は、実質的には、当該固定資産の購入の代価の一部を成すものと解することが相当である」としている。[8]

しかし、前述のとおり固定資産税等の按分額は、固定資産税等の持つ本来の趣旨に添うために、固定資産税等を当事者間で精算し、売主の支払った固定資産税等という費用を契約上按分したものに過ぎない。その契約、契約時期、金額等において、当事者間の任意性を解釈したとしても、固定資産の取得とは切り離した別個の契約であると考えることができる。

不動産の売買契約書には、「公租公課の負担」と「収益の帰属・負担金の分担」条項を置くことが一般的である。これは当事者間において権利義務があいまいになる可能性のある取引について契約書で取決めを行っているのであって、不動産の購入代価を構成するものとして契約書に掲載しているものではないと理解できる。

すなわち、本来不動産本体の契約と「公租公課の負担」「収益の帰属・負担金の分担」等とは独立した別個の契約であると考えられ、同一の契約書に掲載され、当事者間の任意に定めた金額であることをもって直ちに固定資産の原価性を判断することは適当ではない。したがって、固定資産税等相当額は、売主が支出した費用を契約上按分して精算しているに過ぎず、購入代価を構成すべき金額ではない。

（４）使用収益に対応する期間費用としての固定資産税等相当額

審判所は、さらに固定資産税等相当額が不動産の売買に伴って支出されていることから、「事後費用でないこと」を挙げ、固定資産税等相当額についての法人税法上の損金性を否定する根拠としている。

本裁決の特徴として、本件不動産の譲渡について信託契約である受益権売買契約が用いられている。このことは、売主から請求人に譲り渡される受益権には、当然にその不動産から生じる収益獲得を前提としていることを意味しており、本件費用の按分は請求人の取得後の期間の収益獲得に対応する費用の認識であることが強調される。

請求人は「精算に関する確認書」を取り交わし、本件確認書に基づき賃料、共益費等の収益と、固定資産税等相当額のほか、管理費等、水道光熱費等の経費についてクロージング日をもって区分し精算する旨の契約を行っている。したがって請求人に帰属すべき収益と、それに対応する本件固定資産に係る経費を契約により按分しているのである。

すなわち、本件固定資産税等相当額は水道光熱費等と同様、不動産本体契約とは独立して行われる収益に対応する費用についての期間配分を行うための調整に関する契約であると考えることができる。

この点について前掲福岡高裁平成二八年三月二五日判決の下級審判決である長崎地裁平成二七年一〇月五日判決（高裁においても同旨）[9]は、「ガス水道電気料金は、供給者との契約に基づいてその使用期間ないし使用量に応じて支払うべきもので、購入後（引渡後）の分は購入後（引渡後）に事後的に発生するものであるが、固定資産税等は、年ごとに課されるものであって、その所有期間に応じて新所有者（買主）にも課されるものではない。」としている。

しかし、固定資産税等そのものの課税標準は、賦課期日における固定資産の価格であるが、その精算額である固定資産税等相当額は、明らかに買主における購入後の使用収益に対応する期間費用である。

また、固定資産税等相当額は、取得後の用途、目的を達成するために支払われる立退料や建物の取壊費用とは異なり、契約時における固定資産の価値に影響を及ぼす費用ではないことは明白であるため、この点においても購入の代価の一部とすることは適当ではない[10]。

固定資産税等相当額は、企業会計の基本原則である費用収益対応の原則に従い計上された費用であり、法人税法二二条三項に基づき、損金として計上されるべき費用である。

おわりに

租税法律主義は、国家から恣意的に課税が行われることを阻止し、現在の社会において国民の経済生活に法的安定性と予測可能性を与える機能を有している。

納税者が自ら租税法を解釈・適用することが求められる申告納税制度の下では、租税法律主義の要請を厳守することが不可欠である[11]。租税法の第一次的解釈権をもつ納税者が行った解釈・適用により課税庁と紛争が生じた場合には、審判所は請求人及び課税庁の行った解釈を租税法規に従い整理することで、双方の主張に明確な判断とその根拠を示す必要がある。

しかし、本裁決において審判所は、請求人が地方税法上固定資産税等の納税義務者ではなく、かつ不動産売買と一体として固定資産税等の按分を行っていることを根拠に直ちに法人税法上の固定資産の取得価額に算入する判断を行っている。固定資産税等相当額がいかに法人税法施行令五四条一項一号の取得価額を構成する支出であると解釈できるのか明らかではなく、適正な法解釈が行われていないと考えられる。

固定資産税等相当額は法律上の固定資産税等そのものではないが、不動産売買契約書において、契約時期が同一であることや当事者の合意によって定められていることを理由に固定資産の購入代価として含まれるとすべきではない。

本件の固定資産税等相当額は、固定資産税等の所有期間に応じた負担額を当事者間で精算した期間費用であり、明らかに企業会計の基本原則である費用収益対応の原則により取得後の固定資産から生じる収益と対応する費用であって、法人税法上損金に計上すべき費用である。

固定資産の移転に伴い、当事者間の固定資産税等の按分が売買契約において行われることが慣習となっている現状を鑑みれば、固定資産税等相当額の法解釈が与える影響は大きく、適正な法解釈を早急に行うことが強く求められる事案であると考えられる。

1　金子宏『租税法第二二版』六九二頁（弘文堂、平成二九年）、同「固定資産税の性質と問題点―租税法教養講座―」税研JTRI五〇号六頁（平成五年）。

2　都市計画税は、都市計画事業または土地区画整理事業に要する費用に充てるため、市町村が、都市計画区域内の一定の土地および家屋に対して課す目的税である（地方税法七〇二条以下）。納税義務者および課税標準は、固定資産税と同じである（金子・前掲注1・七二二頁）。

3　名義人が賦課期日前に死亡したときや、所有者として登記または登録されている法人が賦課期日前に消滅しているときは、その賦課期日において現に所有している者を納税義務者とする規定が設けられている。

4　田中治「固定資産税における台帳課税主義」シュト三〇〇号七五頁（昭和六二年）。田中治教授は固定資産税制度について、固定資産の移動がさほど多くないことを挙げ、資産を保有する事実に適合する課税方式の採用が考慮されるべきであると述べられている。

5　法人税基本通達七－三－三の二は、不動産取得税等一定の公租公課を取得価額に算入しないことができるという内容であるが、原則的には七－三－三の二に掲げる一定の公租公課は取得価額に算入すべき費用であると解される。

6　武田昌輔「土地の売買に伴い支払った固定資産税等の月割負担額」税経通信四八巻一四号二七一頁（平成五年）。

7　東京地判平成二五年一〇月二二日訟月六〇巻一一号二四二三頁。

8　佐藤英明教授は当該東京高判平成二六年四月九日について、「本件清算金が、支払者にとって実質的に固定資産税の性格を持つものとして所得税の課税関係が決定されるべきではないかという点については、必ずしも理由が十分であるとは言えない」とされ、固定資産税等の性質により、固定資産税等相当額が実質的に固定資産税等としての性格を持つものをいう解釈が可能である旨を示唆している（佐藤英明「固定資産税清算金の必要経費該当性―東京高裁平成二六年四月九日判決」ＴＫＣ税研情報二四巻四号八六頁（平成二七年））。

9　長崎地判平成二七年一〇月五日（ＴＡＩＮＳ：Ｚ八八八－一九四八）。

10　松沢智教授は、駐車場に敷き詰めた砂利の損金性について、その支出によって土地の値打ちの上がるものが取得価額を構成するべきであると述べられている（松沢智「租税実体法解釈の原理とその具体的展開―税理士よ法律家たれ」ＴＫＣ会報三三五号八頁（平成一二年））。

11　増田英敏『リーガルマインド租税法第四版』六五頁（成文堂、平成二五年）。

（茂垣　志乙里）

第三編

相続税・贈与税

第1章　相続税法二七条一項に規定する「相続の開始があったことを知った日」の意義

はじめに

相続税法（以下「法」という）は、相続税の納税義務者につき相続又は遺贈により財産を取得した個人（法一の三①一）と定め、遺贈のうちには、贈与者の死亡により効力を生じる贈与（以下「死因贈与」という）も含まれるとする。また、その納税義務の成立については、相続等による財産の取得の時と定める（国通法一五②四）。そして、法二七条一項は、相続税の申告書の提出義務者と提出期限について以下の定めをおく。すなわち、相続または遺贈（死因贈与を含む）により財産を取得した者は、その者に係る相続税額があるときは、その「相続の開始があったことを知った日」の翌日から一〇月以内に所定の事項を記載した申告書を納税地の所轄税務署長に提出しなければならない旨定めている。このように、法は法定申告期限及び法定納期限の起算日につき「相続の開始があったことを知った日」と定めるが、相続等について訴訟などで争われている場合の法定申告期限等の起算日について特段の定めをおいていない。また、同条の課税要件規定にある「贈与」に関しても、これによる財産の取得の時について相続税法上、具体的な定義規定はおいていない。そこで、実務上「贈与による財産の取得の時」については、「贈与に対して課税する趣旨を踏まえて、その意義を判断すべきものである」（後掲東京地判平成一八年一二月五日税資二五六号順号一〇五九五）と解されている。

本裁決は、「書面によらない死因贈与」の認定に係る事案であるが、法定申告期限及び法定納期限の起算日である「相続の開始があったことを知った日」の解釈が争点とされたものであり、上述の申告書の提出義務および提出期限が明らかとはいえない例といえる。このような書面によらない贈与による財産の取得時期については、すでにいくつかの先例があるが、筆者の知る限りではあるものの、本件は「書面によらない死因贈与」契約の履行時期につき判断したはじめての事例であると思われる。したがって、その解釈・適用のあり方は参考になろう。

租税法の特徴のひとつとして、私法上の法律関係を基礎に租税法の選択適用が行われることが挙げられる。[1] しかし、贈与契約の成立時が贈与による財産の取得時期（民五四九）とする民法理論との整合性のみを考慮すると、税法上納税者の担税力という視点から合理的な結論にならないケースもあろう。[2] 本章では、以上の問題に関わる相続税申告書の提出期限の起算日である法二七条一項が定める「相続の開始があったことを知った日」の解釈について考察したい。

Ⅰ　事案の概要

本件は、審査請求人（以下「請求人」という）が、平成二三年一二月二四日にした、死亡したＧ（平成二一年一月〇日相続開始・以下「本件被相続人」という）に係る相続税の申告について、原処分庁が無申告加算税の賦課決定処分をしたのに対し、請求人が当該申告は期限内申告であるなどとして、当該賦課決定処分の全部の取消しを求めた事案である。

審査請求に至る経緯は次のとおりである（以下裁決文を基に適宜まとめている）。

（１）平成二一年二月一九日、被相続人と書面によらない死因贈与契約（以下「本件死因贈与契約」という）を締結していた請求人は、本件被相続人の死亡を知り、その後、本件被相続人の法定相続人（以下「本件相続人」という）を被告とする所有権移転登記手続等請求訴訟（以下「本件訴訟」という）を提起した。

(2) 平成二三年一二月〇日、本件訴訟において、請求人と本件相続人は、本件死因贈与契約について、本件被相続人の定期預金一億七、〇〇〇万円の内八、五〇〇〇万円の範囲において有効に成立し、これを請求人が取得することを確認する旨（本件和解条項第一項）の訴訟上の和解（以下「本件和解」という）をした。

(3) 平成二三年一二月二四日、請求人は、本件和解条項第一項のとおり、死因贈与により財産を取得したとして請求人の納付すべき税額を計算し、本件相続税申告書を原処分庁に提出した。これに対し、原処分庁は平成二四年一月三一日付で、本件申告書の提出により納付すべき税額〇〇〇〇円を基礎として、無申告加算税（国通法六六条一項、二項）の額を〇〇〇〇円とする賦課決定処分をした。

(4) 平成二四年六月二〇日、請求人は、異議決定を経た後の原処分に不服があるとして審査請求をした。

Ⅱ　争点及び争点に関する当事者の主張

1　争　点

本件の実質的な争点は、本件申告書は、相続税法二七条一項に規定する「相続の開始があったことを知った日の翌日から一〇月以内」に提出された期限内申告書であるか否か、すなわち、その法定申告期限の起算日である「相続の開始があったことを知った日」の解釈である。

2　当事者の主張

争点に関する当事者の主張は、下記図表のとおりである。

Ⅲ　裁決の要旨

〈全部取消し〉平成二五年六月四日裁決・裁決事例集九一集二二五頁[3]

1　相続税法二七条一項の「相続の開始があったことを知った日」の意義

「相続税法二七条一項に定める「相続の開始があったことを知った日」とは、自己のために相続の開始があったことを知った日を意味するものと解される。」

2　本件死因贈与は「書面によらないもの」であること

「本件和解条項第一項は、当該死因贈与が書面によるものか否かについては明らかにしていない。」「請求人が本件訴訟において裁判所に提出した各書証……の客観的な記載のみから当該死因贈与が書面によるものであると認めることはできず、その他、当審判所の調査の結果によっても、当該死因贈与が書面による

原処分庁	請求人
請求人と本件相続人との間に当該死因贈与契約の効力に係る争いがあって本件訴訟が係属中であっても、相続税法上租税債権の成立を妨げるものではなく、また、死因贈与の効力発生時期は贈与者の死亡時であり、死因贈与には、遺贈の規定が準用されること（民法五五四条）などからすると、請求人が本件被相続人の死亡を知った日である平成二一年二月一九日が、相続税法二七条一項に規定する「相続の開始があったことを知った日」である。	書面によらない贈与は各当事者が撤回することができ、また、当事者が死亡した場合にはその相続人も撤回することができると解されるところ、本件相続人は、書面で死因贈与契約を撤回している。このため、本件訴訟において、裁判上の和解が成立し、あるいは請求人と本件被相続人との間の死因贈与契約が書面による贈与であると認定する判決が確定しない限り、請求人は死因贈与契約により本件被相続人の財産を取得することはできず、「相続の開始があったことを知った日」とは、本件和解が成立した日（平成二三年一二月○日）である。

ものであると認めるに足りる証拠はないから、当該死因贈与は、書面によらないものとみるのが相当である。」

3　本件請求人が自己のために相続の開始があったことを知った日

「書面によらない贈与は、その履行が終わるまでは各当事者が自由にこれを撤回することができる（民法五五〇条）ため、……本件和解の成立前の時点においては、本件被相続人の全財産を本件死因贈与により取得したとする請求人の権利は極めてぜい弱なものであったといえることから、本件和解の成立前において請求人が自己のために相続の開始があったことを知ったものとは認められない。そして、請求人は、預金の一部についてのみ本件死因贈与により取得することとなったものであるところ、このことは、相続人がその全財産を請求人に死因贈与する旨の本件死因贈与契約について、その一部を撤回したとみるのが相当であり、本件和解により、当該一部撤回後の当該死因贈与契約の履行が確定したと認めるのが相当である。したがって、請求人が自己のために相続の開始があったことを知ったのは、本件和解により当該死因贈与契約の履行が確定した日というべきであるから本件和解の日の翌日から一〇月以内に提出された本件申告書は、期限内申告書である。」

Ⅳ　研　究…裁決に賛成

1　本裁決の意義

民法は、贈与契約の成立について、「贈与は、当事者の一方が自己の財産を無償で相手方に与える意思を表示し、相手方が受諾をすることによって、その効力を生ずる（民五四九）。」と定める。また、死因贈与について、「贈与者の死亡によって効力を生ずる贈与については、その性質に反しない限り、遺贈に関する規定を準用する（民五五四）。」と定めることから、死因贈与は、無償で財産を贈与する点では贈与と同じである。このように、わが国の贈与契約は、書面の形式によらなくても双方の合意だけで成立するが、「書面によらない贈与は、各当事者間が撤回することができる」とし、「ただし、履行の終わった部分については、この限りでない（民五五〇）。」と定める。そこで、相続税法上いつ履行したといえるのか、換言すれば、受贈者の現実的な担税力を前提としてその納税義務の成立とその時期を定めているかが重要な問題となる。なぜなら、民法と相続税法上の課税要件事実の理解は異なるものではないが、契約の成立につき双方の合意だけで成立する民法と相続税法上の取扱いは、贈与の時期につき納税義務者の納税義務の履行を担保するための合理性が求められるからである[4]。

本裁決は、このような租税法と私法の関係について死因贈与に関し、この点を再確認したところにその意義があるといえよう。

2　相続税法二七条一項の解釈

（1）現行規定に至る改正経緯[5]

相続税は、贈与税とともに申告納税方式が採用されており、原則として納税義務者自らが課税価格及び税額を計算し、これを確定して申告・納付するものである（国通法一六①）。昭和二四年以前、その提出期限は、相続の開始後四か月以内とされ、相続開始の事実を知ると否とを問わなかったのである。昭和二五年に「相続の開始があったことを知った日の翌日から四か月以内」と改正された。その理由は、申告すべき義務履行を追求する以上、相続の開始の事実を知らないのに責任を追及することはできないという見地に基づいていると説かれている[6]。

その後、昭和二七年に四か月以内に申告書の作成は困難であるという理由のほか、相続税の遺産の分割、その処理及び納税資金の調達等をも考慮して「四か月以内」が「六か月以内」に改められた。[7] 次いで、平成四年度の改正において、この「六か月以内」が、平成七年までの経過措置を設けたうえで現行規定の一〇月以内に改められたのである。[8] 以下では、以上の沿革を踏まえて同条に定める「相続の開始があったことを知った日」の解釈について裁判例の動向を概観したい。

（2）裁判例の動向

まず（ⅰ）東京地判昭和四七年四月四日税資六五号六九一頁は、「相続の開始があったことを知った日」について、「たとえ遺言の効力に関して争いがあって訴訟が係属中であっても、相続税法上租税債権の成立を妨げないものである」から、「自己のために包括遺贈のされていること及び遺言者の死亡したことの両者を知った日をもって「相続の開始があったことを知った日」と解すべきである」とする。また、（ⅱ）仙台地判昭和六三年六月二九日訟月三五巻三号五三九頁は、「申告は、納税義務が生じた状態を前提として、納税者自らが進んで自己の納税義務の具体的内容を確認したうえ、……申告書を提出することによって、その申告に係る納税義務の実現を企画するものである」から、「法定申告期限の起算点について納税者の相続財産の具体的把握状況にかからしめることは相当ではな」い、とする。そして、「相続開始があったことを知った日」とは、「自己に相続の開始がありかつ……相続財産があることを知った日を指すもの」としたうえで、相続税を納付すべき遺産を取得すべきことを知ったうえで認知の訴えを提起した場合は、認知の裁判の確定により相続人としての地位が生じた日をもって相続税の法定申告期限の起算点である「相続の開始があったことを知った日」に当たる、と判示している。

以上の下級審の判断では、納付すべき具体的な金額は確定していなくても、自己に相続の開始により相続財産があることを知った日をもって、「相続の開始があったことを知った日」と解している。この点につき、(iii) 最判平成一八年七月一四日裁判集民二二〇号八五五頁は、明確な判断を示していると思われる。同事案は、民事事件であるが、亡A及びBの子であるCが、意思無能力であったBに代わってBの相続税の申告をして相続税を納付したものである。その後Bが死亡したことにつき、Cの死亡により本件納付に係る債権を相続した上告人が、AとBとの間の子である被上告人らに対し、委任契約に基づく費用償還請求をしたところ、請求が棄却されたため上告した。判決は、「相続税法二七条一項は、相続又は遺贈により財産を取得した者について、納付すべき相続税額があるときに相続税の申告書の提出義務が発生することを前提として、その申告書の提出期限を「その相続の開始があったことを知った日の翌日から六月以内」と定めているものと解するのが相当である」として、相続税額があるときに相続税の申告書の提出義務が発生することを前提とした規定であると解している。そして、相続税法二七条一項にいう「『その相続の開始があったことを知った日』とは、自己のために相続の開始があったことを知った日を意味し、意思無能力者については、法定代理人がその相続の開始のあったことを知った日がこれに当たり、相続開始の時に法定代理人がないときは後見人の選任された日がこれに当たると解すべき」として、更正及び決定の特則を定める「相続税法三五条二項一号は、意思無能力者に対しても適用されるというべきであ」るとした。つまり、同判決は、申告書の提出期限の起算日の前日である「相続の開始があったことを知った日」について、「自己のために相続の開始があったことを知った日」と判示し、この点、先に挙げた二つの裁判例の考え方と同じくするものと思われる。すなわち、判例上、法二七条一項所定の「相続の開始があったことを知った日」とは、相続税額があるときに相続税の申告書の提出義務が発生することを前提として、自己のために相続の開始があったことを知った日を意味するものと解されているのである（最判昭和五九年四月二七日民集三八巻六号六九八頁参照）[9]。

本事案において、請求人が自己のために相続の開始があったことを知った日とは、当該死因贈与契約による財産の取得の日（国通則法一五②五）ということになる。この点、書面による贈与の場合には、契約の効力発生時点がそれにあたると解されているが、[10] 書面によらない贈与については、実務上「その履行の時」とする取扱いがなされているものの、「契約成立時」とする判断もある。本件ではまず、本件死因贈与の書面性の当否が重要であろう。そして次に、これらの贈与の時期に関する先例の考え方である。

3　本裁決の論理構造と裁判例における位置づけ

(1) 本裁決の論理構造

裁決では、まず上掲最判平成一八年七月一四日の考え方と同じく「相続の開始があったことを知った日」とは、自己のために相続の開始があったことを知った日を意味するものと解されるとしている。次に、請求人提出の証拠資料を丁寧に評価したうえで、本件死因贈与につき書面によらないものとの事実認定をしている。また、書面によらない死因贈与に関し、法定相続人はこれについての撤回権を有すると解されるとして、書面によらない贈与の法的性格について確認する。そして、「本件和解により、本件相続人が当該死因贈与について、その一部を撤回したとみるのが相当であり、一部撤回後の当該死因贈与の履行が確定した」と認定し、請求人については、本件死因贈与契約の履行が確定した本件和解の日をもって、相続税法二七条一項に規定する「相続の開始があったことを知った日」であると結論づけている。

(2) 書面によらない贈与による財産の取得時期についての裁判例の動向

さて、書面によらない贈与の場合の財産の取得時期につき争われた裁判例の動向をみると、大きく以下の三つに分けられる。すなわち、ア．贈与契約の成立時とする考え方を採用したもの（契約成立時説）、イ．贈与の履行の終わった時とする考え方を採用したもの（贈与履行時説）、そして、ウ．不動産の引渡し又は所有権移転の登記の時にその履行があったとする考え方を採用したもの（引渡・登記時説）である。

ア．契約成立時説

（ⅰ）京都地判昭和五二年一二月一六日　訟月二四巻一号一八三頁

「「取得」の概念について税務上格別に定義づけた規定も見当らないので、国税通則法にいう「贈与による財産の取得の時」についても、民法の一般理論と別異に解すべき根拠も特に見出しがたい。」「判例通説の一般理論によれば贈与は贈与者の贈与の意思表示を受贈者が受諾することにより成立し、他に特段の行為なくして財産権移転の効力を生ずる（民法五四九条）ものとされているから、右「取得の時」とは贈与契約（意思表示の合致）が成立した時をいうものであって、これは書面によらない贈与の場合においても変りはないものと解するのが相当である。」「法は取消しうべき行為であっても当初の課税原因事実の発生により課税原因は確定し、納税義務は確定的に成立するものとし、取得後は減額更正決定により処理しようとする趣旨と解されるから、民法五五〇条のゆえに贈与契約時を前記「取得の時」と解しえないとはいえない。」

イ．贈与履行時説

（ⅰ）横浜地判昭和五二年四月一三日　訟月二三巻六号一一〇九頁、同控訴審東京高判昭和五三年一二月二〇日同旨訟月二五巻四号一一七七頁

「書面によらない贈与はその履行が終わらないうちは、各当事者において何時でもこれを取り消すことができる（民法五五〇条）のであるから、受贈者の地位は履行の終わるまでは不確実なもの」といえ、このような書面によらない贈与の性質に鑑みれば、贈与税の納税義務はその履行が終わらないうちは成立しないと解すべきである。「「贈与により財

産を取得した時」とは、書面によらない贈与の場合においては「贈与の履行の終わった時」を意味するものと解するのが相当であ」り、その時に受贈者は贈与税の納税義務を負担するに至る。

（ii）東京地判昭和五五年五月二〇日　行集三一巻五号一一五四頁、裁判所ウェブサイト、同旨同控訴審東京高判昭和五六年八月二七日行集三二巻八号一四六九頁、裁判所ウェブサイト

「書面によらない贈与は、その履行が終わるまでは、当事者がいつでも自由にこれを取り消すことができるものであり（民法五五〇条）、その履行前は目的財産の確定的な移転があったということができないから、書面によらない贈与について相続税法一条の二等にいう「贈与により財産を取得した」として贈与税を課するためには、贈与の履行が終了してもはや任意に取り消されることがなくなることが必要であると解すべきである。」

ウ．引渡・登記時説　名古屋高判平成一〇年一二月二五日　訟月四六巻六号三〇四一頁

本件贈与は、書面に因らない贈与によるものであり、「不動産が贈与された場合には、不動産の引渡し又は所有権移転がなされた時にその履行があったと解されるところ、」「本件登記手続がなされた時をもって本件不動産の贈与に基づく履行があり、その時点で原告は、不動産を贈与により取得したと見るべきである。[11]」（同旨、東京地判平成一八年一二月五日　税資二五六号順号一〇五九五頁）。

以上のように、書面によらない贈与について「取得の時」に関する裁判例等の動向は、上記ア．（i）判決は、民法の贈与契約の成立時期に関する一般理論と同義に解している。しかし、同判決を除いては、「口頭契約は履行前にはいつでも贈与者において取消すことができるものであるから、いまだ課税原因事実として成熟せず納税義務の発生しないものである（大阪高判昭和四一年一二月二六日　税資四五号六七三頁）」という考え方から、その財産の取得時期につきその履行の時と解されている。さらに、ウ．のように不動産が贈与された場合には、不動産の引渡し又は所有権移転

登記がなされた時にその履行があったと解されるとしている。つまり、課税適状にあるかどうかという観点から、相続税法においては、その時期につき民法上の理解とは別意に解していることであろう。[12]

この点につき金子宏氏は、書面によらない贈与は、その履行が終わるまでは、法律関係は浮動の状態にあるとしたうえで、「履行の終了の時点が財産の取得の時点であると解すべきであろう」[13]と述べ、また、三木義一氏は、「贈与税は「贈与による取得」（相税一条の四）があったときに納税義務が成立するが、この「取得」は契約の成立とは必ずしも一致するのではなく、対外的顕現性のある行為があったときである、と解する余地もある。[14]」として取得概念に税法独自の意味を見出す考え方を肯定しているようにみえる。さらに、新井隆一氏は、「贈与による財産の取得の時は、民法上のそれと、相続税法上の課税要件設定の理解のための基礎とにおいて、異なるものではないが、相続税法は、贈与税制度の安定的な確実な保守と納税者の完全な納税義務の履行の保障のために、受贈者の贈与税の担税力の現実的具備を前提としてその納税義務の成立とその時期を定めているものと理解するのが合理的であ[15]」ると述べる。つまり、以上の論者によれば、財産を取得する権利が極めてぜい弱で最終的には、その権利の有無自体につき法的手段により決定されるようなケースにおいては、受贈者の担税力の現実的具備を前提としてその納税義務の成立とその時期を決定されるものと理解するのが合理的ということになろう。[16]この点、書面による死因贈与と認定された大津地判平成一八年二月二七日税資二五六号順号一〇三三三（同控訴審大阪高判平成一八年一〇月一八日　税資二五六号順号一〇五三一も同旨）では、本件と同様に死因贈与の効力等について係争中ではあったが、「死因贈与の有無等、財産の取得について係争中であるからといって、法定申告期限の起算日が左右されるということはできない。」と判示していることからも理解される。すなわち、書面によらない贈与については、「その履行の日」とする取扱いが判例及び学説上肯定されているのである。

（3）本裁決の位置づけ

本裁決は、まず「相続の開始があったことを知った日」の解釈につき前掲最判平成一八年七月一四日に依拠し、「自己のために相続の開始があったことを知った日」と解している。そして、証拠に基づく綿密な事実認定のもとに「書面によらない死因贈与」としたうえで、担税力の具備を担保すべく請求人が自己のために相続の開始があったことを知ったのは、和解により当該死因贈与契約の一部の履行が確定した日をもって贈与契約の履行の時と捉え、「贈与により財産を取得した」時であると判断した。すなわち、前掲横浜地判昭和五二年四月一三日をはじめとする先例の考え方を踏襲したものであるといえよう。

4　本裁決の射程・評価

本裁決は、まず、本件死因贈与の書面性の当否につき適正な事実認定をなし、そのうえで、贈与履行時説という先例の考え方を踏襲しつつ実質的な担税力に配慮して判断していると思われる。このように考えると、本裁決は、死因贈与の一部撤回もあり、言わば事例裁決であるという評価もできよう。しかし、民事法学の分野では、一般に実体法の条文の法律要件に記されている類型的な事実が要件事実であり、このような要件事実に当てはまる具体的事実が主要事実であると解されている。[17]そうであるとすれば、ある要件事実につき、これに該当する事実が何であるかを考えるのは、条文解釈の問題であり、ある具体的な事実がある条文の要件事実に該当するかどうかは、事実認定の問題ではなく、法の解釈・適用の問題ということになろう。[18]以上のことから、本裁決は、租税法の解釈・適用過程において、「贈与が未履行であるうちは、受贈者が未だ贈与による経済的成果を手にしていないという点を見逃[19]」さなかったという点につき評価しうる。租税法の課税要件規定に関する解釈について、社会通念をも勘案しつつ、具体的事実に妥当する判断をしているものと思われるからである。このような視点からすれば、本裁決の影響は少ないとは言えないであろう。

本裁決は、第一に申告納税制度のもとにあって判例の動向を正確に捉えているという点において、租税法律主義の機能である予測可能性の確保に資するものであるといえよう。第二に「担税力に応じた課税は、形式によるのではなく実質に即して担税力を捉えられなければ実現できない[20]」のであり、「社会的にみて権利を有していると認められるような客観的事情の存するときに、初めてその経済的利益が担税力を認めうる程度に支配享受されているといえる[21]」ことから、本裁決は、請求人の担税力の具備に配慮しているところ、租税公平主義の視点からも支持される。

ところで、贈与の意思は、書面で表示されない場合には、その効力は弱いことは明らかである[22]。それゆえ、このような書面によらない贈与の性質に鑑みれば、贈与税の納税義務はその履行が終わらないうちは成立しないと解されている（前掲横浜地判昭五二・四・一三参照）。本件においても、現に本件相続人は、撤回権を行使しているのであるから、相続の開始があったことを知った日において、目的財産が確定的に移転したとみるのは非現実的といえ、請求人には、まずその段階では納税義務は成立していないといえよう。それにもかかわらず、原処分庁が請求人につき権利を取得したとして擬制して課税すること自体がまず問題視されねばならない。審判所は請求人の主張に即して本件和解成立前の時点において請求人の権利は極めてぜい弱であったとするが、むしろ、請求人の権利はその段階ではどうなるかわからないような不確実なものである。納税義務の成立は当該権利の取得につき客観性をもったときにはじめて課税関係として生じるものと思われるところ、このタイミングでは請求人に納税義務は生じていないという判断を明確に示すべきであったのではなかろうか。

おわりに

裁判規範としての相続税法は、紛争当事者である国と納税者の間を規律する紛争解決手段である。市民間の紛争解決手段である民法上の考え方に対し、相続税法上はその原則に適合しない場合もあると思われる。たとえば、本件のように、納税者の担税力が具備されているか否かという点である。特に、贈与は片務契約であり、民法典においても特殊なものであるとも思われる。そうすると、民法上の判断と税法上の判断は事案によっては、別意に解することがあってもよいということにもなろう。判例の集積につき考察し、事案の中身につき比較考量していくということにならざるを得ないのではなかろうか。

実務家は、このような契約時成立説及び贈与履行時説という、いわば二つのオプションがあることに対し、何が租税正義に適っているかということに配慮したうえで、当該納税者の満足が得られるような結論に沿うよう主張立証すべく証拠固めをするという任務を担っているのである。

1　増田英敏『リーガルマインド租税法第四版』八六頁以下参照（成文堂、平成二五年）。
2　三木義一『実務家のための税務相談（民法編）第二版』一三〇頁参照（有斐閣、平成二三年）。
3　国税不服審判所ＨＰ　http://www.kfs.go.jp/service/JP/91/12/index.html（最終閲覧日平成29年5月8日）
4　新井隆一「判批」ジュリ七四九号一七一頁以下参照（昭和六〇年）。
5　以下の沿革については、武田昌輔監修『ＤＨＣコンメンタール相続税法』（第一法規、加除式）二五一三頁以下参照。
6　以上の論述については、泉美之松＝栗原安『相続税富裕税の実務（補訂版）』一五四頁以下参照（税務経理協会、昭和二六年）。

7　橋本守次「ゼミナール相続税法―六七「申告及び納付（その一）」」税務弘報四八巻八号一〇三頁以下参照（平成一二年）。

8　政府税制調査会の「平成四年度の税制改正に関する答申」において「土地の相続税評価の適正化に対応して納税環境の整備を図るため、相続税に係る申告期限等について所要の改善等を講ずることが適当である」との指摘に基づいて行われたものである（国税庁『平成四年改正税法のすべて』二四三頁以下参照（大蔵財務協会、平成四年）。

9　この点、実務の取扱いも同様に、「相続の開始があったことを知った日」の解釈については、「自己のために相続の開始があったことを知った日」と解されている（相基通二七-四）。

10　金子宏『租税法第二二版』六五二頁以下参照（弘文堂、平成二九年）。

11　一方、履行の時期については、動産については、引渡し、不動産については、登記もしくは引渡しの有無が判断の基準ではあるが、この点、租税回避の問題も含めて難しい。この名古屋高判平成一〇年一二月二五日は、課税権の除斥期間の進行と係る問題であるが、同判決は、公正証書によっても、書面による贈与事実自体を否認する事実認定をし、登記時まで履行がなかったとしている（三木義一「判批」『租税判例百選第五版』一四六頁以下参照（有斐閣、平成二三年）。

12　この点、実務においても相続税法基本通達（昭三八直審（資）四、昭五七直資二-一七七、平一五課資二-一、平一七課資二-四改正）は、贈与による財産の取得の時期は、書面によるものについては、その契約の効力の発生した時、書面によらないものについては、その履行の時として取扱われている（相基通一の三・一の四共-八）。また、前記の裁判例と同様に所有権等の移転の登記又は登録の目的となる財産について、相続税法基本通達一の三・一の四共-八の（二）の取扱いにより贈与の時期を判定する場合において、その贈与の時期が明確でないときは、特に反証のない限りその登記又は登録があった時に贈与があったものとして取扱うものとしている（相基通一の三・一の四共-一一・昭五七直資二-一七七改正、平一五課資二-一改正）。

13　金子・前掲注10・六五二頁。

14　三木・前掲注11・一四七頁参照。
15　新井・前掲注4・一七一頁以下参照。
16　坂元弘一「判批」税大ジャーナル二六号二三四頁以下参照（平成二八年）。
17　村田渉＝山野目章夫編著『要件事実論三〇項［第三版］』五頁参照（弘文堂、平成二五年）。
18　村田＝山野目・前掲注17・六頁参照。
19　渋谷雅弘「判比」税研一八巻三号三一頁（平成一四年）。
20　増田・前掲注1・四九一頁以下。
21　松沢智『租税実体法（補正第二版）』一一一頁（中央経済社、平成一五年）。
22　我妻ほか『我妻・有泉コンメンタール民法―総則・物権・債権第三版』一〇三八頁以下参照（日本評論社、平成二五年）。柚木馨＝高木多喜男『注釈民法（14）債権（5）』九頁以下参照（有斐閣、平成二三年復刊版）。

（川井　和子）

第2章　遺産分割協議書の効力と名義預金の相続財産該当性

はじめに

相続税において、家族名義の預貯金等が、いわゆる名義預金として、被相続人に帰属する相続財産と認定されることは少なくない。この名義預金等は、単に名義を家族のものとしているだけで、実質的な所有者が被相続人であるもの、形式的には名義人への贈与とされているが、実質的には贈与されていないもの、贈与の履行がなされていないもの等に大別され、その帰属を巡って争いのあるところである。

本事案は、原処分庁も審判所も共に、贈与契約の成立そのものは認められるとしたものの、本件贈与は書面によらない贈与契約であり、被相続人の生存中に、請求人らに対し「贈与の履行」があったとは認められないとして相続財産に該当するとした。

さらに、裁決は相続財産とした定期預金を「本書に記載のない財産は特定の者に帰属する」とする遺産分割協議書の記載にかかわらず、未分割財産に該当するとした。

そもそも遺産分割協議書の記載内容は、将来新たな遺産が発見されたことを原因としての、相続人間のトラブル回避の観点から記載されているものである。

憲法上の納税義務は、租税法律主義のもと、法に規定する税負担を国民に命ずるにとどまり、法を離れて義務は存しない。そして、税法は私法上の法律関係を前提に適用されるものであるから、私的自治の原則の下で有効に遺産分割手続きが法的に履行されている以上、私法上の法律構成を優先させるべきであり、私法上の法律関係を無視して新たな法律関係に引き直して課税を行う場合には、租税法律主義の下で特別な個別的税法規定が必要とされる。そうでなければ、納税者の予測可能性と法的安定性は担保されないことになる。

Ⅰ　事案の概要

共同審査請求人であるG、J、K、L、M及びN（以下、それぞれの請求人を「請求人G」のようにいい、共同審査請求人を併せて「請求人ら」という。）は、平成一九年五月〇日を相続開始日とする被相続人P（以下「本件被相続人」という。）の相続（以下「本件相続という。」）に係る相続税について法定申告期限までに申告した。

原処分庁が、調査に基づき、請求人らの各人名義の定期預金は被相続人の死亡によって効力を生ずる贈与によりそれぞれ取得されたものと認められるから相続税の課税財産に該当するなどとして、修正申告の慫慂をしたところ、請求人らのうちJのみが、平成二二年三月二五日に修正申告をしたので、同人に対し過少申告加算税の賦課決定処分を、また残りの請求人らに対し各更正処分及び過少申告加算税の各賦課決定処分（同年四月一九日付）を、それぞれしたのに対し、請求人らが、当該各定期預金は生前に請求人らに対し贈与されていたものであるから相続税の課税財産に該当せず、また、請求人Jがした修正申告は原処分庁によって修正申告が必要であるとの錯誤に陥れられたことによりなされたものであるから無効であるなどとして、当該更正処分等の一部の取り消し等を求めた。

Ⅱ　争点及び争点に関する当事者の主張

１　争　点

本件各定期預金は、本件相続に係る相続税の課税財産に当たるか否かである。

２　当事者の主張

(１) 原処分庁の主張

次の理由から、本件各定期預金は、本件被相続人の死亡により効力を生ずる贈与（死因贈与）によって、名義人である請求人らがそれぞれ取得したものと認められるので、相続税の課税財産となる。

①　死因贈与による取得

本件各定期預金は、相続税の納税に使うことを目的とし、他のことに使うことのないよう本件被相続人が請求人Ｇに対して指示し、Ｇが本件被相続人の当該指示を他の請求人らに伝えた上で預けられているとみとめられることから、本件被相続人が請求人らに対し、本件被相続人が亡くなった際に請求人らが使用できる旨の条件を付した上で贈与した死因贈与により請求人らが取得したものである。

②　本件被相続人の贈与の履行

本件各定期預金は、本件被相続人から請求人らに対して贈与する意思表示が行われており、請求人らも本件被相続人から贈与があることを承知していたものの、請求人らに対し、本件各定期預金に係る各届出印鑑については交付がなく、本件各定期預金の一部については証券の交付もなく、請求人らが本件各定期預金を自由に運用したり処分できる状態にないため、本件各定期預金の預け入れ及び証券の交付のみをもって、本件被相続人の生前中に贈与が履行されたものとはいえない。

（2）請求人らの主張

これに対し、次の理由から、本件各定期預金は、本件被相続人から生前中に贈与されたものであり、相続税の課税財産に該当しない。なおこの贈与には何ら停止条件は付されていないとし、これらの処分を不服として審査請求に及んだものである。

① 本件被相続人の贈与の意思表示

ア 平成一〇年各定期預金

本件被相続人の妻Tの一〇〇日の法事をおこなった平成一〇年八月一日に、請求人らのうちN（請求人Gの妻であり、被相続人の養子）を除く請求人ら五人に対し、一人当たり一〇〇万円ずつ、預金を贈与する旨の意思表示をした。

イ 平成一五年各定期預金及び平成一六年各定期預金

請求人ら及びその家族全員を自宅に招いて会食をした平成一五年八月一三日に、請求人らに対し、平成一五年及び平成一六年にそれぞれ一人当たり各一一〇万円ずつ、預金を贈与する旨の意思表示をした。

② 請求人らの贈与の受諾

上記①の本件被相続人の贈与の意思表示があった時に、請求人らは一同に会してしており、請求人らは当該意思表示に対して拒まず「どうも」といった応答をして贈与を受諾した。

③　本件被相続人の贈与の履行

ア　請求人Ｇ及びＮの各名義の定期預金

本件各定期預金のうち、請求人Ｇ及びＮの各名義の定期預金については、当該定期預金の預入のつど、当該各定期預金の証書を本件被相続人から請求人Ｇ及びＮに手渡すことによって履行された。

イ　請求人Ｋ及びＬの各名義の定期預金

本件各定期預金のうち、請求人Ｋの名義の各定期預金については、平成一六年一月末ころ、当該定期預金の証書を本件被相続人からまとめてＫに、また請求人Ｌの名義の各定期預金については、同時期に当該各定期預金の証書を本件被相続人からまとめてＬの妻を通じてＬに、それぞれ手渡すことによって履行された。

ウ　請求人Ｊ及びＭの各名義の定期預金

本件定期預金のうち、請求人Ｊ及びＭの各名義の定期預金については、当該各定期預金の預け入れのつど、当該各定期預金の証書を本件被相続人から請求人Ｇに手渡すことによって履行された。なお請求人Ｊ及びＭは、そのことを請求人Ｇから知らされており、Ｇに当該各定期預金の証書を預けていたものである。

Ⅲ　裁決の要旨　＜一部取消し、棄却ほか＞平成二三年八月二六日裁決・裁決事例集八四集二八七頁

1　本件各定期預金に関する書面によらない贈与契約がそれぞれ成立したものと認められるものの、書面によらない贈与は、その履行が終わるまでは当事者がいつでもこれを取り消すことができることから、その履行前は目的財産の確定的な移転があったということはできないので、この場合の贈与の有無、すなわち、目的財産の確定的な移転

による贈与の履行の有無は、贈与されたとする財産の管理・運用の状況等の具体的な事実に基づいて、総合的に判断すべきである。

2　定期預金を自由に運用するためにはその届出印が必要となるところ、届出印は、その保管状況・使用状況・各名義人の当該届出印に対する認識及び各定期預金に係る証書の改印状況などを勘案すると相続開始時点においても本件被相続人が引き続き管理していたものと認められることから、確定的な移転があったとまでは、みることができない。したがって、本件各定期預金は、贈与によって請求人らが取得したものとは認めることができず、相続税の課税財産に該当する。

3　ただし、本件各定期預金は、遺産分割協議書に記載がなく、同書には「本書に記載のない遺産はすべて請求人Gが取得する」旨記載されているものの、請求人らの間において、当該遺産分割協議の時点で、遺産分割対象財産と認識していなかったと解されることから、相続税法第五五条《未分割遺産に対する課税》に規定する未分割財産であるとみるのが相当である。

Ⅳ　研　究…裁決に反対

1　問題の所在

請求人らは本件各定期預金が、本件被相続人から生前中に請求人らに贈与されたものであり、相続財産に該当しないと主張したのに対し、原処分庁も審判所も共に、書面によらない贈与契約の成立は認められるとしたものの、被相続人の生前中に各名義人への確定的な移転があったとは認められないとして、贈与契約に係る履行はなされておらず、同預金は相続税の課税財産に該当するとした。

さらに、相続財産に該当するとした本件各定期預金について、原処分庁は死因贈与によって各請求人らは取得したものであるとしたのに対し、審判所は請求人らの間において遺産分割協議の時点で遺産分割対象財産と認識していなかったと解するのが相当であり、遺産分割協議書に「本書に記載のない財産はすべて請求人Ｇが取得する」旨の記載があったとしても、未分割財産に該当するとみるのが相当であると裁決した。

もとより、相続税、贈与税の課税原因である「贈与」、「相続」、「死因贈与」、「分割」、「未分割」等の用語は、相続税法では特別に規定されておらず、税法における借用概念である。

税法が他の法領域で使用されている用語を取り込み、特に別段の規定（定義規定）を置いていない場合には、当然に他の法領域において確定している意義と同義で用いているものと解すべきである。税法独自の解釈を認めることになると納税者の予測と安定性を阻害することになると解されている[1]。

①書面によらない贈与契約の履行について、さらに、②遺産分割協議書の記載内容にかかわらず未分割財産とした本件裁決について、考察することとする。

２　書面によらない贈与契約の履行

(1)　贈与の法的性質

①　贈　与

贈与は、「当事者の一方が自己の財産を無償にて相手方に与える意思を表示し、相手方が受諾することによって、効力が生ずる」（民法五四九）とし、贈与契約は双方の合意で成立する諾成契約であり、書面や引き渡しは成立要件とされていない。

贈与は、受贈者が贈与者の義務に対応するような義務を負わない片務契約であり、受贈者から贈与者への対価の支払いもない無償契約である。

しかし、法は「書面によらない贈与は、各当事者が取り消すことができる。ただし、履行の終わった部分についてはこの限りではない。」（民法五五〇）と、規定しており、書面によらない贈与は、履行されるまでは、撤回される可能性があることになる。

この反対解釈として、書面による贈与は原則として撤回することができないと解されている。[2]

② 民法五五〇条の立法趣旨

書面によらない贈与が、履行した部分を除き撤回することができるとする撤回権の立法趣旨は、贈与が片務契約・無償契約であることから、（イ）軽率な贈与を防止することと（ロ）贈与者の意思が客観的に明確になることを待つことで、将来の紛争を防止することにあるといわれている。

（2）贈与の成立時期

① 相続税法と国税通則法

相続税法は、贈与により財産を取得した個人は、贈与税の納税義務があると規定しているが（相法一の四①）、贈与の定義は、相続税法では定められていないため、民法の規定に従って解釈することとなる。

民法上の原則によれば、書面によらない贈与が履行前に撤回可能であることを除けば、贈与自体は諾成契約として口頭によっても成立し、権利移転も生じうる（民法五四九）のであるが、国税通則法は、贈与税の課税対象となる贈与の成立時期について、「贈与による財産の取得の時」と規定し（国通法一五②五）、さらに財産取得時期の判断基準として、相続税法基本通達を設けている。[3]

この通達によると、贈与が行われた財産取得の時期は、書面によるものについてはその契約の効力が発生した時、書面によらないものについてはその履行の時を、その判断の基準にしている。贈与税は、財産の無償取得により受けた財産の経済的利益に担税力を求めているものであることから、その担税力に対する課税時期としてはいかなる時点が適切であるかという観点から、「財産の取得の時期」が問われている。

② 贈与履行時期を巡る裁判例

ア 書面によらない贈与契約（不動産贈与）成立後、長期間にわたって登記を行わなかった事案について、裁判所は相続税法一条の二（現行法「四」）は、「財産の取得」を課税原因とし、国税通則法一五条二項五号は贈与税の納税義務が、右「財産の取得」の時に成立するものとしているところ、「右『取得』の概念について税法上格別に定義づけた規定も見当たらないので、右国税通則法にいう『贈与による財産の取得の時』についても、民法の一般理論と別異に解すべき根拠も特に見出しがたいところ、判例通説の一般理論によれば贈与は贈与者の贈与の意思表示を受贈者が受諾することにより成立し、他に特段の行為なくして財産権移転の効力を生ずる（民法五四九条）ものとされているから、右『取得の時』とは贈与契約（意思表示の合致）が成立した時をいうものであって、これは書面によらない贈与の場合においても変わりはないものと解するのが相当である。」とした裁判例がある。[4]

この判示内容によると、口頭契約による贈与で履行も登記もせずに、除斥期間を経過すれば課税を受けないで済むとの誤解を招くこととなった判決である。

イ その後、同様の裁判で[5]「書面によらない贈与はその履行が終わらないうちは、各当事者において何時でもこれを取り消すことができる（民法五五〇条）のであるから、受贈者の地位は、履行の終わるまでは不確実なものといわざるを得ない。右のような書面によらない贈与の性質に鑑みれば、贈与税の納税義務者について規定する相続税法一条の二にいう『贈与により財産を取得した時』とは書面によらない贈与の場合においては『贈与の履行の終わった時』を意味するものと解するのが相当であ」り、その時に、受贈者は贈与税の納税義務を負担するに至るとされた。この判決により、履行が終った時点をもって、贈与税の納税義務が成立するとして、一応の整理がなされている。

③　贈与履行時期を巡る問題

しかしながら、贈与契約成立の民法上の原則と税務上の取扱いとでは、財産取得の時期に違いが生じており、贈与の効果が確定した時期を、書面の作成又は履行の行われた時期と解釈すれば、書面の作成時期又は贈与の履行時期がきわめて重要となり、贈与時期を巡る事実認定の問題として顕在化している。

（3）本件贈与契約の履行の有無

①　裁決の判断理由からの検討

ア　裁決は、本件被相続人から各名義人へ確定的な移転があったとみることができないとする理由として、本件被相続人が、本件相続が開始するまで、（イ）本件各定期預金の届出印及び（ロ）本件各定期預金の証書（請求人K及び請求人Lの各名義の定期預金証書を除く）を実質的に管理していたと認めるのが相当であるから、請求人K及び請求人Lの各名義の定期預金を除く本件各定期預金は、いずれも本件被相続人によって管理支配されていたものと認められ、これらの贈与はいつでも本件被相続人によって取り消しうる状態にあったということができるので、請求人K及び請求人Lを除く請求人らにこれらの確定的な移転があったとはいうことはできないとしている。

また請求人Ｋ及び請求人Ｌの各名義の定期預金証書は請求人Ｋ及び請求人Ｌに交付されていることからすれば、証書の管理支配は請求人Ｋ及び請求人Ｌに移転したものと認められるが、定期預金を自由に運用するためにはその届出印が必要となるところ、本件相続が開始するまでの間、本件被相続人が管理していたものと認められるから、請求人Ｋ及び請求人Ｌの各名義の定期預金について確定的な移転があったということはできないとしている。

イ　裁決は、定期預金の証券や届出印の管理支配に重きをおいている。

しかしながら、家族間において同一の印鑑を使用することや、預金証書を実家に預けたままにしている例は多々見受けられるところである。本件事案においてＱ信用金庫からの各定期預金の満期のお知らせ等は、請求人らのそれぞれの住所地に送付されており、請求人らは本件各定期預金証書の名義が請求人らになっていることを確認しており、贈与があることを承知していたのではなく、贈与が履行されたことを承知していたと解すべきではなかろうか。

ウ　誰が預金者であるかという預金の帰属について、通説・判例は客観説を採用しており[6]、預金の出損者が預金者であると解されているが、親が子供に当該金銭を贈与した場合には、子供の預金であるとし、親が便宜的に子供らの名義を借りて、自らの預金として契約した場合は、親の預金とされており、必ずしも定説となっているものではない。

エ　本件事案における本件各定期預金の作成時期や額面金額からして、被相続人が請求人らに贈与の申し出たとおりに本件各定期預金証書が作成されており、その作成経緯から鑑みても、被相続人が便宜的に請求人らの名義を借用して自らの預金として契約をしたものと解するところの「名義預金」ではなく、被相続人から請求人らに対し、贈与契約に基づき履行されたと解すべきであろう。

② 外観と実質からの検討

書面によらない贈与による財産の取得時期について「贈与税においても実質課税の原則を否定するものではないが、一般的には、財産は名義人がその真実な所有者であり、外観と実質が一致するのが通常であること及び贈与が通常親族間で行われることが多く、その事実認定の困難であることを考慮すると、その実質が贈与でないという反証が特にない限り、一般的には、外観によって贈与事実を認定するのが相当である。

民法五五〇条によれば、書面によらない贈与は、贈与の履行の時と解すべく、その履行の時も、特に反証がない限り、外観によって認定するのが相当であり、登記、登録又は名義の変更を伴う場合には、当該登記、登録又は名義変更が行われた時をいうものと解するのが相当である」とする裁決もある。[7]

この裁決では、「外観によって認定するのが相当であり、…当該登記、登録又は名義変更が行われた時をいうものと解するのが相当である。」としており、各定期預金の作成時が、原則として、贈与の履行日と解すべきであろう。

③ 民法五五〇条の立法趣旨からの検討

ア　書面によらない贈与は、履行した部分を除き撤回することができるとする趣旨は、贈与が片務契約・無償契約であることから、（イ）軽率な贈与の防止と（ロ）贈与者の意思の客観的な明確化にあるとされている。

イ　本件事案における認定事実によると、被相続人は亡くなる直前まで頭脳明晰であり、十分な意思能力を有していたとしている。また、被相続人は自らの相続税の試算をR税理士に依頼しており、さらに、請求人Gも同様にR税理士に相続税の試算を依頼し、同税理士から生前贈与などのアドバイスを受けていたことが、認められている。

被相続人の上記状況から鑑みると、被相続人は意思能力・行為能力を有しており、決して軽率な贈与ではなく、考慮した結果であり、被相続人の贈与意思も明らかであるといえる。

ウ　本件事案と類似しているが、請求人ら名義の定期預金は請求人らが生前に贈与により取得したものと認定された裁決事例[8]（以下「類似裁決」という。）がある。類似裁決の判断理由によると、(ⅰ) 請求人らに贈与する意思があったと推認されること、(ⅱ) 定期預金に見合う金額の贈与税の申告と納税がなされていること、(ⅲ) 請求人らは贈与税の申告等について少なからず承知していたこと、(ⅳ) 請求人らは、相続開始前までに被相続人から本件定期預金の通帳をうけとっていると推認されることの四点を挙げている。

類似裁決は、本件事案と同様、定期預金の預入手続きは、被相続人自らが行っており、当該定期預金証書と当該印章も、当該相続人らの一人が預かっており、その後証書は交付されたと推認されるものの、印章は被相続人の死亡まで相続人らに交付されていなかった事案である。

類似裁決は、被相続人は相続人である請求人らに贈与する意思があったことが推認されることを挙げているが、本件事案でも被相続人の贈与意思は明確である。また、贈与税の申告がなされていたことを、その判断理由の一つとして採用しているが、本件事案では、贈与税の基礎控除額以下の贈与であったため、贈与税の申告義務は存在しない。

類似裁決の判断理由からしても、本件事案は贈与がなされていたと解すべきであろう。

④　民法五五〇条の書面の位置づけ

本件贈与は書面によらない贈与とされているが、もとより、何が「書面」にあたるかは明確には規定されてはおらず、民法に言う「書面」と認められるには、贈与の意思が看取できる内容があれば足りるとされている。

この点、判例はかなり緩やかに解しており、農地の贈与に際し、県知事に対する農地所有権移転許可申請書に贈与者の財産移転の意思が明白にされているということで、この申請書を「贈与書面」とした判例もあり[9]、また贈与者の第三者あて内容証明郵便が「書面」に当たるとされた判例もある。[10]
このことからすれば、定期預金証書作成手続書類も「書面」と解しても良いのではなかろうか。

⑤　結　論

審判所は、証券や届出印鑑の管理支配を重視して相続財産であると認定したが、被相続人の明確な贈与意思と請求人らの受諾意思の合致に基づき、請求人ら名義の各定期預金を作成したものであることから、その定期預金作成時点において、贈与契約が履行されたものと解すべきである。

3　遺産分割協議書の効力と税法上の未分割財産

(1)　遺産分割と遺産分割協議書の作成

①　遺産分割

遺産分割とは、相続財産が共同相続人の共有となっている場合にこれを各相続人の相続分に応じて分割し、各相続人の単独財産にすることをいい、民法は遺産分割をすることを原則としている（民法九〇六～九一四）。分割方法は、遺言があればそれに従い、なければ共同相続人の協議により、協議が調わなければ家庭裁判所にその決定を請求することができる。分割の効力は相続開始時にさかのぼるが、それまでに第三者が得た権利は害されない。[11]

②　遺産分割協議書の作成

共同相続人の協議が調うと、遺産分割協議書の作成をすることになるが、遺産分割協議書の作成は法的に要求されているものではない。しかしながら遺産分割が調った明確な証として、不動産の相続登記を行う場合や預貯金、株式等の名義変更手続き、相続税の申告を行う場合等、各種の相続手続上において遺産分割協議書は要求されている。

遺産分割協議書に共同相続人全員が署名押印すると遺産分割は適法に成立し、各相続人は遺産分割に異議を述べられなくなるので、後日の相続人間の争いの余地を残さないよう、慎重を期して作成されている。

(2) 遺産分割協議書作成後の新たな相続財産の発見

遺産分割協議書を作成した後で、新たに相続財産が発見された場合、法的にどのように解するのであろうか。当初作成された遺産分割協議書は、果たして無効となるのか否か。これは、相続財産をどのように考えるのかということであり、本件裁決事例とも関連する問題である。

① 共有説と合有説

ア　民法八九八条は、「相続人が数人あるときは、相続財産は、その共有に属する。」と規定しており、この条文が規定する相続財産の「共有」の性質を巡り、共有説と合有説との間の学説上の議論がされてきた。いずれの立場によるかにより、その後の対応が異なる。

イ　共有説は、遺産の共有を民法二四九条以下の共有に近いものと解し、遺産の共有持分の処分の自由を積極的に認める立場であるのに対し、合有説は、遺産の一体性・団体性を強調し、民法六七六条が組合財産の持分処分を制限しているのと同じように、遺産中の個々の財産に対する持分の処分を制限的に解する立場である。

戦前は、民法九〇九条のただし書き「ただし第三者の権利を害することはできない。[12]」に対応する規定がなかったため、合有説に有利な状況にあったが、今日的では、共有説の方が支配的である。

ウ　判例は、「相続財産の共有は、民法改正の前後を通じ、民法二四九条以下に規定する『共有』とその性質を異にするものではない。[13]」としており、一貫して共有説をとっている。

② 遺産分割協議書を作成した後で、新たに相続財産が発見された場合、共有説によれば、相続財産は個々の財産の

集積と考えるので、見つかった財産について、新たに分割を協議すれば良いことになる。しかし、合有説の立場によると、先に協議した相続財産と新たな財産を加えた相続財産とは異なることになり、協議すべき財産が異なるのであるから、当然先に作成された遺産分割協議書は無効となり、新たに見つかった財産を加えた相続財産で、再度、協議し直さなければならないことになる。

一般的には共有説が支持されているのであるが、遺産分割協議書の作成目的が相続人間の後日の争いを防止する目的であることから、遺産分割協議書に一定の条項を入れているのである。

本件事案における「本書に記載のない財産は特定の者に帰属する」旨の記載も、同様である。

(3) 裁決の判断理由からの検討

①　裁決の判断理由

裁決は、そもそも本件各定期預金については、本件被相続人の生前中に本件被相続人と請求人らとの間で書面によらない贈与契約が成立していたことからすると、遺産分割協議書に「本書に記載のない遺産はすべてGが取得する」旨記載されているとしても、請求人らの間において、遺産分割協議の時点で、本件相続に係る遺産分割対象財産と認識していなかったと解するのが相当であり、本件各定期預金を遺産分割協議書に記載のない財産として、Gが相続することを予定して遺産分割協議がされたとは認められないことから、本件各定期預金は、相続税法五五条に規定する未分割財産に該当するとみるのが相当であると、その判断理由を述べている。

②　遺産分割協議書の記載条項

しかしながら、遺産分割協議書に「記載のない財産は、Gに帰属する。」との条項は、相続人である請求人ら全員の協議においてなされたものである。

前述した学説上の対立もあることから、将来新たな遺産が発見されたことを原因としての、相続人間の争い防止の観点から記載されているものであり、本件各定期預金が被相続人に帰属する名義預金であるとするなら、遺産分割協議書の記載内容どおり、Gに帰属することになる。

③　相続人である請求人らの認識の有無

裁決は、遺産分割協議の段階において、請求人らが遺産分割対象財産として認識していないから、未分割財産であると主張しているが、もとより、「記載のない財産は、Gに帰属する。」旨の条項は、相続人である請求人らの認識の有無は問わないと解すべきであろう。

裁決は、相続人である請求人らの認識の有無をもって、相続税法五五条に規定する未分割財産であるとしているが、相続税法五五条、三二条一号にいう「当該財産の分割」の意義について、裁判例は、「当該財産の分割とは、民法九〇六条の遺産分割を指すものと解するのが相当である。[14]」としており、税法独自の「未分割財産」はあり得ない。

本件裁決は、私法上、適正になされた遺産分割協議書の記載内容を無視した裁決であり、租税法律主義に内在する法的安定性・予測可能性の要請からも当を得ないものと解する。

おわりに

一般的に、家族名義の預金について、預金の原資となる資金が被相続人の預金等から支出され、名義人へ移転されている場合、相続税実務において問題となるケースが少なくない。

単なる名義預金なのか、それとも贈与されたものなのか。家族への贈与事実が認められる預金の場合には、家族本人の預金として相続財産から除外されることになる。

両者の判定は丹念な証拠に基づく事実認定によりなされるべきである。

贈与税の申告の有無と贈与が履行されたか否かの判断は別の問題であるが、実務的には、贈与事実の一つの証拠資料として贈与税の申告書が採用されることもある。

生前贈与をする場合には、無用なトラブルを回避する観点から、贈与時に贈与事実を明らかにしておくことが望ましいことは言うまでもない。

本裁決は、被相続人に帰属すると認定した相続財産を、遺産分割協議書の記載にかかわらず、課税庁独自の事実認定を支持し、書面の記載の効力をなぜ否定するのか、その法的根拠を示さないまま未分割財産であると認定した。本来、納税者の権利救済を目的としている審判所の裁決が新たな私法上のトラブルを生じさせる要因になるのではなかろうか。もとより、相続財産をどのように分割するかは、相続人らが選択すべき私法上の問題であり、税法が介入すべき問題ではないことをここに確認して本研究の結論としたい。

1　山田二郎『税法講義第二版』三七頁（信山社、平成一三年）。

2　判例は、例外的に受贈者に著しい忘恩行為が認められる場合には、民法五五〇条により撤回できない場合でも、民法一条二項（信義誠実の原則）により撤回しうるとしている（最判昭和五三年二月一七日判タ三六〇号一四三頁）。

3　相続税法基本通達一の三・一の四共-八-一の三・一の四共-一一。

4　京都地判昭和五二年一二月一六日税資九六号四八五頁、控訴審（大阪高判昭和五四年七月一九日税資一〇六号一〇三頁）において、原審は取り消され、所有権移転登記がされる日に贈与ありとし、その日に納税義務が成立したとされた。上告審（最判昭和五六年六月二六日税資一一七号七七〇頁）も原判決を破棄している。
5　横浜地判昭和五二年四月一三日税資九四号三九頁、東京高判昭和五三年一二月二〇日税資一〇三号八〇〇頁。
6　最判昭和三二年一二月一九日民集一一巻一三号二二七八頁、最判昭和四八年三月二七日民集二七巻二号三七六頁。
7　国税不服審判所平成八年二月一日裁決。
8　国税不服審判所平成一一年三月二九日裁決。
9　最判昭和三七年四月二六日民集一六巻四号一〇〇二頁。
10　最判昭和六〇年一一月二九日民集三九巻七号一七一九頁。
11　法令用語研究会編『法律用語辞典第四版』（有斐閣、平成二四年）。
12　前田陽一・本山敦・浦野由紀子『民法Ⅵ親族・相族第四版』三〇九頁以下（有斐閣、平成二九年）。
13　最判昭和三〇年五月三一日民集九巻六号七九三頁。
14　大阪高判平成二二年五月二〇日訟月五八巻五号二一三二頁。

（加瀬　昇一）

第3章　名義財産は被相続人に帰属するか否かの認定判断

はじめに

本件は、被相続人以外の者の名義である財産について、その財産が被相続人に帰属するのか否かが争われた事案である。財産の帰属を判断するにはもちろん名義が重要な要素となるが、形式と実質が一致していない場合においても名義人という形式はどの程度まで優先されるのか。真実の事実関係を確定するにはどのような過程を経て結論に至るのか。租税法は、担税力に応じた課税の公平を実現するため、事実の認定は証拠の積み上げに基づく判断が当然に要請されなければならない。本章では、裁決事例（平成二三年五月一六日裁決）を素材として名義財産の帰属をどのように確定するのかその事実認定の基準及びプロセスを検討する。

Ⅰ　事案の概要

本件は、共同相続人である本件被相続人の妻Gと本件被相続人とGとの間の子であるJ及びKの相続税について、原処分庁が共同相続人G、J、Kを契約者とする各生命保険契約に関する権利並びに共同相続人名義の各有価証券及び各預貯金等は相続財産であるとして更正処分を行った。これに対し、共同相続人G、J及びK（併せて「請求人ら」という）が、更正処分で相続財産とされた財産は各共同相続人固有の財産であるとして、当該各処分の取消しを求めた事案である。

Ⅱ　争点及び争点に関する当事者の主張

１　争　点

本件請求人らの名義の財産は、本件被相続人の相続財産であるか否か。

（本件は、他にも争点があるが本稿では、他の争点については言及しないものとする）

２　争点に関する当事者の主張

次頁図表の通りである。

原処分庁	請求人ら
本件請求人ら名義財産が相続財産に当たるか否かは、当該財産の原資、管理・運用の状況等から総合的に判断するのが相当であるところ、次の理由から、本件請求人ら名義財産は相続財産である。 (1)　請求人らは、本件被相続人が請求人ら名義を利用して資産運用していた旨を自認しており、いずれも本件被相続人の生前中には、本件被相続人から本件請求人ら名義財産の各口座の名義利用の具体的な内容や資産の残高などの説明を受けておらず、資産運用の内容も承知していた事実がないことや、本件被相続人が使用印鑑を管理したり、金融機関から送付された文書を保管していたものもあったことなどから、本件被相続人が自己の財産として、本件請求人ら名義財産を管理し、運用していたと認められる。 (2)　本件請求人ら名義財産の原資の一部である上場株式の配当金が請求人ら名義の固有の財産である普通預金口座に入金されているからといって、本件請求人ら名義財産が請求人ら固有の財産と判断されるものではない。 (3)　本件被相続人は、請求人らに対し、本件請求人ら名義財産又はその原資となる金員について、贈与の意思表示をしていないことから、本件請求人ら名義財産又はその原資は、請求人らに対して贈与されていない。	次の理由から、本件請求人ら名義財産は請求人らに帰属する固有財産である。 (1)　本件請求人ら名義財産は、本件被相続人から贈与された金員を原資とし、請求人ら固有の財産として各金融機関の名義人固有の各口座において本件被相続人により資産運用されたものである。 (2)　本件請求人ら名義財産の原資であるＲ証券の各名義人口座に入庫した上場株式は、その配当金が請求人ら固有の財産であるＴ銀行ａ支店の各名義人普通預金口座に入金されていることから、請求人ら固有財産であり、当該上場株式を原資とする請求人ら名義の財産も、請求人ら固有の財産である。 (3)　別表２の番号１の生命保険契約に関する権利は、請求人Ｇ固有の財産であるＴ銀行ａ支店及びＳ銀行ｍ支店の各請求人Ｇ名義の預金を原資の一部としたものである。

Ⅲ　裁決の要旨　＜一部取消し＞平成二三年五月一六日裁決・裁決事例集八三集七九九頁

預貯金、有価証券等の財産の帰属を判断するためには、その名義が重要な要素となることはもちろんであるが、他人名義で財産を取得することや取引口座の開設をすることも、特に親族間においては珍しいことではないことからすれば、それらの原資をだれが負担しているか、取引や口座開設の意思決定をし、その手続を実際に行っていたのはだれか、その管理又は運用による利得を収受していたのがだれかという点もまた帰属の認定の際の重要な要素ということができ、実際に帰属する者の認定は、これらの諸要素、その他名義人と実際に管理又は運用をしている者との関係等を総合的に考慮してすべきであるので、これらに基づいて、本件請求人ら名義財産が本件相続の相続財産であるか否かを検討した結果は、以下のとおりである。

1　本件請求人ら名義財産の原資の負担者

本件請求人ら名義財産のうち、…、その形成過程は、…昭和五一年から昭和五三年にかけて行われたＡ社の本件被相続人及び請求人らの名義の取引口座の開設であり、その後継続されたことによって、…財産が形成されたものと認めるのが相当であるから、その当時の請求人らの収入状況及び年齢を加味すると、当該財産の原資の負担者は、本件被相続人であると推認するのが相当である。

2　本件請求人ら名義財産に係る取引や口座開設の実質の遂行者

本件請求人ら名義財産が形成される過程の取引及び口座開設等の実際の手続は、本件被相続人又は本件被相続人の指示を受けたGによって行われた。…当事者間にも争いがない。

3　本件請求人ら名義財産の管理

証書等が発行されたものの保管場所は、…預金通帳は本件被相続人の自宅、…各保険の証券は各契約名義人の自宅、それ以外の財産に係る証書等は、本件相続の開始日後にGが開設した…G名義の貸金庫（…本件相続の開始日前は本件被相続人の自宅に保管されていた。）にそれぞれ保管されており、証書等が発行されなかった各投資信託の「取引報告書」…は、各口座名義人の住所あて送付されていた。そして、…各保険及び証書等が発行されなかった財産の届出印鑑は、J及びKの結婚後の苗字によるものであり、各契約名義人の自宅にそれぞれ保管されていたが、それ以外の財産の届出印鑑は、Gという印影を除き、J及びKの名前のみの印影によるものであり、いずれも本件被相続人の自宅に保管されていた。

ところで、…各保険を契約した際の手続は、…本件被相続人又は本件被相続人の指示を受けたGの指示に基づき、J及びKによって行われたのであるから、…これらの証書及び届出印鑑の保管場所がJ及びKの自宅であったこと、あるいは、使用された印影が結婚後の苗字によるものであったことをもって、本件被相続人がその管理を放棄し、J及びKのものになったとはいえず、…、Kに対して送付された「ご契約内容のお知らせ」と題する書面が、本件調査の時点においても本件被相続人の自宅に保管され、…、本件被相続人がJ及びKの名義の財産を同程度の価額にしようと生前に発言していたことを併せてみると、…、本件被相続人が本件各保険の管理を放棄したとは推認することができず、請求人らもこれに反して本件各保険を処分しようとした形跡も見受けられない。

また、…本件各投資信託の届出印鑑の保管場所は、請求人らのそれぞれの自宅であり、「取引報告書」と題する書面も口座名義人である請求人らあてに送付されたのであるが、…、本件請求人ら名義財産に係る取引や口座開設等の手続の遂行者は、実質的に本件被相続人であったと認めるのが相当である上、…、Ｋあてに送付された「取引報告書」と題する書面が本件被相続人の自宅に保管されていたことを併せてみると、…本件被相続人が、本件各投資信託の管理を放棄したと推認することができず、請求人らもこれに反して本件各投資信託を処分しようとした形跡も見受けられない。

さらに、上記以外の本件請求人ら名義財産の証書等及び届出印鑑の保管場所は、…、本件調査の時点において、本件被相続人の自宅か、Ｇが本件相続の開始日後に開設した貸金庫であり、当該貸金庫に移管されるまでの保管場所が、本件被相続人の自宅以外の場所であったと推認できる客観的な証拠もない。

４　本件請求人ら名義財産の運用

Ｒ証券で行われた取引に係る資金の原資の負担者は…、本件被相続人であったと認めるのが相当であり、…本件被相続人の生前のＪ及びＫ名義の財産を同程度の価額にする旨の発言をしていたことに加え、…資金の流れをみると、本件被相続人の意図に基づいて資金が回されていたものと認められ〔る〕。

５　本件請求人ら名義財産に係る利得の享受

請求人らの名義の上場株式のうち、配当金の支払方法について振込みを選択した配当金の振込先に係る通帳及び印鑑は、いずれも、請求人らの名義の口座ではあるが、通帳及び印鑑は本件被相続人の自宅にて保管されていたのであるから、これらの利得を享受し得る立場にあったのは、請求人らではなく、本件被相続人であると認められる。

上記…によれば、請求人ら名義財産は、G固有の財産と認められる…各財産を除き、本件相続の相続財産と認められる。

Ⅳ　研　究…裁決に賛成

1　関係法令

相続税法一条の四に規定される贈与税の課税原因になる贈与は、同法上明らかな定義がないため、民法における贈与をいうものと解される。

よって、贈与は贈与者の贈与の意思表示に対して受贈者がこれを受諾することによって成立する契約をいうものと解される。

また、書面によらない贈与は、民法五五〇条の規定によると履行の終了した部分はこれを取り消せない旨定めていることからすれば、相続税法一条の四に規定される贈与税の課税原因となる贈与が書面によらない贈与によりなされた場合の贈与の時期は、贈与の履行が終了した時と解するのが相当であろう。

2　間接事実による要件事実の推認

要件事実に対して直接証拠により要件事実の認定を行う場合、例えば贈与の存否について贈与契約成立の真正を認める贈与契約書があれば、それによって当該贈与契約書記載の贈与契約が締結されたことは確実に認定することができる。

この場合、間接事実から贈与契約の成立を推認する場合より、認定の過誤の可能性は低いこととなるだろう。しかし、いつも直接証拠があるとは限らない。

本件でもそうであるが贈与者と受贈者が夫婦等密接な関係がある場合などは、贈与契約書を作成しないことは少なくないであろう。

このように直接証拠がない場合は、贈与の存否という要件事実を推認させる間接事実[1]を証明することによって贈与の存否という要件事実を推認することとなる。

3　名義財産の帰属が争点となった判例における要件事実を推認するための間接事実

(1)　東京地判平成一八年九月二二日

「株式や貸付信託・預貯金等の帰属を認定するに当たっては、その名義が重要な要素となることはもちろんであるが、他人名義で株式の取得・口座の開設をすることも、特に親族間においては通常みられることからすれば、株式購入や預入金の①原資を誰が負担しているか、②株式取得・口座開設の意思決定をし、手続を実際に行っていたのは誰か、③その管理又は運用による利得を収受していたのが誰かという点もまた帰属の認定の際の重要な要素ということができ、実際に株式や貸付信託・預貯金等が帰属する者の認定は、これらの諸要素、④その他名義人と実際に管理又は運用をしている者との関係等を総合考慮してすべきものと解される。」と判示したうえで、「本件有価証券等は、いずれも丁（被相続人：筆者挿入）名義によるものではないが、丁が原資を負担して取得し、その後も一貫して、丁がこれを一括管理していたものであり、株式の配当金については、これを自ら取得していたというものということができるのであるから、これらは、丁に帰属する相続財産と認めるのが相当である」と判示している。

また、原告の丁から各名義人に贈与があったという主張に対して「丁の生前、本件有価証券等について、その名義人が通帳、ノート、株券等の必要書類の交付を求め、丁がこれに応じたという事実は存在しないのであって、結局のところ、丁は死亡時まで、これらの管理・保管を続けていたことになるのであるから、丁からその名義人に対し、贈与の意思表示があったとも、その履行がされたともみることができない。」と判示している。

この判決で、裁判官は名義財産の事実認定において、間接事実による要件事実の推認において経験則となる前提を四つ示したうえで総合判断している。

（2）東京地判平成二〇年一〇月一七日

「ある財産が被相続人以外の者の名義となっていたとしても、当該財産が相続開始時において被相続人に帰属するものであったと認められるものであれば、当該財産は相続税の課税の対象となる相続財産となる。そして、被相続人以外の者の名義である財産が相続開始時において被相続人に帰属するものであったか否かは、①当該財産又はその購入原資の出捐者、②当該財産の管理及び運用の状況、③当該財産から生ずる利益の帰属者、④被相続人と当該財産の名義人並びに当該財産の管理及び運用をする者との関係、⑤当該財産の名義人がその名義を有することになった経緯等を総合考慮して判断するのが相当である。」と判示しながらも、「一般に、財産の帰属の判定において、財産の管理及び運用をだれがしていたかということは重要な一要素となり得るものではあるけれども、夫婦間においては、妻が夫の財産について管理及び運用をすることがさほど不自然であるということはできないから、これを殊更重視することはできず、丁（被相続人の配偶者：筆者挿入）が丙（被相続人：筆者挿入）名義で丙に帰属する有価証券及び預金の管理及び運用もしていたことを併せ考慮すると、丁が本件丁名義預金等の管理及び運用をしていたということが、本件丁名義預金等が丙ではなく丁に帰属するものであったことを示す決定的な要素であるということはできない。」と判示する。

そして、「実際に生前贈与をした土地建物の持分については贈与契約書を作成し、丁が小石川税務署長に対して同贈与によって納付すべき贈与税はない旨の申告書を提出していたのと異なり、本件丁名義預金等についてはそのような手続を何ら採っていないことも考慮すると、丙がその原資に係る財産を丁に対して生前贈与したものと認めることはできないというべきである。」と判示している。

この場合における推認の過程は、以前丁は、丙からその所有する土地と建物について持ち分の一部の贈与を受けた時、贈与契約書を作成し、丁は税務署長に対し納付すべき贈与税はない旨の申告書を提出していた。

そうであるならば、本件丁名義預金等についても贈与税の申告をしてしかるべきであるが、贈与税の申告はしていなかった点が、裁判官の心証形成に大きく影響しているようである。

４　事実認定における経験則の体系化の有用性

上記二つの判例において間接事実による要件事実の推認を見ると、事実の判断をする場合の前提、経験則が極めて重要となっている。

つまり、東京地判平成一八年九月二二日では、「①原資を誰が負担しているか、②株式取得・口座開設の意思決定をし、手続を実際に行っていたのは誰か、③その管理又は運用による利得を収受していたのが誰かという点もまた帰属の認定の際の重要な要素ということができ、実際に株式や貸付信託・預貯金等が帰属する者の認定は、これらの諸要素、④その他名義人と実際に管理又は運用をしている者との関係等を総合考慮してすべきものと解される」が前提となっており、東京地判平成二〇年一〇月一七日ではその①～④のほかに「⑤当該財産の名義人がその名義を有することになった経緯等を総合考慮して判断する」が前提となっている。

経験から帰納された自然法則、物事に関する知識、法則等を経験則というが、それは、事実を判断する場合の前提となるもので、一般的な常識から専門的な知識に至るまでの幅広い範囲のものが含まれる。[2]

人が論理的に物事を判断する場合には、必ずなんらかの経験則を前提としている。裁判官も、経験則の助けを借りなければ、当事者の主張を理解することも、証拠力を合理的に評価し、そこから事実を認定することもできない。[3]

間接事実による要件事実の推認においても経験則が前提となっており、経験則はその性質上無数に存在することとなる。

そして、経験則であるが故、事案の内容や判断する人によって差異が生ずるため上記二つの判例においても経験則として挙げられる項目には差異が生じている。

伊藤滋夫教授はこのような経験則を実務上有用で活用可能なものにするためには、無数に存在する個別的な経験則を何らかの方法で体系化（体系化に際しては、検索の便宜のために、いわゆるキーワードの導入、活用も考えてよいであろう）することが重要であると強調される。[4]

もちろん、先例拘束性の法理を採用しない我が国の法制度の下では、憲法と法律にのみ拘束されるのであり、必ずしも先例（判例）に従う必要はない。しかしながら、同種事案につき形成・蓄積された判例は、裁判において重要な役割を果たしている。[5]判例が、法規の欠けているところを補うことはしばしばみられるし、反論に耐えて生き残った判断の基準が明らかにされることは我々実務家にとっても一定の予測可能性が担保されうる。

判例に現れた経験則を体系化し[6]活用できるならば、租税争訟の場だけでなく日常的に無数の事実認定を行いそれを基に法解釈、法適用を行い税務申告書を作成しなければならない我々実務家にとってもその価値は極めて高いといえるだろう。

5　事実の確定

事実認定のために各種の証拠を仔細に検討し熟慮を重ねても実務上は要件事実の存否について十分な心証が得られない場合も当然生じうる。

しかし、このような場合においても裁判所は裁判を回避することは許されず、最終的に贈与の存否について結論を出さなければならない。

こうした場合には、立証責任の法理により要件事実の存否を決せざるを得ないこととなる。

立証責任とは、ある要証事実が口頭弁論終結時に存否不明の場合に、いずれか一方の当事者が負う不利益又は負担（客観的挙証責任）である。

租税訴訟（取消訴訟）においては、基本的には税務署長が課税要件事実の立証責任を負うとするのが通説である。[7,8]よって、租税訴訟の場合は基本的に税務署長が、課税要件事実についてその証明が不十分であった場合には、その事実が存していたものとは扱わないという意味において、その事実が存在しなかったと認定したのと結果として同様の処理をしたこととなる。

しかし、松沢智教授は訴訟の前段階である行政不服審判の場合は、その審理方法は徹底した対審的構造を採らず[9]職権主義を基調としたうえで、法形式上は当事者たる審査請求人と原処分庁とが順次証拠を提出し合うという段階的構造としての立証活動（通則法八七条三項、九三条二項、九五条、九六条一項）の形で当事者主義的活動がみられるのであるから、将来移行すべき訴訟手続きにおける「挙証しなければその主張は採用されない」という主観的な面における行為責任すなわち証拠を提出すべき負担のみが審判における当事者主義的な立証活動に投影せれることになると述べられる。

したがって、主観的挙証責任が審判所における職権審理[10]（通則法九七条一項）を補完するという形で作用し、通則法九七条四項の規定は、行為責任としての主観的挙証責任を審査請求人又は原処分庁に負担させる規定と解することができる。

ゆえに、審理の進行に伴い審判官の心証形成の度合いに応じて時々刻々その責任は当事者間で転換されていくこととなる[11]。

6　本件における間接事実から要件事実を推認する判断の構造

本件裁決例においても前掲二つの判例と同じように「預貯金、有価証券等の財産の帰属を判断するためには、その名義が重要な要素となることはもちろんであるが、他人名義で財産を取得することや取引口座の開設をすることも、特に親族間においては珍しいことではないことからすれば、それらの①原資をだれが負担しているか、②取引や口座開設の意思決定をし、その手続を実際に行っていたのはだれか、③その管理又は運用による利得を収受していたのがだれかという点もまた帰属の認定の際の重要な要素ということができ、実際に帰属する者の認定は、これらの諸要素、④その他名義人と実際に管理又は運用をしている者との関係等を総合的に考慮してすべきである」という前提が置かれ、過去の判例が踏襲されているのがわかる。

そして次のように各項目ごとの検討がなされている。
（1）名義財産の原資をだれが負担しているかについては、被相続人から相続人名義口座への資金の移動をいつ、いくら移動しているかを丁寧に追いかけることによりもともとは名義人が自己の収入を原資として形成した財産なのかあるいは被相続人の財産が原資となっているのか名義人の当時の収入や年齢的なども参考に因果関係を見極めることが重要となるだろう。

（2）名義財産に係る取引や口座開設の実質の遂行者については、本件において被相続人又は被相続人の指示を受けたGによって行われたことに当事者間に争いがない。

（3）名義財産の管理

名義預金の通帳の保管場所は、被相続人の自宅であるのに対して、保険証券は各契約名義人の自宅であった。しかし、契約した際の手続きは、被相続人又は被相続人の指示を受けたGの指示に基づきJ及びKによって行われたものであるから、これらの証書及び届出印は保管場所がJ及びKの自宅であって印影が結婚後の苗字であったことをもって、被相続人がその管理を放棄したとは言えず、Kに対して送付された「ご契約内容のお知らせ」と題する書面が、被相続人の自宅に保管され、被相続人が生前J及びKの財産を同程度にしようと発言していたことを併せてみると保険証券及び届出印を請求人らに保管させるようになってからも保険の管理を放棄したとは推認できないとする。

（4）名義財産の運用

被相続人は生前、J及びKに対して、J及びKの名義財産を同程度の価格にするため、J名義財産からK名義財産に資金移動をする旨話したことがあった。

これに呼応するようにJからKへの資金移動があったことから、被相続人の意図に基づいて資金が移動されていたことが認められる。

（5）名義財産に係る利得の享受

配当金の振込先に係る通帳と印鑑はいずれも請求人らの名義の口座であるが、通帳及び印鑑は被相続人の自宅に保管されていた。

以上から総合的に考慮して、本件請求人らの名義財産は一部G固有の財産となると認められたもの以外本件相続の相続財産と認定された。

思うに、請求人らの名義財産形成当時の収入状況と年齢、名義財産が形成される過程の取引や口座開設の実際の手続きを被相続人又は被相続人の指示を受けたGが行っていたことについて争いがなかったこと、被相続人の意図に基づいてJからKへの資金移動があったこと、そして証書や届出印が請求人らの自宅に保管されているものもあるが、保険の「ご契約内容のお知らせ」や投資信託の「取引報告書」といった契約後の運用の状況を確認する書類が被相続人の自宅に保管されていたことが審判官の心証形成に大きく影響したのではなかろうか。

7　名義財産と租税回避との問題

夫婦間、親子間等親族間では、実務上いわゆる「名義資産」が生ずるケースが少なくない。この場合、当事者間での贈与の有無は、受贈者の贈与を受ける意思のみで定まるのでもなく、贈与者のみの贈与の意思だけで決まるものでもない。当事者間での贈与の合意が必要となる。

しかし、親族間であるがゆえに贈与契約書を作成するでもなく当事者間で贈与の合意が果たしてあったのか否かが客観的に不明確な中では、預金等の名義のみを判定基準として財産の帰属を判断してよいか否か疑義の生ずるところである。

そして、名義のみを判断基準とすると実質的には従来通りに自分で財産を管理、運用していながら名義のみを他者から借りて財産の分散を図れば、相続税回避が容易に行われてしまう可能性がある。

よって、名義資産の帰属の問題は、租税回避という「事件の筋」[12]が、贈与が果たしてあったのか否かを純粋に認識しようとする作業[13]との関係においてどのような影響を及ぼすのであろうか。

事実認定は、訴訟において裁判の基礎を形成する点で重要な位置を占める。

裁判所による事実認定は、裁判の基礎となる特定の事実の認定をするに際し、それを構成する裁判官が審理に現れたすべての資料及び状況に基づいて自由な判断によって心証形成することを認める自由心証主義が採用されている（民訴二四七条）。

納税者はもともと納税額の最小化を望むポジションにあるため「事件の筋」といった考え方は、とかく事件の結論の妥当性、租税争訟で言えば課税の公平を重視するあまり、実際とは異なる事実の認定がなされることについての危険性が常にあるといわなければならない。

裁判所及び審判所は総合的に考えた場合の事件の結論がどのようになるのが課税の公平（あるいは租税回避の防止）にかなうかといった観点に頼りすぎると純粋な事実の認識のための作業をおろそかにする習癖が付き、事実認定の名の下に恣意的な判断がされかねないこととなる。名義預金の事実認定の場合、租税回避があったか否かの筋よりも贈与が果たしてあったか否かの純粋な事実認識が優先され、租税回避があったという法的価値判断に引きずられない意識を明確に持つことが重要であろう。

おわりに

我々税理士は税務申告実務において日常的に無数の事実認定を行いそれを基に法解釈、法適用を行い税務申告書を作成しなければならない。よって、事実認定は、裁判で基礎をなすように税務申告実務でも当然基礎となるものである。よって、事実認定において資産の帰属を名義にのみ頼らないことはもちろんであるが、夫婦間や親子間で資金の頻繁なやり取りがあり、口座間の入金出金の額が一致しない場合などは実際事実認定において頭を悩ます場面は少なくないだろう。

そして、ますます複雑化する近年の経済取引の中で、我々実務家が事実認定を行う上でよりどころとなるものの必要性を日々感じるところである。

このような状況下では伊藤滋夫教授が指摘するように事実認定においてなにかしらよりどころとなる経験則の体系化が非常に重要となってくるものと思われる。基本的な事例の中に潜む単純な経験則の複合による推認の過程を具体的に分析し検討することによって経験則の厳密な働き方を理解することが可能となり、そうすることによって各種の経験則の性質や特徴を把握することができ、経験則の体系化への手掛かりが得られるのではないだろうか。

そうした場合、我々実務家にとってもその体系化された経験則の活用の価値は極めて高いといえるだろう。そして、ひいては予測可能性が確保され、未然に紛争を予防する効果も期待できるものと考える[14]。

1　主要事実の存在を経験則によって推認させる事実を間接事実という。主要事実とは、権利又は法律関係の発生・消滅・障害等の法律効果を直接に基礎づける事実である。通常、主要事実と要件事実は同義語と解されている。また、証拠の信憑性を覆すための事実を補助事実という。梅本吉彦『民事訴訟法』四六五頁（信山社、平成一四年）。

2　梅本・前掲注1・七三四頁。

3　新堂幸司『新民事訴訟法第四版』五〇六頁（弘文堂、平成二〇年）なお、新堂教授は「裁判官も常識的な経験法則ならば社会人の一人として知っているはずであるから、これを証明する必要はないし、これをそのまま使用して事実認定しても、だれでもが知っているような経験則ならば、その認定について疑惑をもたれる心配はない。」とする。

4　伊藤滋夫『事実認定の基礎―裁判官による事実判断の構造―』八九～九〇頁（有斐閣、平成一五年）。

5　民事訴訟法三一八条第一項は、「同条の判例」を少なくても「法令」と同格の地位においたことにより「法源性」をいわば強めたことになる。平井宜雄『法律学基礎論の研究』三五九頁（有斐閣、平成二二年）。

6　判例に現れた経験則を実証的に研究するものとして、後藤勇『民事裁判における経験則―その実証的研究―』（判例タイムズ社、平成二年）、『続・民事裁判における経験則―その実証的研究―』（判例タイムズ社、平成一五年）。

7　司法研修所編『租税訴訟の審理について改訂新版』一六四頁（法曹会、平成一四年）。

8　増田英敏教授は、租税訴訟における立証責任の分配基準についても、納税者の予測可能性と法的安定性を保障する租税法律主義の要請にかなうことが求められ、予測可能性と法的安定性の視点から立証責任の分配についてもその優劣が論じられなければならないとされる。そして、予測可能性と法的安定性の視点からすると法律要件分類説が最も優れているとされる。増田英敏『リーガルマインド租税法第四版』六九頁（成文堂、平成二三年）。

9　審判所は、職権主義を基調とし、実体的真実発見が強く要請され、当事者の一方たる原処分庁には裁決に不服でも訴訟提起権が存しないために、二当事者の完全な対立構造を前提とする訴訟上の主張・立証責任分配の法理は、厳密にいえば適用がないというべきである。松沢智『新版租税争訟法』七七頁（中央経済社、平成一三年）。

10　主観的挙証責任とは、ある事実が証明されないために自己に不利益な判断を受ける虞れのある当事者がその不利益を免れるために当該事実を証明すべき証拠を提出すべき負担（義務）をいう。松沢智教授は、職権主義といっても職権主義が制限されている（審判所における証拠調べの手段としての質問検査権（通則法九七条一項）の範囲は、審理を行うためのものであって課税のためのものではない）租税争訟の場面では、当事者において職権による証拠調べを十分に期待できることが困難な場合には、自己において有利な証拠は進んで挙示しなければ法律的に不利益を受ける可能性が大きくなるところから、職権主義にはおのずと限界があり主観的挙証責任によって紛争を解決する必要性が生じるとされる。松沢・前掲注9・七四～七八頁。

11　主観的立証責任は、抽象的立証責任と具体的立証責任に細分され、訴訟開始時に誰が証明しなければならないかを問うときに抽象的立証責任が論じられ、これは客観的立証責任とイコールの関係にある。他方、具体的立証責任は、手続きの途中で誰が特定の証明を行わなければならないかを問うときに問題となる。この具体的立証責任は、立証責任者がその主張が真実だとの仮の心証を与えた（立証が功を奏する）ときに新たに具体的立証責任がその相手方に移転し、あらゆる証拠方法が尽くされ、証明度の要件が充足されるまで「具体的立証責任の移転」の振子運動は継続する。木村弘之亮『租税証拠法の研究』一〇～一七頁（成文堂、昭和六二年）。

12　「実務家は、よく「事件の筋」、「事件の落ち着き」、「事件のすわり」などということをいう。これらの表現はいずれも、「このように考えるのが事件の筋に合う」とか「こう考えるのが落ち着き（すわり）がよい」とかいった形で用いられ、いずれも、総合的に考えた場合の事件の結論がどのようになるのが正義公平にかなうかといった観点から使われるように思う」伊藤・前掲注4・二六三頁。

13　伊藤滋夫教授は、事実認定の作業の中には純粋に事実の認識のための作業と法的価値判断の作業があること、そのそれぞれの作業の行われる場面が異なること、そのそれぞれの場面においてそのそれぞれの場面に適応する性質の作業をしなければならず、場面を間違えて本来その場面で行うべきでない性質の作業をしてはいけない（認識自体が必要な場面で法的価値判断を用いてはいけないし、法的価値判断の必要な場面で認識という観点から考えることも相当ではない）ことを強調される。伊藤・前掲注4・二五八頁。

14 税理士の職務と紛争予防については、増田・前掲注8・一四七～一六二頁を参照されたい。

（吉田 素栄）

第4章　贈与によって取得したマンションの不動産鑑定士による評価適用の可否

はじめに

本裁決例は、居住用のマンションを贈与した際の評価額について争われた事案である。請求人は、相続税評価基本通達による評価額が適正な時価を反映していないとして鑑定評価により贈与して申告をしたことにつき、課税庁が相続税評価額は客観的交換価値（時価）の範囲内にあるとして更正処分をしたものである。

税理士実務における相続税事案について、分譲マンションを評価する際、財産基本通達による評価が流通価額を上回っていると感じることがしばしば起きるが、これは、戸建て住宅を念頭において定めた財産評価基本通達を分譲マンションに適用する評価方法がそもそもなじまないことに起因する。

審判所は、課税庁の主張を全面的に支持した判断を下しているが、その内容にはいくつかの疑問点が内在しており、これらの点について研究を通して明らかにしていきたい。

Ⅰ　事案の概要

本件は、請求人が相続時精算課税制度を適用して、贈与により取得した不動産の価額は不動産鑑定士による鑑定評価が相当であるとして行った贈与税の申告について、原処分庁が、財産評価基本通達に基づく評価額が相当として、贈与税の更正処分及び過少申告加算税の賦課決定処分を行ったのに対し、請求人が当該不動産の評価については、評価基本通達により難い特別の事情が存するとして当該各処分の全部の取消しを求めた事案である。

Ⅱ　争点及び争点に関する当事者の主張

1　争　点

本件の争点は、贈与されたマンションの評価について、評価基本通達により難い特別の事情があるか否かにある。

2　基礎事実

(1) 請求人は、平成一九年六月三〇日に請求人の父である贈与者との間で、マンション（以下、「本件不動産」という。）の贈与契約を締結し、これを取得した。

(2) 本件不動産は、昭和三三年に建築された四階建の五棟の共同住宅（全一四八戸で一戸当たりの敷地の平均地積は約七六㎡である。）のうち、三号棟に存する区分所有建物（床面積三九・二七㎡）及び管理用事務所並びにその敷地（約七三㎡）である。

３　原処分庁の主張

本件不動産の価額は、次の通り、評価基本通達の定めにより評価した七二、〇六二、三四〇円である。

一、二三〇、〇〇〇円（正面路線価）×〇・八四（奥行価格補正率）×〇・九九（不整形地補正率）＝一、〇二二、八六八円

一、〇二二、八六八円×（一一、三四五・九一㎡（実測地積）－一、五六一・六三㎡（公衆化道路））＝一〇、〇〇八、〇二六、九一五円

一〇、〇〇八、〇二六、九一五円×（一、〇二二、八六八円×一八五・八八㎡（北側法面）×一〇％（減額割合））＝九、九八九、〇一三、八四五円

九、九八九、〇一三、八四五円－五一、二〇〇、〇〇〇円（埋蔵物調査費用六四百万円×八〇％）＝九、九三七、八一三、八四五円

九、九三七、八一三、八四五円×二〇／二、七八四（持分）＝七一、三九二、三四〇円

七一、三九二、三四〇円＋六七〇、〇〇〇円（建物固定資産税評価額）＝七二、〇六二、三四〇円

（１）本件不動産の相続税評価額は、七二、〇六二、三四〇円であると認められるところ、本件甲土地の近隣における公示価格及び取引事例を基にこれらと比較して本件不動産の土地の時価（客観的交換価値）を算定すると、一〇七、三一六、四七一円となる。

一、五二六、七八一円（公示価格）×九、七八四・二八㎡（公衆化道路控除後）×二〇／二、七八四＝一〇七、三一六、四七一円

したがって、本件不動産の相続税評価額は、客観的交換価値とみるべき合理的な範囲内にあり、特別な事情があるとは認められない。

（２）本件贈与の日において、〇〇住宅の各区分所有者が、敷地の持分を出資し、建替え事業完了後にそれぞれの出

資に見合った価額の新築住戸を取得する方式を採用した建替えが行われる蓋然性が高いことから、請求人が主張する株式会社○○が作成した平成一九年七月二五日付の不動産鑑定評価書の鑑定評価額二千一〇〇万円は、本件不動産の将来性を考慮し、土地の財産価値に重きを置く積算価額を比準価額より重視すべきであるところ、積算価額は参考程度としていることから、○○住宅の建替計画の存在を適切に反映したものとはいえず、本件不動産の客観的交換価値（時価）を評価した価額であるとは認められない。

4　請求人の主張

(1)　本件不動産の価額の算定に際しては、以下のとおり、評価基本通達により難い特別な事情がある。

一般的なマンションの売買は、区分所有建物の専有床面積に着目して行われているが、評価基本通達の定めによりマンションを評価する場合には、マンションが共有財産であり、単独所有の建物とその敷地に比し、制約があるということが考慮されず、マンションの土地部分と建物部分を区分し、それぞれ別個の不動産として価額を算定することとなるから、建物の専有部分の床面積に対応するその敷地面積が広大な○○住宅の時価の算定を評価基本通達の定めにより行うと売買の実態と乖離した非常に高い価額となる。

本件不動産は、築五〇年の旧日本住宅公団が供給した団地型マンションで、住戸面積は狭く、建物も経年劣化し、給排水設備は陳腐化し、エレベーターはなく高齢者に対応した構造にはなっておらず、今日の水準からみると居住性能は著しく不十分な建物である。

(2)　本件不動産の価額は、本件鑑定評価額とするのが相当である。

原処分庁は、○○住宅の建替えが行われる蓋然性が高かったことが考慮されていないから、本件鑑定書の信用性はない旨主張するが、客観的にみて建替え事業が確実に実現するであろうと判断できるのは、建替え決議がなされた平成一九年一〇月二八日以降であり、本件贈与の日においては、建替えの検討・計画段階にすぎず、建替えが確実に実現すると判断できる状況ではない。

相続税法第二二条は時価主義をとっているから、本件不動産の評価額の判断は、贈与時点の本件不動産の客観的交換価値によるべきであり、本件贈与の日には、建替えが行われる蓋然性が高かったとはいえないから、原処分庁の主張は失当である。

（3）評価基本通達の路線価に全体面積を乗じて土地共有持分を掛ける計算法は更地価額の計算をしているものである。路線価は標準的画地三〇坪から六〇坪の宅地の戸建て住宅を想定しているもので、一一、〇〇〇㎡のマンション敷地にはなじまないものである。

（4）建替えの蓋然性についての判断

①　建替え決議後開発業者と建替え事業覚書を平成二〇年五月に締結、建替え事業の根幹の作業、つまり実施設計、近隣協議、埋蔵物調査、住戸選定、等価交換契約書の検討と締結作業を実施している。

②　借家人は建替え決議は及ばない二件の立退き裁判があったが幸いにも平成二〇年一二月に和解した。

③　平成一八年二月の建替え推進決議は、やろうという精神決議であり、法的には何ら拘束されるものではない。

④　実質は開発業者の等価交換事業であり、等価交換契約の全権利者と契約が完了した時点で契約の効力が発生するという停止条件付契約のため、全権利者との契約が完了した平成二一年二月が建替えの蓋然性が高いと判断される時期である。

⑤　建替え事業には総論賛成各論反対の権利者は必ず一割位はいる。その権利者の交渉の大変さを理解していない。

Ⅲ　裁決の要旨　〈棄却〉平成二二年一〇月一三日裁決・裁決事例集八一集三八五頁

1　法令解釈等

贈与税の課税の対象となる財産は多種多様であることから、国税庁長官は、課税の公平、公正の観点から、財産評価の一般的基準である各種財産の時価の評価に関する原則及びその具体的評価方法を評価基本通達に定め、その取扱いを統一するとともに、これを公開し、納税者の申告、納税の便に供している。

したがって、贈与により取得した財産については、評価基本通達に定める評価方法を画一的に適用したのでは、適正な時価が求められず、著しく課税の公平を欠くことが明らかであるなど、評価基本通達の定めによらないことが正当と認められるような特別な事情がある場合を除き、評価基本通達の定めに基づき評価した価額をもって時価とすることが相当である。

2　認定事実

(1)　○○住宅の五棟すべての建物を取り壊し、その敷地に共同住宅建物を建設するための建替え決議は、平成一九年一〇月二八日、建替え決議集会において○○住宅の区分所有者の全員同意により成立した。

(2)　請求人は、平成二〇年一一月一一日、上記(1)の建替え決議に基づき、○○住宅建替え事業に係る等価交換契約により、開発会社に対し本件不動産を代金九六、六四〇、〇〇〇円（土地価額九六、六四〇、〇〇〇円、建物価額零円）で譲渡し、開発会社からその敷地に建築される共同住宅の一室（土地一一、〇〇五・五三㎡（公園として提供する部分三四〇・三八㎡を除く。）の持分二、〇八二、四三八分の八、七八一、建物の専有部分の床面積八七・八一㎡）を代金一〇一、六八〇、七四〇円で譲り受けた。

3　評価基本通達の定めにより評価した価額

原処分庁は、本件不動産の価額を評価基本通達の定めにより、七一、三九二、三四〇円としているが、評価基本通達のとおりの計算過程に特段不合理な点は認められない。

したがって、評価基本通達の定めによらないことが正当と認められるような特別な事情がある場合でない限り、原処分庁が評価した価額をもって本件不動産の時価と認めることが相当である。

4　特別な事情の検討

(1)　土　地

本件不動産は、建物の専有部分と共有部分及びその敷地に係る土地の持分から構成されており、本件不動産の価額は、建物の専有部分の価額、建物の共有部分の価額及びその敷地に係る土地の価額が含まれるから、本件不動産の土地部分の価額の上昇又は下落に連動して本件不動産の価額も上昇又は下落することとなり、また、本件不動産の敷地について、本件贈与者の有する共有持分が他の区分所有者が有する共有持分と質的に異なることもないのであるから、建物の専有部分の床面積に対応するその敷地の共有持分が広大であれば、それに連動して本件不動産の価額も上昇又は下落することになる。そして、評価基本通達においては、土地の形状等に応じて、奥行き距離に応じた奥行価格補正率を適用したり、その形状が不整形である場合には不整形の程度、位置及び地積に応じ不整形他補正率を適用したりするなどして、土地の減価要素を考慮した評価方法が採られている（同通達一五、二〇）。

したがって、本件不動産の評価において、マンションの価額をその共有者の持分に応じて按分し、共有持分の価額を評価するという評価基本通達の定めによって本件不動産を評価した場合に、適正な時価が求められず、著しく課税の公平を欠くことが明らかであるとはいえない。

(2) 建　物

評価基本通達は、家屋の評価については、固定資産税評価額に一・〇の倍率を乗じて計算した金額によって評価する旨定めているところ、この固定資産税評価額については、家屋の適正な時価を評価するために、地方税法第三八八条《固定資産税に係る総務大臣の任務》第一項に基づく評価基準が告示されており、この評価基準に基づいて、三年ごとの基準年度に、再建築価格を基準として、これに家屋の減耗の状況による補正及び需給事情による補正を行って評価する方法が採られており、適正な時価を反映しているといえる。

5　本件鑑定評価額について

(1) 本件鑑定書の要旨

本件鑑定書の要旨は、市場性を反映した比準価格（二千一七〇万円）を重視し、収益価格（一千九七〇万円）を関連付け、実現性に不透明感が残る積算価格（一億一千万円）については参考にとどめながら、将来における土地価格実現の可能性を考慮して本件鑑定評価額を決定したとしており、評価額を二千三〇〇万円としている。

なお、本件鑑定評価額においては、本件建替計画は考慮されていない。

(2) 請求人主張のとおり、本件贈与の日において、本件建替計画に係る建替え決議は成立していない。

しかしながら、①建替推進委員会や勉強会等が開催されていること、②区分所有された建物の建替えは、区分所有者の五分の四以上の賛成で実行できるところ、等価交換方式による建替えに係る各議題は、圧倒的な賛成によりいずれも可決されていること、③○○住宅建替え事業協力に関する覚書も締結されていること、④本件不動産は、建物の専有床面積に対するその敷地の地積が約二倍であるところ、本件建替え計画では各区分所有者は出資した敷地の持分価額に見合う既存建物の二倍以上の面積の建物を取得することが予定されていたこと、⑤本件贈与の日のわずか三カ月後の平成一九年一〇月二八日に○○住宅の区分所有者の全員同意による建替え決議がなされ、その後、請求人は建替え決議に基づき、○○住宅建替え事業に係る等価交換契約により、本件不動産を代金九千六六四万円（すべて土地代金）で譲渡していることからすれば、○○住宅の各区分所有者は、建替えの必要性を認識した上、等価交換方式による建替えを検討・計画していた事実が認められ、したがって本件贈与の日現在、○○住宅は建替えが行われる蓋然性が極めて高いと認められ、その可能性を否定する要因も裏付ける証拠は存在しない。

（3）そこで検討するに、不動産の価額は、価格形成要因の変動について市場参加者による予測によって左右されるところ（不動産鑑定評価基準総論第四章（不動産の価格に関する諸原則）の（一一））、本件不動産の評価に際しては、建替えの蓋然性が極めて高く、その場合には敷地の持分価額に見合う既存建物の二倍以上の面積の建物を取得できることが予定されていたことなどの事情等を考慮して比準価格を求めるべきところ、本件鑑定書における比準価格の算定は、これらの事情が十分に考慮されておらず、上記評価基準総論第四章の（一一）に定める予測の原則に基づく分析検討が客観的かつ十分にされていないといわざるを得ない。

（4）また、積算価格、比準価格及び収益価格の各試算価格の調整に当たっては各方式の持つ特徴に応じたしんしゃくを加え、鑑定評価の手順各段階について客観的、批判的に再吟味し、その際には、不動産鑑定評価基準総論第四章に定める不動産の価格に関する諸原則の当該事案に即した活用の適否や個別要因の分析の適否等について留意することが必要であるところ（不動産鑑定評価基準総論第八章第七節（試算価格又は試算賃料の調整））、本件鑑定書における鑑定評価額の決定は、建替えの実現性に不透明性があるとして積算価格一億一千万円を参考にとどめて調整しており、個別要因の十分な分析が行われていないといわざるを得ない。

(5) 以上から、本件鑑定評価額が本件不動産の客観的な交換価値を表すものとは認められず、請求人の主張には理由がない。

(6) 本件不動産の価額について

上記（1）～（5）までのとおり、本件不動産の評価に当たり、評価基本通達の定めにより難い特別な事情は認められず、また、本件鑑定評価額が本件不動産の客観的な交換価値を表すものとは認められないから、原処分庁が評価した価額をもって本件不動産の時価と認めることが相当である。

住宅建替え事業

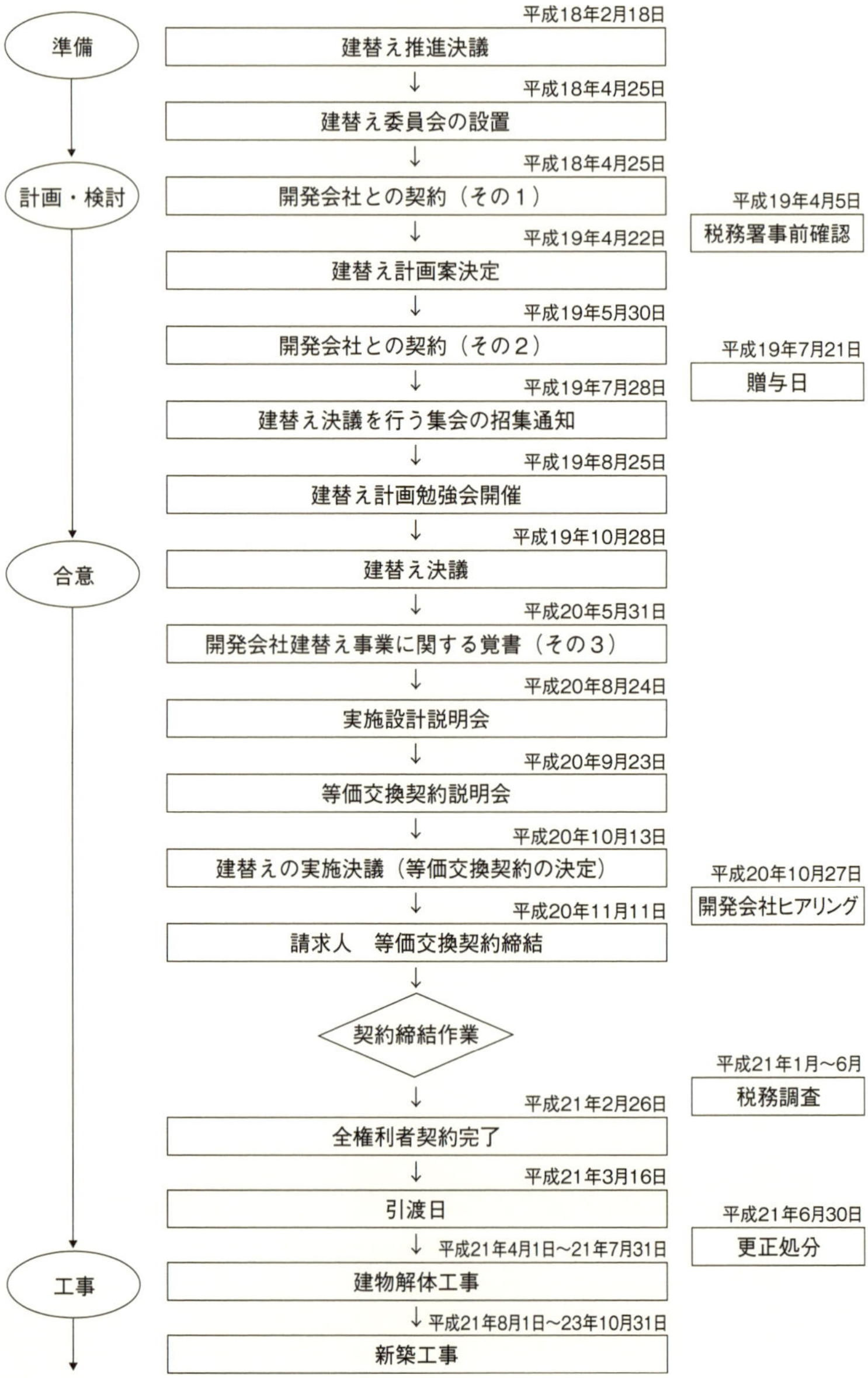
準備
計画・検討
合意
工事
平成18年2月18日
建替え推進決議
平成18年4月25日
建替え委員会の設置
平成18年4月25日
開発会社との契約（その１）
平成19年4月5日
税務署事前確認
平成19年4月22日
建替え計画案決定
平成19年5月30日
開発会社との契約（その２）
平成19年7月21日
贈与日
平成19年7月28日
建替え決議を行う集会の招集通知
平成19年8月25日
建替え計画勉強会開催
平成19年10月28日
建替え決議
平成20年5月31日
開発会社建替え事業に関する覚書（その３）
平成20年8月24日
実施設計説明会
平成20年9月23日
等価交換契約説明会
平成20年10月13日
建替えの実施決議（等価交換契約の決定）
平成20年10月27日
開発会社ヒアリング
平成20年11月11日
請求人　等価交換契約締結
契約締結作業
平成21年1月～6月
税務調査
平成21年2月26日
全権利者契約完了
平成21年3月16日
引渡日
平成21年6月30日
更正処分
平成21年4月1日～21年7月31日
建物解体工事
平成21年8月1日～23年10月31日
新築工事

Ⅳ　研　究…裁決に反対

1　贈与財産の評価の原則

相続税及び贈与税の財産評価については、相続税法二二条に「相続、遺贈又は贈与により取得した財産の価額は、当該財産の取得の時における時価により、当該財産の価額から控除すべき債務の金額は、その時の現況による。」と規定しており、取得の時における時価によることを原則としている。

ここにいう時価とは、客観的な交換価値のことであり、不特定多数の独立当事者間の自由な取引において通常成立すると認められる価額を意味する（東京高判平成七年一二月一三日行集四六巻一二号一一四三頁）。したがって、相続または贈与による財産の取得後に何らかの理由によってその価値が減少又は増加したとしても、課税価格に算入されるべき価額は相続時又は贈与時における当該財産の時価である。

しかし、財産の時価を客観的に評価することは容易なことではない。そこで相続税法には、財産評価に関して「財産評価基本通達」が制定されており、現実の評価事務はこの通達に従って行われている。この通達は、財産評価の基本的な方針を定めたのち、納税者間の公平の維持、納税者および租税行政庁双方の便宜、徴税費の節減等の観点から各種財産について画一的かつ詳細な評価方法を定めているが、それらの方法によることが不合理な場合には、他の合理的な方法によって評価を行うことができると解すべきである。[1]

本事例は、贈与財産である本件マンションの評価を、財産評価基本通達によらずに鑑定評価により評価し贈与したものである。したがって、本件マンションの評価が、基本通達の方法によることが不合理であり、鑑定評価によることが合理的であると認められる場合には、請求人が採用した鑑定評価による方法が受け入れられるべきこととなる。

本裁決においては、この点について「評価通達に定める評価方法を画一的に適用したのでは、適正な時価が求められず、著しく課税の公平を欠くことが明らかであるなど評価通達の定めによらないことが正当と認められるような特別な事情がある場合を除き、評価通達に基づき評価した価額を持って時価とすることが相当である。」として、本件マンションの評価について路線価方式を適用することが、著しく課税の公平を欠くとはいえないと請求人の主張を退けている。

しかし、本件マンションの評価通達による価額が時価を上回っているから、評価通達を適用することは不合理であるとして、鑑定評価を採用した請求人の主張に対し、本件マンションの時価について正面から判断しようとせず、何ら明確な判断を示していないことには大いに不満が残る。

2　マンションの評価に財産評価基本通達を適用することは妥当か

財産評価基本通達は、土地の評価について、地目別にその年一月一日を基準日として評価することとされており、宅地については市街地地域にあるものは路線価により評価することとされている。また、家屋の価額は、その家屋の固定資産税評価額に一定倍率（現行一・〇倍）を乗じて評価する。

この路線価方式が相続税評価に採用されたのは昭和二九年頃であるが、その当時の日本には分譲マンションは存在せず戸建て住宅が殆どであったため、路線価方式は戸建て住宅を念頭に置いたものであった。戸建て住宅の評価にあたって宅地を更地評価し、家屋の評価と合計することには合理性が認められた。何故なら、戸建て住宅の場合には、家屋を取り壊して更地にすることにそれほどの困難を伴うことは想定されないからである。

本件マンションは、昭和三三年に都市部で働く地方出身の中流サラリーマンに住宅を供給するため、当時の日本住宅公団が開発し建築を行ったものである。公団住宅としては比較的初期に建築されたことから、専有面積は狭い（四二・三一㎡）が、当時の建築技術水準や容積率の関係で四階建ての低層住宅であるため、近年の高層マンションに比較して区分所有権の敷地地積（約七六㎡）が余裕のあるものとなっている。

このような特徴を有する本件マンションの評価に、路線価を適用することに果して合理性があるといえるであろうか。本件マンションに路線価方式を適用するとすれば、建物を取り壊して更地になった状態で宅地の評価をし、建物価額を合計することになる。本件マンションに、こうしたことが可能であろうとは到底考えられない。何故なら、本件マンションを取り壊すことに入居者全員の同意を得なければならないからである。

また、近年の高層マンションに比較して区分所有の敷地地積が広いため、路線価方式によるとその敷地権が非常に高額なものとなり、その実態とは乖離した評価額となってしまう。その原因は、上記のように、現行の路線価方式は、本件のような分譲マンションの評価にはなじまないからである。無理に適用すると、全く現実的でない不合理な評価となってしまう。

相続税申告において、マンションの各室を評価する際に財産基本通達により評価した価額が、中古マンションとしての流通価額に比し割高になることは実務としてよく実感するところである。

これについて、日本税理士会連合会税制審議会は、「現行の財産基本通達の取扱いでは、区分所有建物（マンション）の敷地の価額は、その敷地を一画地として評価した価額に持分の割合を乗じて計算することになる。しかしながら、実際の取引価額は、そのように評価した価額では成立せず、評価額を下回る例が多い。現行の取扱いは、共有持分の各部分の合計額は、その財産が共有でない者とした場合の価額に一致するという考え方に基づくものであるが、適切な時価算定の方法とはいえない。現行の取扱いによって評価した価額から一定の減額を行うか、持分ごとに個別に評価する方法に改める必要がある。[2]」と提言している。

したがって、本件マンションに路線価方式を適用することは不合理であるから、他の合理的な方法によって行うことができると解すべきである。

3 後発的事情の考慮はどこまで許されるか

審判所は、本件鑑定評価について、「建替推進委員会が開催されていることや、本件贈与の日のわずか三カ月後の平成一九年一〇月二八日に区分所有者の全員同意による建替え決議がなされ、その後平成二〇年一一月一一日に等価交換契約により、本件不動産を九六、六四〇、〇〇〇円で譲渡していることからすれば、建替えが行われる蓋然性が極めて高いと認められるが、本件鑑定評価は本件建替計画は考慮されていないことから、本件不動産の客観的交換価値を表すものとは認められない。また、本件不動産の評価について、評価基本通達の定めにより難い特別の事情は認められず、評価基本通達によって評価した価額を本件不動産の時価と認めることが相当である。」と請求人の鑑定評価を退けている。

結果からみれば、贈与日の三カ月後に建替え決議がなされ、更にその一年後に建替えのための等価交換契約がなされていることからすると、審判所が認定するように贈与日において建替えの蓋然性が高いように見受けられるが、果してそうであろうか。

請求人は自身が高齢であるため、建替えに応じるか否かの判断を子息に委ねたいとの気持ちから、本件マンションを贈与したい旨の意向を以前から持っていたことが窺える。そのため、担当税理士を通じて平成一九年四月五日に贈与価額について、所轄税務署の担当官との事前確認を行っている。また、贈与計画と建替え計画案が同時進行していたとしても、建替え計画の実現については、他の同種の団地において建替え実施に至ったところが極めて少ないことや、「建替え決議が可決されたとしても、全体決議と個別契約は全く次元の違うものである。事業には賛成するが、いざ自分のことになると話は全く違ってくるといった例が多い。再開発や建替え事業ではいくらでもあることで、審判所は、事業を実現することの困難さを理解していない。」との本件建替え開発会社の担当者の証言もある。

したがって本件は、建替え計画から建替え契約までが順調に推移した稀なケースであり、請求人が贈与計画時又は贈与実施時に建替え契約の実現性を確信することはできなかったというべきである。

仮に、審判所が認定するように建替えの蓋然性が高かったとしても、本件マンションの評価についてこうした後発的事情を考慮すべきではない。

例えば、担保権の付された土地を相続し、相続直後に担保権の実行がなされたとしても、相続開始時に担保権実行の可能性が確実視されるものでなければ債務控除が認められないことと同様の趣旨である。

また、筆者の調査によれば、本件マンションの取引事例として、贈与契約時の約三年前に三千万円で売買された実例がある。このことから鑑定評価には合理性があり、審判所が鑑定評価を客観的な交換価値を表すものと認められないとしたことは誤りである。

更に、後述するように、仮に請求人に相続が発生した場合には、本件マンションには特定居住用小規模宅地の評価減が適用され、区分所有の敷地は八〇パーセント減で評価される。一方、相続時精算課税制度を適用して贈与したものについては、この規定の適用がない。

したがって、請求人が相続税対策として本件マンションを贈与する必要もないことから、本件贈与が相続税の租税回避を目的としてなされたものでないことは明らかである。

4　等価交換後の相続税評価額

審判所は、請求人の主張する鑑定評価額を退ける理由として、贈与後に成立した等価交換契約（本件不動産を代金九、六六四万円で譲渡する契約）を重視しているが、この価額も時価を適正に示したものとはいえない。

同じく筆者の調査によれば、等価交換後の本件マンションの相続税評価額は次のとおりである。

(1)　土　地

①　一、〇八〇、〇〇〇円（正面路線価）×〇・八四（奥行補正率）×〇・九九＝　八九八、一二八円

②　①×一一、〇〇五・五三㎡（全体面積）＝九、八八四、三七四、六四八円

③　②×八、七八一／二、〇八二、四三八（新共有持分）＝　四一、六七九、三六五円

(2)　建　物

一三五・六五㎡×一一二、〇〇〇円　＝　一五、一九二、八〇〇円

(3)　土地建物合計　五六、八七二、一六五円

この価額は審判所が認定した七一、三九二、三四〇円を大きく下回る価額となっているが、これは、交換後の土地の共有持分が減少したためである。このことからしても審判所の認定した評価額は過大であり、判断を誤ったものといえる。

5　鑑定評価の必要性

不動産の鑑定評価とは、その対象である不動産の経済価値を判定し、価額を表示することである。「不動産の価格は、価格の基礎となる市場価格を形成する場を持っていない。このため、練達堪能な専門家としての不動産鑑定士等による鑑定評価が必要となる。それらの鑑定評価は、十分に合理的であり、客観的に論証できるものでなければならない。[3]」

とされている。

不動産の価格を求める鑑定評価の基本的な手法は、（1）原価法、（2）取引事例法、（3）収益還元法に大別され、このほか三手法の考え方を活用した開発法等の手法がある。

本件鑑定書は、市場性を反映した取引事例法による比準価格（二千一七〇万円）を重視し、これに収益還元法による収益価格（一千九七〇万円）を関連付け、実現性に不透明感が残る原価法による積算価格（一億一千万円）につては参考にとどめながら、評価額を二千三〇〇万円としている。

また、「比準価格は、同一需給圏内の類似地域等における同種の中古マンションの取引事例をもとに、採用した各取引事例は市場性に着目して求めた試算価格である。採用した事例は時間的同一性及び、建築年数、建物の品等・グレード、階数、方位、住戸規模等などの個別的要因の類似性が比較的高く、要因比較も概ね適正に行い得た。実証的で説得力を有する価格であり、市場性を反映している点で規範性は高いものと考えられる。」と報告している。

更に、請求人は本件贈与の前に、本件マンションを市場で売却する場合の価格査定を複数の大手仲介業者三社に依頼しているが、その査定価格は一、九二〇万円から二、五一〇万円とされており、この点からも本件鑑定評価は客観的交換価値を示したものといえる。

しかしながら、鑑定評価には様々な要因が含まれていることから、実際には同一の不動産について異なった鑑定評価が示される例も多い。したがって、本事例の判断にあたって、審判所は鑑定評価を単に否定するだけではなく、参考として審判所としての鑑定評価をすべき事案であった。

おわりに

本事例はその後訴訟が提起され、先ごろ最高裁にて請求人の敗訴が確定した。マンションの贈与に関する評価額について、財産評価基本通達によらない「特別の事情」の有無について主に争われたものであるが、第一審（東京地裁平成二五年一二月一三日判決）第二審（東京高裁平成二七年一二月一七日判決）ともに財産評価基本通達による評価について合理性を認め、請求人の主張を斥けた。

マンション建替えの蓋然性に引きずられた判断であり、評価通達による中古マンションの評価方法に問題点があることについては言及を避けた残念な結果であった。

この判決について、筑波大学名誉教授・弁護士の品川教授は、判例解説として次のように評釈されている。「マンション敷地については、他の広大地の評価方法に比し不利に取り扱われており、かつ、共有地であるが故に処分性（換価性）に問題があるにもかかわらず、その評価上の斟酌が全く行われていない。更に、本件のような建替え直前の建物については、その客観的交換価値はその取り壊し費用（木造の一戸建てであっても数百万円要する。）分がマイナス評価されるべきであろうが、本件には、固定資産税評価額が形式的に適用されているが故に、七九万円というプラス評価が行われている。（中略）本件マンションの評価通達上の評価額は、その処分価額の八〇％で評価されているところ、都市の住宅地の宅地が概ね六〇～七〇％（取引価額の八〇～九〇％が公示価格であり、その八〇％で評価されていること）で評価されていることに比し、やはり割高な感じは否めない。以上のことを考えると、評価通達におけるマンションの評価方法の合理性が、本件各判決によって一般論として支持されたとも言い難い問題を残している。[4]」

筆者の試算による等価交換後の新築マンションの推定相続税評価額が、審判所及び各判決の認定価額の概ね八〇％であることからしても、品川教授の上記主張を裏付ける結果が得られている。したがって、本件は、評価通達によらない

「特別の事情」を考慮すべき事案であったといえる。

中古マンションの評価方法については幾多の難点が内在しており、その評価方法を新たに財産評価基本通達に定めるべく、早急に検討すべきである。

1　金子宏著『租税法第二二版』六六二頁（弘文堂、平成二九年）。
2　日本税理士会連合会税制審議会「資産課税における財産評価制度のあり方について―平成二〇年度諮問に対する答申」七頁。
3　津村孝著『決定版例解これでよくわかる不動産の鑑定評価』三六頁（清文社、平成一八年）。
4　品川芳宣「「建替え検討中のマンションに関し鑑定評価が行われた場合の評価通達適用の可否」ＴＫＣ税研情報二六巻二号四五頁（平成二九年）。

【参考文献】前掲書以外
増田英敏著『リーガルマインド租税法第四版』成文堂
品川芳宣・緑川正博『徹底討論相続税財産評価の論点』（ぎょうせい、平成九年）

（前野　悦夫）

第四編 ■ 消費税

第1章　消費税法上の資産の譲渡等の意義と該当性

はじめに

本件の争点は、助産の用に供されていた建物の譲渡が、消費税法の非課税規定である消費税法別表第一第八号（以下「別表一-八」という。）に規定する「助産に係る資産の譲渡等」に該当するか否かである。

この「資産の譲渡等」は、租税法上で独自に用いられている固有概念である。固有概念とは、社会生活上または経済生活上の行為や事実を、他の法分野の規定を通ずることなしに、直接に租税法規の中にとりこんでいる場合であるから、その意味内容は、法規の趣旨・目的に照らして租税法独自の見地から決めるべきとされている。[1]

しかし、本件のように租税法が固有概念について明確な定義規定を置いている場合に、法規の趣旨・目的によって、定義規定と異なる意味内容に解されると、納税者の予測可能性が害されることが危惧される。

定義規定が置かれている場合にも趣旨・目的に照らした租税法解釈が許容され得るのか、本章は、租税法律主義の視点から、租税法解釈のうち、とりわけ固有概念の解釈の在り方について検討を行う。

Ⅰ　事案の概要

本件は、産科及び婦人科等のクリニックを経営する医療法人の理事長である審査請求人（以下「X」という。）が、請求人所有の建物を当該医療法人に譲渡したことについて、当該建物は以前より当該医療法人に賃貸されており、当該医療法人は当該建物を助産施設として使用していたものであるから、当該建物の譲渡は助産に係る資産の譲渡等に該当し非課税売上げであるとして、当該譲渡の対価の額を請求人の当該課税期間の消費税の課税標準額に計上せずに消費税及び地方消費税（以下「消費税等」という。）の確定申告書を提出したところ、原処分庁（以下「Y」という。）が、当該建物の譲渡は助産に係る資産の譲渡等には該当しないとして消費税等の更正処分等を行ったことに対し、請求人が、違法を理由にその全部の取消しを求めた事案である。

なお、紙面の都合上、裁決の一部を省略している。

Ⅱ　争点及び争点に関する当事者の主張

１　争　点

争点は、当該建物の譲渡が別表一－八に規定する助産に係る資産の譲渡等に該当するか否かである。

2　当事者の主張

（1）Yの主張

別表一-八の創設趣旨からすると、助産に係る資産の譲渡等とは、分娩と直接関連する資産の譲渡等、すなわち、妊娠から出産までの期間に医師等が行う一連の資産の譲渡等をいうものと解される。

本件建物は産婦人科医院として使用されていたものであるが、その譲渡は分娩と直接関連がないから、別表一-八に規定する助産に係る資産の譲渡等に該当しない。

（2）Xの主張

別表一-八の創設趣旨は理解しているが、助産に係る資産の譲渡等とは、当該規定上、分娩と直接関連するものに限られるとはいえず、助産に関連する全ての資産の譲渡等をいうものと解される。

本件建物は助産施設であるから、その譲渡は、別表一-八に規定する助産に係る資産の譲渡等に該当する。

Ⅲ　裁決の要旨　〈棄却〉平成二四年一月三一日裁決・裁決事例集八六集四二九頁

1　法令等の解釈

「消費税法第四条第一項は、国内において事業者が行った資産の譲渡等には、この法律により消費税を課する旨規定し、さらに、同法第二条第一項第八号は、『資産の譲渡等』とは『事業として対価を得て行われる資産の譲渡及び貸付け並びに役務の提供』をいう旨規定しているところ、消費税は、財貨及び役務が生産から流通の過程を経て消費者に提供される流れに着目して、その過程における事業者の売上げを課税の対象とすることにより、間接的に消費に負担を求める税であり、消費税の課税の対象については、上記のように包摂的な規定をおいているものと解される。」

「消費税法は、原則として国内における全ての資産の譲渡等が課税の対象となるべきところ、消費に対して負担を求める消費税としての性格から、本来的に消費として捉え課税の対象とすることにはなじまない土地の譲渡及び貸付け、支払手段等の譲渡等の取引や、社会政策的な配慮から課税することが適当でない取引を非課税取引としているものと解される。」

「別表一-八の規定は、平成三年法律第七三号による消費税法の改正により、出産という生命の尊厳に対する社会政策的配慮から、異常分娩に係る資産の譲渡等だけでなく」、「正常分娩に係る資産の譲渡等についても非課税として取り扱うこととするため創設されたものである。」

「一般に助産とは正常に経過する胎児の娩出に係る状況判断等及び当該娩出に係る補助的に行う操作並びにそれらに付随する妊婦、産婦、じょく婦、胎児又は新生児（以下『妊産婦等』という。）の世話等をいうものとされていること、医師法の規定により、医師の医学的判断及び技術をもって行うのでなければ衛生上危害を生ずるおそれのある行為である医行為については原則として医師の独占業務とされていること、及び、保健師助産師看護師法の規定により、医師以外の者が行うことは本来許されない医行為に当然含まれる助産行為について、例外として助産師が行うことが許容されていることを併せ考慮すると、別表一-八にいう『助産に係る資産の譲渡等』とは、医師等の資格を有する者の医学的判断及び技術をもって行われる分娩の介助等ないしそれに付随する妊産婦等に対する必要な処置及び世話等をいうものと解される。」

「消費税法基本通達六-八-一は、別表一-八に規定する助産に係る資産の譲渡等として、①妊娠しているか否かの検査、②妊娠の判明以降の検診、入院、③分娩の介助、④出産後（二月以内）に行われる母体の回復検診及び⑤新生児の入院及び当該入院中の検診が該当する旨定めているところ、これらの役務の提供等は、いずれも、分娩時における医師等の資格を有する者の医学的判断及び技術をもって行われる分娩の介助等ないしそれに付随する妊産婦等に対する必要な処置及び世話等に該当するものであるから、当該通達の定めは、別表一-八にいう『助産に係る資産の譲渡等』の内容を具体的に明らかにしたものとして、当審判所においても相当と認める。」

2　認定事実

「Xの本件課税期間の消費税等の確定申告書に記載された課税資産の譲渡等の対価の額は、本件医療法人に対する本件各土地及び本件建物の賃貸に基因する課税売上げのほか、全てXが所有する不動産の賃貸に基因する課税売上げであった。

また、Xの平成二一年分の所得税の確定申告書には、Xの所得は、本件各土地及び本件建物をはじめとするXが所有する不動産の賃貸に基因する不動産所得及び本件医療法人等への勤務に基因する給与所得である旨が、また、当該確定申告書の職業欄には、Xの職業は、法人役員である旨がそれぞれ記載されていた。」

「Xは、本件医療法人から、平成二一年六月五日に本件各土地及び本件建物の売却代金四七七、一五〇、〇〇〇円を受領」した。

3　判　断

「消費税の課税対象となるべき取引は、原則として国内における全ての資産の譲渡等であるが、例外として、消費に対して負担を求める消費税としての性格から本来的に消費として捉え課税の対象とすることにはなじまない取引及び社会政策的な配慮から課税することが適当でない取引をそれぞれ非課税取引としている。
そして、医師等の資格を有する者の医学的判断及び技術をもって行われる分娩の介助等ないしそれに付随する妊産婦等に対する必要な処置及び世話等については、別表一-八にいう『助産に係る資産の譲渡等』として非課税取引に該当することになる。」

「医師であるとともに、不動産の賃貸を事業として行っているXが、本件医療法人に賃貸し本件医療法人が産科、婦人科等の診療の用に供していた本件各土地及び本件建物を、その状態で本件医療法人に対して譲渡したものであり、本件建物の譲渡は、医師であり、かつ、事業者でもあるXによる資産の譲渡等ということができるものの、医師等の資格を有する者の医学的判断及び技術をもって行われる分娩の介助等ないしそれに付随する妊産婦等に対する必要な処置及び世話等に該当しないことは明らかであるから、『助産に係る資産の譲渡等』に該当せず、したがって、消費税法上の非課税取引に該当しない。」

Ⅳ　研　究…結論には賛成、理由に疑問

1　本裁決の意義及び本採決の裁判例上の位置付け

本件は、別表一-八にいう「助産に係る資産の譲渡等」の解釈をめぐる問題であり、事実認定に当事者間の争いがない。租税法の解釈をめぐる争いは数多く行われてきたが、その多くは他の法律で使われている文言と同じ文言が租税法で使われていた場合の解釈[2]（借用概念の解釈）や一般に使用されている文言の解釈をめぐる争いであった[3]。

しかし、本件は、同法に定義規定のある文言（固有概念）の解釈について争ったものである。固有概念の解釈を争っ

た裁判例は、固有概念か借用概念かの対立である場合などであり[4]、固有概念を中心とした事件は少ない。固有概念自体の解釈を争った事件として東京高裁平成二一年四月一五日判決（未公刊）がある[5]。

この事件は、医師優遇税制の対象である措置法二六条一項にいう「医業又は歯科医業を営む個人」に柔道整復師が含まれるかどうかを争った事件である。東京高裁は立法趣旨や関係法律上の「医業」及び「医業類似行為」の概念との関係を考慮したうえで、「柔道整復が上記医行為と一般的に同質のものであるということはできない。」とし、柔道整復師には同条の規定の適用はない旨を判示している。

このように過去の裁判例と比較すると本裁決は、これまでの固有概念をめぐる裁判例とは一線を画するといえる。それは、これまで争われた文言は、固有概念であっても、税法中に用いられた用語が法文上明確に定義されていない場合であったため、立法趣旨を中心として、関係法令との関係性も考慮に入れて解釈を行っていた。しかし本件で問題となっている「助産に係る資産の譲渡等」については、「資産の譲渡等」の文言について同法に定義がおかれている点で、これまでの事件と大きく異なる。つまり法文上の用語が明確に定義されている場合であっても、これまでの裁判例のような趣旨解釈をする余地が残されているのかという問題である。

以上のことから、本裁決はこれまでの租税法の解釈をめぐる争いとは、その本質を異にするものであり、十分な検討が必要な事案といえよう。

また、公表されている限りでは、初めて「助産に係る資産の譲渡等」の適用範囲を争った事件であることから、今後の租税法実務においても指針になると思われる。

2　本裁決の判断の構造

本裁決の判断構造を整理すると、まず消費税の立法趣旨を明らかにし、消費税法六条は、原則として国内における全ての資産の譲渡等が課税の対象となるべきところ、消費と捉え課税の対象とすることになじまないものや社会政策的な配慮から課税することが適当でないものを非課税取引として規定したものであると位置づけている。そして、別表一-八の創設の趣旨及び、医師法や保健師助産師看護師法の規定などを考慮して、「助産に係る資産の譲渡等」とは医師等の資格を有する者の医学的判断及び技術をもって行われる分娩の介助等ないし、それに付随する妊産婦等に対する必要な処置及び世話等をいうと明らかにし、消費税法基本通達六-八-一に規定されている役務の提供が相当なものとの判断基準を導出した。

そのうえで本件では、Xは医師であるが不動産賃貸業を営む事業者であり、建物の譲渡は、医師等の資格を有する者の医学的判断及び技術をもって行われる分娩の介助等ないし、それに付随する妊産婦等に対する必要な処置及び世話等に該当しないため、「助産に係る資産の譲渡等」に該当しないと裁決を下している。またXの主張についても、規定の創設の趣旨等から助産の用に供されていた施設建物の譲渡が「助産に係る資産の譲渡等」に該当すると解することができないと判断を下した。

3　通達の検討

審判所は、通達の定めは「助産に係る資産の譲渡等」の内容を具体的に明らかにしたものであり相当と認めており、その通達に従って裁決を下している。しかし税法通達の存在が正当化されるのは、基本的に、それが租税法規の根拠をもつとともに、租税法規の内容に従い、かつこれに反しない場合であると考えられている[6]。なぜならば租税法における通達の法源性は明確に否定されているため、[7] 憲法三〇条及び八四条を根拠とした租税法の基本原則である租税法律主義に反することになるからである。[8]

そこでまず本裁決の根拠となっている通達の正当性について検討することとする。

消費税法基本通達六-八-一の問題点は、前述のとおり（Ⅲ1）限定列挙されている具体例が、「役務の提供」のみである点である。「資産の譲渡等」とは同法二条一項八号に「資産の譲渡等とは、事業として対価を得て行われる資産の譲渡及び貸付け並びに役務の提供をいう」と規定している。つまり、本法の規定では、助産に係る「資産の譲渡」、「貸付け」並びに「役務の提供」がその範囲であるにも関わらず、通達では助産に係る「役務の提供」に限定されている点である。

一般的に法律の解釈は、法規的解釈と学理的解釈に大別され、後者を文理解釈と論理解釈（拡大解釈など）とに分けるのが通例とされる。[9] 法規的解釈とは、法令の規定の意味を明らかにするため、法令中の他のところに、特別の規定を設け規定の解釈を示すことであるとされる。具体的には定義規定や「○○とみなす」というような規定がこれにあたる。

法規的解釈が他の解釈と違う点は、「第三者が法令の解釈をやるのでなく、法令自体が、法令の形でみずから解釈を下すのであるから、実はこれほど確かなことはないわけで、その意味では、一番権威があるといえるものである。法令自体が下した解釈として、その範囲で、確定的な権威をもつという点に、この解釈の特色があるわけである…。つまり、この解釈規定自体が、一つの法令の規定なのであるから、かりに、その解釈が、法令の文言の上から、あるいは理窟の上から多少無理だと思われるような場合でも、裁判所も、あるいは法令の執行にあたる行政機関も、その解釈規定自体が一つの法令だという意味において、これに拘束される[10]」点にある。

すなわち、法規的解釈が示されている場合は、文理解釈や趣旨解釈といった学理的解釈よりも優先されることになる。

本件で問題となっている「資産の譲渡等」の文言に「貸付け」や「役務の提供」といった意味をもたせることは、およそ日本語の用法としては無理があり、これは文理解釈や趣旨解釈によってなし得るのではなく、定義を定めることにより初めて「資産の譲渡等」の文言が「資産の譲渡」、「貸付け」、「役務の提供」を含む意味になったといえるのである。したがって文理解釈や趣旨解釈などによって、「資産の譲渡等」の範囲が変わるものではないのである。

以上のことから、「助産に係る資産の譲渡等」のうち「資産の譲渡等」については、意味内容が法律によって確定しているため、論理的解釈は文理解釈ですら、その余地はなく、「助産」とは何かについての学理的解釈の余地が残されているのみといえよう。[11]

よって「役務の提供」のみを列挙している本通達は、消費税法で定められた「資産の譲渡等」の意味内容と異なっており本法の解釈通達としては妥当性を有しないといえる。そして、課税庁や審判所が、この通達の規定に従って、課税処分を行い、また裁決を下したとしたならば、通達課税と批判されても仕方がないといえよう。

もっとも、本通達を限定列挙したものではなく、例示列挙したものと読んだ場合、若しくは「助産に係る資産の譲渡等」の範囲ではなく「助産」の意味を規定したものと読んだ場合には、通達は法律に反しないことになる。しかし、その場合は通達が列挙したものに「資産の譲渡」や「貸付け」の文言を補って解釈することになる。そうすると通達が例示するもの以外に検診や分娩に係る資産の譲渡も含まれることになるため、診察室や分娩室を有する建物も範囲に入ってくることになる。通達はあくまで例示列挙であり、当該通達が法律上正しいとするならば、本件建物が助産に係る資産の譲渡になるかどうか、審判所は掘り下げて検討を行う必要があり、本裁決ではこの点の検討が不十分といえる。

これまで述べてきたことを整理すると、本通達は消費税法の「資産の譲渡等」の意味を限定して解釈していることから、「助産に係る資産の譲渡等」の非課税規定を正しく解釈した通達であるとはいえない。

4　規定の趣旨に関する検討

「助産に係る資産の譲渡等」には、助産に係る「役務の提供」のみならず「資産の譲渡」も含まれるとしても、本件建物の譲渡が助産に係る資産の譲渡に該当するかについては、なお検討を要する問題であろう。なぜなら、それは本規定が非課税規定すなわち課税減免規定であるとともに、政策的な要請から非課税とされているからである。[12]

近年の最高裁判決には、二つの流れが存在している。一つは租税法律主義を重視し、法律の文言を忠実に解釈して、通達の規定を覆した判決と、[13]いま一つは規定の趣旨を重視し、形式的には法律の規定に該当するが、趣旨に反するとして、当該規定の適用をしないとした判決である。後者の判決は、納税者が課税減免規定を用いて租税回避を行った場合に見られ、代表例として外国税額余裕枠事件（最判平成一七年一二月一九日民集五九巻一〇号二九六四頁）がある。

この事件は銀行業を営む原告が、外国税額控除の余裕枠を第三者に利用させて対価を得ることを目的として、外国において我が国との関係で二重課税を生じさせるような取引を行って外国法人税を納付した上で、当該外国法人税を法人税法六九条に定める外国税額控除の対象としていたところ、課税処分を受け、その取消を争った事件である。最高裁は、法人税法六九条の定める外国税額控除制度の立法趣旨を「同一の所得に対する国際的二重課税を排斥し、かつ、事業活動に対する税制の中立性を確保しようとする政策目的に基づく制度である。」と明らかにし、本件取引は、全体として見れば、その本来の趣旨目的から著しく逸脱する態様であるとして、本件取引に基づいて生じた所得に対する外国法人税を外国税額控除の対象とすることは、外国税額控除を濫用するものであるため許されないと判示している。

本裁決においても、「本件建物の譲渡は、…Xによる資産の譲渡等ということができる」、また「本件建物は助産の用に供する資産ということができる」としたうえで、「別表一-八の規定が創設された趣旨等からすれば、同号に規定する『助産に係る資産の譲渡等』とは、医師等の資格を有する者の医学的判断及び技術をもって行われる分娩の介助等ないしそれに付随する妊産婦等に対する必要な処置及び世話等をいうものと解される」と判断している。つまり形式的には該当するが、規定の趣旨からは外れているとして、Xの主張を退けているのである。

この判断には、いくつかの疑問があり、まとめると次のとおりである。

（1）文理解釈で一義的な意味内容が確定できる場合においても、趣旨解釈が許されるのか

租税法において趣旨解釈は、文理解釈で意味内容が明らかでない場合、つまり複数の解釈可能性が残る場合に、その内容を確定させるために用いられる。[14]「助産に係る資産の譲渡等」には文理解釈によって複数の解釈可能性があるとはいえず、趣旨解釈をする必要があるとはいえない。[15]仮に本件において趣旨解釈を正当化できるとすれば、本規定が政策目的の課税減免規定であることから、前述した外国税額余裕枠事件の最高裁の理論を使うしかないが、本件は租税回避の事案ではないため、最高裁の判決を応用できるかは定かではない。

（2）仮に趣旨解釈をするとしても、その趣旨が明らかなのか

谷口勢津夫教授は趣旨解釈をする前提として、「租税法規に関する明示的な立法者意思やその文言・文脈等から、当該法規の趣旨・目的すなわち立法者の価値判断が個々具体的に厳格かつ的確に探知されなければならない。[16]」と述べられている。しかしながら本件の場合は、本規定において、審判所がいうような趣旨が、必ずしも立法者の価値判断として明示されているとはいえない。

本規定は平成三年の消費税法改正の際に、異常分娩だけでなく正常分娩についても非課税として加えられたものである。本裁決ではこの創設の過程と一般的な助産の意味から前述のように解釈を行っている。

しかし、およそ立法や改正に携わる者が、当該法律に精通していないとは想定しがたいのであって、その立法担当者が、同法別表一に掲げる他の非課税規定の中には、「…火葬に係る火葬料を対価とする役務の提供（同法別表一第九号）」や「次に掲げる教育に関する役務の提供…（同法別表一第一一号）」といった「役務の提供」に限定した非課税規定が散見されるにもかかわらず、「助産に係る役務の提供」とは規定せず、同法二条に定義規定のある「資産の譲渡等」という文言をあえて使用して立法した点を考慮すると、むしろ立法者の価値判断としては、助産に係る「資産の譲渡」や「貸付け」も含まれていると解すのが相当ではないだろうか。

このように考えてみると、前述の外国税額余裕枠事件の外国税額控除規定のように、必ずしも規定の趣旨が明らかとはいえないと思われる。

そもそも立法の段階で、課税の公平といった租税法の基本理念や個別規定の立法趣旨・目的など、立法者の価値判断が反映されて、法文が作成されるわけであるから、立法された法律の文言が最も立法者の趣旨を反映しているはずである。そうであれば、法律の文言を離れて、真の立法趣旨を探知することは出来ないはずである。みだりに文言を離れて制度趣旨を探知しようすれば、それは立法者の価値判断を探知しているのではなく、解釈をする者の価値判断が入り込んでしまう危険性があるのである。[17] よって仮に趣旨解釈を行う場合においても、立法趣旨は法律の文言から探知されるべきといえよう。[18]

（3）裁決のような趣旨解釈をした場合、定義規定の立法趣旨と齟齬が生じるのではないか

定義を規定する目的は、規定した文言の意味内容を同法律の中において確定させることに他ならないのである。「資産の譲渡等」の文言は、課税要件の規定にも使用される消費税法上極めて重要な文言である。この文言を課税要件規定の際は広く解釈し、非課税規定のときは狭く解釈を行う、または前後の文脈に影響を受けて、定義した文言の意味内容

が変わるというのでは、定義規定を設けた意味が無くなってしまう。

消費税法二条一項八号と別表一－八、どちらがより上位の規定かといえば、非課税の個々の内容を定めた別表一－八よりも、消費税法全体に関する規定である同法二条一項八号が上位といわざるを得ないのであって、非課税規定の趣旨を強調することによって、定義規定の趣旨・目的に沿わないということがあってはならないといえよう。

おわりに

以上の検討により、法律の文言を限定して解釈している消費税法基本通達六－八－一及び制度趣旨を優先し、法律の文言に基づく解釈論を展開しない審判所の解釈は、租税法律主義の下では是認できない。審判所は条文の文理を忠実に解釈すべきであろう。そういった意味において、審判所の理由には疑問が残る。

すなわち、定義規定がおかれている以上、法解釈として、審判所が判断するような医師等の処置や世話といった役務の提供のみに限定するのは問題があるといえる。

一方で、仮に本件建物を非課税とした場合には、助産と直接関連性に問題がある当該建物が非課税となるため、課税減免規定である当規定の適用範囲が、本来の趣旨から外れて、拡大されていく懸念がある。

しかし、これは法解釈の問題ではなく事実認定によって対処されるべき問題である。[19] 助産と直接関係のない資産は、非課税の対象ではない。そういった意味で課税減免規定である当規定の適用は厳格でなければならないが、助産に直接関係しているかどうかは、法解釈の問題ではなく事実認定の問題であって、適正な事実認定を行えば、当該非課税規定の趣旨に反する資産は除かれることになり、規定の趣旨に沿った運用は可能であると思われる。

租税法律主義の下では、租税法の解釈適用は、文言に基づく厳格な法解釈と適正な事実認定によってなされるべきである。

原理原則に従った租税法実務が展開されるべきことを指摘して、本章のむすびとしたい。

1　金子宏『租税法第二二版』一二一頁（弘文堂、平成二九年）。

2　近年の事件としては、武富士事件（最判平成二三年二月一八日裁判集民二三六号七一頁）がある。この事件は原告が両親から贈与を受けたことにつき、課税処分を受けたが、贈与時に国内に住所を有しておらず贈与税の納税義務はないとして争った事件である。最高裁は、相続税法が民法二二条の「住所」の概念を用いて課税要件を定めているところ、ここにいう「住所」とは、反対の解釈をすべき特段の事由はないとして、客観的に生活の本拠たる実体を具備しているか否かにより決すべきものと解するのが相当であると判示して、住所が民法からの借用概念であるから借用元の住所概念に居住意思や租税回避の意図をとりこむことを否定して「客観的事実説（事実主義）」の立場を採用することを明らかにしている（増田英敏「判批」TKC税研情報二〇巻五号一一頁（平成二三年）。

3　近年の事件としては、ホステス報酬事件（最判平成二二年三月二日民集六四巻二号四二〇頁）がある。この事件は原告らがホステスに対する報酬の源泉徴収税額を計算する際に、実際の稼働日数ではなく、報酬の計算期間を基に計算したことにより、課税処分を受けた。しかし所得税法施行令三二二条の「当該支払金額の計算期間の日数」の意義は、計算の対象となる全日数であるとして争った事件である。最高裁は、「一般的に、『期間』とは、ある時点から他の時点までの時間的隔たりといった、時的連続性を持った概念であると解されているから、施行令にいう「当該支払金額の計算期間」も、当該支払金額の計算の基礎となった期間の初日から末日までをいう時的連続性を持った概念であると解するのが自然であり、これと異なる解釈を採るべき根拠となる規定は見当たらない。」として原審を破棄している。評釈として、増田英敏「判批」TKC税研情報一九巻五号一四頁（平成二二年）などがある。

4　所得税法一六一条六号の「貸付金」の「利子」の意義を争ったレポ取引事件（東京高判平成二〇年三月一二日税資二五八号順号一〇九一五）などが挙げられる。なお同事件の評釈として、増田英敏「判批」ＴＫＣ税研情報一八巻二号二九頁（平成二一年）。

5　金子・前掲注1・一二二頁。

6　田中治「税法通達の読み方」税研一三八号二三頁（平成二〇年）。

7　金子・前掲注1・一〇九頁以下。

8　通達課税と租税法律主義の関係について検討したものとして、増田英敏『租税憲法学第三版』一四九頁以下（成文堂、平成一八年）がある。

9　林修三『法令解釈の常識（第二版）』七〇頁以下（日本評論社、昭和五四年）。

10　林・前掲注9・七二頁。

11　もっとも「資産」とは何か「譲渡」とは何かといった定義規定の中身については、文理解釈の余地があることは言うまでもない（林・前掲注9・七八頁）。

12　中里実教授は「課税減免規定は、その趣旨・目的に合致しないような行為に対してまで課税の減免を認める必要はない。…それは狭義の租税回避否認ではなく、ただ、課税減免規定の解釈の結果として当然のこととして課税が行われるにすぎない。したがって、これは、本来の意味の租税回避否認というよりも、課税減免規定（目的）解釈・適用の通常の一局面にすぎないところの法解釈上きわめて自然なことということができよう」（中里実「タックス・シェルターと租税回避否認」税研八三号六三頁（平成一一年））と述べられている。

13　前掲注3のホステス報酬事件や長崎年金事件（最判平成二二年七月六日民集六四巻五号一二七七頁）は、いずれの事件も通達を中心とした租税実務において常識とされていた課税方法を覆した事件である。なお、長崎年金事件の概要については多くの評釈があるため省略するが、その問題点をいち早く指摘したものとして、前野悦夫「死亡保険金と同時に支払われた第一回目の特約遺族年金は、相続により取得するものに該当しないことから非課税所得ではないとした事例」税務弘報五四巻一四号一四五頁（平成一八年）がある。

14　金子・前掲注1・一一六頁以下。

15　文理解釈と趣旨解釈の関係性については、増田英敏「租税法律主義と租税公平主義の衝突」税法学五六六号三六五頁以下（平成二三年）を参照されたい。

16　谷口勢津夫『税法基本講義第五版』四〇頁（弘文堂、平成二八年）。

17　増田英敏教授は「税法規定の解釈に当たっては、まず文理解釈を原則とすべきであり、実質主義の名の下に税法の文言を拡大解釈し、類推解釈してはならないのである。なぜなら、担税力の実質に即した課税を実現すべく制度設計がなされ条文化されたのであるから、条文解釈の段階でさらに実質主義を考慮することは不要であり、実質主義の名の下に法解釈に恣意性を介入させる危険さえもある。」（増田英敏『リーガルマインド租税法第四版』一九一頁（成文堂、平成二五年））と述べられている。

18　金子宏「租税法解釈論序説」『租税法と市場』九頁以下（有斐閣、平成二六年）。

19　例えば、「助産に係る資産の譲渡等」の「係る」という文言は、租税法規では直接関連している場合に用いられる文言とされている（伊藤義一『税法の読み方　判例の見方改訂第三版』一六九頁（ＴＫＣ出版、平成二六年））のであるから、当該建物と助産との直接関連性について、事実認定で争えば、審判所も文理解釈を無視した趣旨解釈を行う必要がなかったのではなかろうか。

（井上　雅登）

第2章　消費税法上の「課税資産の譲渡等に係る事業を開始した日」の属する課税期間の意義

はじめに

消費税の納税義務者が事業者であることから、個人事業者・法人に対する消費税課税実務は、それぞれ所得税・法人税に付随して取り扱われている傾向がある。つまり消費税法の条文解釈が所得税法・法人税法に引きずられて、消費税が消費に対して課税される税であるという、消費税独自の立法趣旨に基づいて実務が行われないことがある。このことが、消費税に関する更正処分が行われる一因となっている。

個人が消費税法上の事業者となる時期はいつかについて、明文規定が存在しない。それにもかかわらず消費税法においては、届出書が本件事案のように実質の経営活動より先に届出することが規定されているため、条文の解釈の違いにより届出の時期を逸し又は誤認し、それにより消費税の還付が不能となり、不利益を被ることになる。本件事案のように開業準備行為から実際の開業までの期間が長期にわたり、個人事業者として暦年の課税期間を跨いだ時、「事業を開始した日」につき、請求人、課税庁、審判所のいずれもが違う時期を採用したことは、課税要件が明確にされていないことに起因すると考え、所得税法及び法人税法の「事業開始の日」と消費税法の「事業開始の日」の取扱いについて、検証していく。

Ⅰ　事案の概要

本件は、歯科医院を営む歯科医師（個人事業者）である審査請求人（以下、「請求人」という）が、同医院において診療を開始した日を「課税資産の譲渡等に係る事業を開始した日」であるとして、その診療を開始した日の属する課税期間から消費税の課税事業者となることを選択する旨の届出書を同課税期間中に提出し、消費税及び地方消費税（以下、「消費税等」という）の還付申告をしたところ、原処分庁が、診療を開始した日の属する年の前年になされた同医院に係る建築設計・監理業務委託契約の締結日が「課税資産の譲渡等に係る事業を開始した日」であるため、請求人は、同課税期間について消費税を納める義務を免除された者であり、還付申告をすることができないとして、更正処分等を行ったことから、請求人が同処分等の全部の取消しを求めた事案である。

Ⅱ　争点及び争点に関する当事者の主張

1　争　点

本件課税期間は、消費税法施行令二〇条一号に規定する「課税資産の譲渡等に係る事業を開始した日」の属する課税期間であり、請求人は、当該課税期間において課税事業者であるか否か。

２　争点に関する当事者の主張

下表のとおり。

Ⅲ　裁決の要旨　〈棄却〉平成二四年六月二一日裁決・裁決事例集八七集三八九頁

１　法令解釈

⑴　消費税法九条四項は、原則として、免税事業者は選択届出書を提出した日の属する課税期間の翌課税期間から課税事業者となるものとしつつ、選択届出書を提出した日の属する課税期間が事業を開始した日の属する課税期間である場合には、当該課税期間の開始前に、同課税期間中の課税売上げ及び課税仕入れの発生等を予測し、当該課税期間において課税事業者となるかどうかの判断をして選択届出書を提出することが、必ずしも容易でないことに配慮し、例外として、新たに事業を開始した事業者に対

原処分庁	請求人
消費税法施行令二〇条一号に規定する「課税資産の譲渡等に係る事業を開始した日」には、課税資産の譲渡等を行うために必要な準備行為を行った日も含まれる。 請求人は、平成二〇年一一月二四日に本件契約を締結した。この行為は、課税資産の譲渡等を行うために必要な準備行為に該当するから、本件契約の締結日は「課税資産の譲渡等に係る事業を開始した日」である。 そうすると、本件契約の締結日の属する課税期間は、平成二〇年一二月三一日までの課税期間であるから、本件課税期間は「課税資産の譲渡等に係る事業を開始した日」の属する課税期間ではなく、請求人は、本件課税期間において課税事業者ではない。	消費税法施行令二〇条一号に規定する「課税資産の譲渡等に係る事業を開始した日」とは、開業意思決定後のすべての準備行為を行った日が含まれるのではなく、課税資産の譲渡等を行うために必要な資材や商品に係る仕入れ、主要設備の購入及び建物の取得といった、それ自体が課税仕入れに当たる一定の準備行為を行った日のみが該当する。 本件契約に係る課税仕入れが発生した日は、契約の締結日ではなく、設計の完了日又は監理業務の完了日であり、これらの日の属する本件課税期間が「課税資産の譲渡等に係る事業を開始した日」の属する課税期間である。 そうすると、請求人は、本件課税期間において課税事業者である。

して、当該事業を開始した日の属する課税期間から課税事業者となることを選択する機会を与えたものと解される。

（2）そして、事業者が新たに事業を行うにあたっては、当該事業を遂行するために必要な準備行為（資産の取得契約の締結や商品及び材料の購入など、課税資産の譲渡等に係る事業の前提となる行為）を行うのが通常であるところ、上記（1）の消費税法第九条第四項の趣旨に照らし、事業を遂行するために必要な準備行為を行った日の属する課税期間も、同項を受けて規定された消費税法施行令二〇条一号の「課税資産の譲渡等に係る事業を開始した日」の属する課税期間に該当すると解するのが相当である。

なお、そもそも「課税資産の譲渡等に係る事業を開始した日」の属する課税期間が、課税資産の譲渡等を開始した日の属する課税期間のみを指すものでないことは、その文理上明らかである。そして、ある行為が事業を遂行するために必要な準備行為であるか否かは、必ずしも個々の行為だけではなく、一連の行為を全体として判断すべき場合もあることに鑑みると、ある行為が課税仕入れに当たる行為であるか否かは当該準備行為に該当するか否かの判断を左右する要因ではないというべきである。

（3）また、一連の行為が全体として事業に係る準備行為であると認められる場合には、その最初の行為が行われた日をもって「課税資産の譲渡等に係る事業を開始した日」であるとするのが相当である。

2　認定事実

請求人提出資料及び当審判所の調査の結果によれば、次の事実が認められる。

（1）材料及び器具等の購入

請求人は、歯科医師や歯科技工士がインターネット上のオークションに出品した歯科診療の用に供する材料及び器具

（金属温め器、石膏削り器、咬合器、顎の模型等）を、本件医院における歯科診療業務に使用する目的で、平成二〇年中に、順次購入した。

（2）農地法五条の規定による許可の取得等

① 歯科医院に歯科医師として勤務していた請求人は、「農地法第五条の規定による許可申請書」を平成二〇年一〇月一五日、a市農業委員会事務局に提出した。

② 上記①の申請に対し、「農地法第五条許可申請」の許可が、平成二〇年一一月〇日付でされた。

（3）建築設計・監理業務委託契約の締結等

① 請求人は、平成二〇年一一月二四日、D建築設計事務所代表E（以下、「本件設計事務所」という）との間で、歯科医院の建物に係る建築設計・監理業務委託契約（以下「本件契約」という）を締結した。

② 本件設計事務所が作成した平成二〇年一一月二八日付「設計監理業務における工程表」と題する書面には、調査設計業務については平成二〇年一一月から平成二一年二月までの期間に実施され、同監理業務については平成二一年三月から七月までの期間に実施される旨の予定が示されている。

③ 本件契約に基づく歯科医院は、平成二一年七月には歯科医院の建築が完了し、請求人に引き渡された（以下、こうして建築された歯科医院の建物を「本件医院」という）。

（4）選択届出書等の提出状況

① 請求人は、平成二一年八月三一日、歯科医院の開業日を同月〇日、屋号を「F」とする個人事業の開廃業等届出書を原処分庁に提出し、現在に至るまで本件医院において歯科診療を行っている。

② また、請求人は、平成二一年一二月二八日、消費税法九条四項の規定に基づき、本件課税期間を同条一項本文の

適用開始課税期間（課税事業者となる課税期間）とする旨の選択届出書を、原処分庁に提出した。
③　その上で、請求人は、平成二二年三月一二日、本件課税期間の消費税等について、確定申告書（以下、「本件還付申告書」という）を、原処分庁に提出した。
④　請求人の本件課税期間に係る総勘定元帳の「院長現金」勘定には、購入価格の各金額が、いずれも平成二一年一月一日付で費用として全額計上されており、請求人は、その全額を課税仕入れに含めて本件課税期間における、控除対象仕入税額を計算し、その計算結果を基に本件還付申告書を提出した。

3　あてはめ

（1）請求人は、上記2の（1）のとおり、平成二〇年八月頃から同年一二月にかけて、本件医院における歯科診療業務に使用するための材料及び器具の購入を繰り返し行うとともに、これと並行して、平成二〇年九月頃から同年一一月にかけて、「(仮称)C歯科医院新築計画」と題する書面をはじめとする各種書面を準備し、農地法五条の規定に基づく本件土地に係る使用貸借による権利の設定及び本件土地の使用目的変更の許可を申請してその許可を受けた上、同（3）のとおり、平成二〇年一一月に、本件医院を建築するための本件契約を締結した。
これらのことを併せ考えると、請求人が、本件医院における歯科診療業務に使用するための材料及び器具の購入を繰り返し行ったことは、請求人の歯科診療業務の開始に向けた一連の行為の一部であり、それら一連の行為が全体として歯科医業に係る準備行為であると認められる。
（2）そうすると、消費税法施行令二〇条一号に規定する「課税資産の譲渡等に係る事業を開始した日」は、上記2
（4）①の個人事業の開廃業等届出書に記載された歯科医院の開業日である平成二一年八月一日ではなく、上記2（3）

①の本件契約の締結日である平成二〇年一一月二四日でもなく、本件医院における歯科診療業務に使用するための材料及び器具の購入の開始日である平成二〇年八月六日であるとするのが相当である。

（3）なお、請求人は、上記2（1）本件医院における歯科診療業務に使用するための材料及び器具の購入が、課税仕入れに当たるとしても、当該購入に係る支出金額が僅少であることに鑑みれば、これらの行為を「課税資産の譲渡等に係る事業を開始した日」の基準となる準備行為であるとみるべきではない旨も主張している。

しかしながら、上記2（4）③及び同（4）④のとおり請求人自身が提出した本件還付申告書及び総勘定元帳の内容からしても、本件医院における歯科診療業務に使用するための材料及び器具の購入が、その性質上、いずれも課税仕入れに当たる上、請求人の歯科医業に係る準備行為の一部であることは、客観的に明らかというべきであり、この判断は、請求人が主張する支払対価の額の多寡によって左右されない。したがって、請求人の上記主張は、採用できない。

4　結　論

以上によれば、上記2（4）②請求人が選択届出書を提出した日である平成二一年一二月二八日の属する本件課税期間は、消費税法施行令二〇条一号に規定する「課税資産の譲渡等に係る事業を開始した日」の属する課税期間ではないから、当該選択届出書の提出に係る課税事業者選択の効力は、原則どおり、本件課税期間の翌課税期間から生じることとなり、請求人は、本件課税期間において課税事業者ではない（免税事業者である）と認められる。

Ⅳ　研　究…裁決に賛成、理由に疑問

1　本裁決の意義

本裁決は、事業者が事業を行うにあたって必要な準備行為を行うのが通常であるところ、この準備行為の最初の行為が行われた日をもって「課税資産の譲渡等に係る事業を開始した日」であるとした。また、「課税資産の譲渡等に係る事業を開始した日」が、課税資産の譲渡等を開始した日のみを指すものではなく、材料仕入や器具の購入も事業を遂行するに必要な準備行為であり「課税資産の譲渡等に係る事業を開始した日」に含まれるものとした。消費税法において「事業を開始した日」の明文規定が存在しない中で、消費税法九条四項と同項を受けて規定された消費税法施行令二〇条一号の関係を明確に整理し、「課税資産の譲渡等に係る事業」について事業としての行動の範囲を示し「事業を開始した日」について明確にしたことに、本裁決の意義がある。

2　類似判決と本裁決の位置付け

課税資産の譲渡等である売上がなくても、仕入れや広告宣伝等の営業活動があれば、その期間が「課税資産の譲渡等に係る事業を開始した日の属する課税期間」と見るとした東京高裁平成一六年判決[1]は、「控訴人は、平成五年九月七日にゴルフ場の経営等を目的として設立された法人であり、設立以来ゴルフ場開場のための事業を行ってきたことは明らかであり、現に、控訴人は、本件課税期間前の平成八年八月一日から平成九年七月三一日までの事業年度において、課税仕入れ（法二条一項一二号）にあたる広告宣伝費一〇〇万五、二八〇円を、平成九年八月一日から平成一〇年七月

三一日までの事業年度にも広告宣伝費八一万七、六八七円を計上し、決済していることが認められる。したがって、控訴人が、課税事業者選択届出書を提出した日である平成一一年二月四日の属する課税期間であるが、控訴人にとって法九条四項括弧書きの「事業を開始した日の属する課税期間」にも、令二〇条一号の「国内において課税資産の譲渡に係る事業を開始した日の属する課税期間」にも当たらないことは明らかである」としている。

この判決は、法人について、設立以後「課税資産の譲渡等」がなかったとして、消費税法基本通達一-四-七の適用が出来るか否かが争点となっているが、この判決では課税資産の譲渡等に係る事業を開始した日とは、課税資産の譲渡等を開始した日のみを意味するのではなく、課税仕入れ等を行った日も該当するということを示しているものであり、消費税法九条四項括弧書きにいう「事業を開始した日の属する課税期間」にも同法施行令二〇条一号にいう「国内において課税資産の譲渡に係る事業を開始した日の属する課税期間」にも、当たらないとしている。

個人事業者の「事業を開始した日」について、所得税法においても消費税法においても明文規定が存在しないにもかかわらず、「事業を開始した日」をいつと見るかが争われた判例及び裁決がなかったが、本裁決は「課税資産の譲渡等に係る事業を開始した日」について、この東京高裁判決の判断を踏襲しているものと考える。

３　本裁決の判断構造

審判所の判断は、「事業者が新たに事業を行うに当たっては、当該事業を遂行するために必要な準備行為を行うのが通常であるところ、消費税法九条四項の趣旨に照らし、事業を遂行するために必要な準備行為を行った日の属する課税期間も、同項を受けて規定された消費税法施行令二〇条一号の「課税資産の譲渡等に係る事業を開始した日」の属する課税期間に該当すると解するのが相当である。そして「課税資産の譲渡等に係る事業を開始した日」の属する課税期間が、課税資産の譲渡等を開始した日の属する課税期間のみを指すものでないことは、その文理上明らかである。さらに一連の行為が全体として事業に係る準備行為であると認められる場合には、その最初の行為が行われた日をもって「課税資産の譲渡等に係る事業を開始した日」であるとするのが相当である。」としている。つまり、消費税法においては実際に「事業を開始した日」にかかわらず、一連の行為をもって事業に係るものであるか否かを検討しており、事業に係るものであればその行為が行われた最初の日をもって「課税資産の譲渡等に係る事業を開始した日」の属する課税期間に当たるとし、その課税期間に課税事業者選択届出書が提出されなかった請求人は課税事業者ではないとしたことは条文上妥当であり、裁決に賛成するものである。

4　「事業を開始した日」をめぐる問題

(1)　消費税法九条と同法施行令二〇条の解釈

消費税法九条四項の課税事業者選択届出書の制度は、基準期間における課税売上高が存在しないか又はその額が少ない場合にも、消費税の課税事業者となる道を開くためのものであり、同法九条四項括弧書は、まだ事業を開始していない者が課税事業者を選択するためには、いつ届出書を提出するかについて、「当該提出をした日の属する課税期間が事業を開始した日の属する課税期間その他の政令で定める課税期間である場合には当該課税期間」と規定しており、「事業を開始した日」と「その他の政令で定める期間である場合には当該課税期間」があることになる。この関係をどう考えるかについて、「「その他の」は、通常、前に置かれたことば（名詞又は名詞句）がその後に置かれたことばの意味の中に含まれその例示としての役割を持つ場合に用いられる[2]」とあり、同法九条四項括弧書でいう同法施行令二〇条一号では「事業者が国内において課税資産の譲渡等に係る事業を開始した日」と規定しており、同法九条四項括弧書きにある「事業を開始した日」は「事業者が課税資産の譲渡等に係る事業を開始した日」に含まれていることになる。

さらに「課税資産の譲渡等に係る事業を開始した日」とは、課税資産の譲渡等だけに限定されることなく、課税資産の譲渡等に係る経済活動すべてが含まれるものと考える。

また、消費税法二条の冒頭に「事業者が」とあるのは、法人であれば、もともと事業を行うために設立されたものであることが明らかであるが、個人である場合、「その個人は、生活手段のため収益を獲得し、消費生活を維持して行くという、経済行動を中心として考えられた自然人であり、その経済的行動における収入、および支出もまた企業と家計が未分離の状態にあって明確に区分されないものも相当に存在する状態にある。[3]」ため、事業開始以前であるものについては、個人としての消費であれば課税取引には取り込めないという意味で、「事業者」としての縛りをかけていると考えるが、「課税資産の譲渡等に係る事業を開始した日」という文言により、開業準備行為もそれが事業に係る一連の行為であるとすれば、消費税法上は「事業者」となることとしていると考える。

(2) 所得税法における「事業を開始した日」

所得税法における「事業開始の日」をいつと見るかについて検討してみる。所得税法において明文規定は存在しない。しかし、「申告納税制度」の下に、確定申告を行うために個人事業者は、事業開始の日から一か月以内に「事業開始の届出」（所法二二九条）を提出し、また青色申告承認申請（所法一四四条）も行う。「「納税申告」は国民主権主義の税制面における表明であるから、主権者としての納税者の意思、つまり、行為の主体の効果意思が納税義務の確定の行為に当然に包含されるものでなければならない。それは行為の中核に意思表示が存在し、「納税要件」事実が存在するとき、これに相応した特定の納税義務を自ら確定させようとする効果意思を持ち、租税行政庁に表示する行為が「納税申告」行為であって、その行為があれば、その効果意思どおりに、特定の納税義務が確定し、その内容である租税債務を負担することになるのである。」[4]と松沢智教授が述べるように、届出という形で納税者は「事業開始」の意思表示を行うことになるが、納税者の意思表示だけで「事業」と言えるか。「事業とは、自己の計算と危険において営利を目的として対価を得て継続的に行う営業活動をいう[5]」と最判昭和五六年四月二四日で示されているように、対価を得て継続的に行うことが必要であるが、まだ対価を得ていない個人事業者の開業準備行為が事業開始と認められるであろうか。所得税法上は、開業準備期間の経費については開業費として、開業事業年度以降に経費とすることが出来る。金子宏教授は「継続的事業の所得を正確に算出するためには、必要経費は、それが生み出すことに役立った収入と対応させ、その収入から控除しなければならない。これを費用収益対応の原則という。[6]」としているが、開業準備に着手したときから開業までを、開業費として繰延資産該当費用としていることは、「事業を開始した日」は、開業準備に着手した日であると考えられる。そうすると、準備行為の段階から「事業開始」とみて、一か月以内に「事業開始の届出」を提出し、また青色申告承認申請も行うべきであり、開業準備段階においても青色申告は可能であると解され、消費税法における、「課税資産の譲渡等に係る事業を開始した日」という文言により、開業準備行為もそれが事業に係る一連の行為であるとすれば、消費税法上は「事業者」となるという整合性も保たれる。しかし実務において「事業を開始した日」の届出は曖昧であり、ともすれば経営を開始した日を「事業を開始した日」として、届出を行うことが慣例になっている。

（3）法人における「事業を開始した日」の取扱い

事業者が法人である場合の消費税法施行令二〇条一号の「国内において課税資産の譲渡等に係る事業を開始した日の属する課税期間」とは、原則として、当該法人の設立の日の属する課税期間をいう（消基通一-四-七）とされ、さらに、設立の日の属する課税期間においては設立登記を行ったのみで事業活動を行っていない法人が、その翌課税期間等において実質的に事業活動を開始した場合には、当該課税期間等もこれに含むものとして取り扱われる（同一-四-七）とされているが、この規定を適用するためには、実質的に事業活動を全く行っていない法人であり、課税資産の譲渡等が行われていないだけでなく、課税仕入れ等も行われていない状態であることが求められるのである。

また、法人においては、「事業を開始した日」は設立の日であるが、法人の設立期間中の取扱いについては、「法人の設立期間中に当該設立中の法人が行った資産の譲渡等及び課税仕入れは、当該法人のその設立後最初の課税期間における資産の譲渡等及び課税仕入れとすることができるものとする」（消基通九－六－一）という規定があり、準備期間中のものについては、設立後の課税期間に含められるものとしており、個人事業者に対する取扱いと異なっている。

5　税法間の差を容認する論拠

このような法人・個人の取扱いの差について、「立法目的が正当なものであり、かつ、その立法において具体的に採用された区別の態様がその目的との関連で著しく不合理であることが明かでない限り、合理性を否定できず、憲法一四条一項の規定に違反するものということはできない[7]」という判示がある。確かに所得税法と法人税法において、立法により取扱いが異なることが、必ずしも不合理であると考えることは出来ない。しかし、その射程は消費税法に及ぶものであろうか。租税公平主義について「第一の意義は、立法の側面で、租税公平主義は担税力に応じた租税負担の配分を求める原則といえる。第二の意義は、執行の側面で、機会均等を要請し、担税力に応じた公平な租税負担の実現を目的として立法された租税法を、すべての国民に平等に適用することを要請する原則である。[8]」と増田英敏教授は述べているが、消費税法の立法の側面で、法人事業者と個人事業者の公平が維持されるべきであると考える。

おわりに

本裁決は、個人事業者における「事業を開始した日」の判断を示した最初の裁決として意義があると考えるが、事業開始について、問題があると考える。法人は設立の日という明確な基準がある。さらに消費税法基本通達一‐四‐七、九‐六‐一等により設立の日と事業開始の日の調整の手当てがなされている。しかし、個人事業者についてそのような手当てがされておらず、もっぱら消費税法施行令二〇条一項の「課税資産の譲渡等に係る事業を開始した日の属する課税期間」の解釈に委ねられている。累積税額排除を基本とする消費税法において、その消費税法と他方との立法の差により、累積税額排除の権利行使の可否が決定してしまうことは問題であると考える。

また、実務においては、ともすれば開業準備行為の経費は所得税法の考え方に基づき開業後に繰延資産として取り扱い、事業開始時に一括して消費税額を控除する申告を行うような間違いを起こしかねない。

さらに、準備段階行為の仕入れ等について仕入税額控除の規定を適用して還付を受けようとした時、課税資産の譲渡等がゼロである時課税売上割合もゼロとなり、課税売上割合がゼロである場合は、仕入れ税額は控除できないという問題もあることを考えれば、法人が、法人の設立の準備期間中のものについては設立後の課税期間に含めることができる旨の取扱いがあるように、個人事業者に対する取扱いについて、検討の余地もあると考える。

現在消費税の税率が八％となり、一〇％への引上げも視野に入りつつある中で、さらに本件事案に表われたような問題が顕在化してくるのではないだろうか。

1　東京高判平成一六年八月三一日。

2　伊藤儀一『税法の読み方判例の見方改訂新版』一三五頁（TKC出版、平成二六年）。
3　松沢智『新版租税実体法補正第二版』一九八頁（中央経済社、平成一五年）。
4　松沢智『租税手続法』四三頁（中央経済社、平成九年）。
5　最判昭和五六年四月二四日民集三五巻三号六七二頁。
6　金子宏『租税法第二二版』二九九頁（弘文堂、平成二九年）。
7　最判昭和六〇年三月二七日民集三九巻二号二四七頁。
8　増田英敏『リーガルマインド租税法第四版』一七頁（成文堂、平成二五年）。

（高橋　美由紀）

第五編 ■ 租税手続法

第1章　青色申告者に対する無予告調査の適法性

はじめに

事前通知なく突然に税務調査官がやってくる無予告調査は、納税者のみならず関与税理士も神経を使う。殊に、日頃から誠実な納税申告を心掛けている納税者に対し無予告調査が行われると、大きな反感を買ってしまう可能性もある。一般の社会生活では、事前の約束を取付けない訪問はマナー違反であり、ましてや当事者の了解も得ず居座ることなど論外である。税務調査に、高い公益性や牽制的な効果があることは否定できないとしても、その事案の選定には十分な慎重さが求められる。しかし現実には、なぜ、このような納税者に無予告で調査が行われるか疑問と感ずる事例は少なくない。

本研究で取上げた事例は、青色申告の請求人に対して、無予告で税務調査に着手したところ、帳簿書類を提示しなかったため、青色申告の承認を取消して、推計課税により更正処分を行った事例である。争点は、無予告で行われた税務調査手続の瑕疵の存否、青色申告の承認の取消事由、推計課税の妥当性等である。裁決は、推計課税の方法について、原処分庁が店舗ごとに水道光熱費を基礎として所得金額を算出して合計する方法を採ったことに対し、請求人が営む事業全体を事業規模の判断要素とし、各店舗の水道光熱費の合計金額を基礎として、類似同業者の平均水道光熱費及び平均所得率を適用して推計する方法が合理的であるとして、更正処分の一部又は全部を取消した一方で、無予告調査については、調査担当職員が事前通知をしなかったことにつき格別これを不相当とするような事由は認められないとした。

本研究では、青色申告者に対する無予告の調査手続の妥当性に絞り検討する。なお、平成二五年一月より施行された国税通則法（以下「改正国税通則法」という。）との関係にも触れる。

Ⅰ　事案の概要

本件は、原処分庁が、スナックを営む審査請求人（以下「請求人」という。）に対して行った、（１）青色申告の承認の取消処分、（２）所得税並びに消費税及び地方消費税（以下「消費税等」という。）の更正処分等について、請求人がその全部の取消しを求めた事案である。

１　審査請求に至る経緯

（１）請求人は、平成一八年分から平成二〇年分の所得税について、青色の確定申告書により、いずれも法定申告期限内に申告し、また、平成一八年一月一日から平成二〇年一二月三一日までの各課税期間の消費税等について、いずれも法定申告期限内に申告した。

（２）原処分庁は、これに対し、平成二二年三月一日付で、平成一八年分以後の所得税の青色申告の承認の取消処分をし、同日付で、本件各年分の所得税について、更正処分並びに平成一八年分及び平成一九年分の過少申告加算税並びに平成二〇年分の重加算税の各賦課決定処分を、また、本件各課税期間の消費税等について、更正処分並びに平成一八年課税期間及び平成一九年課税期間の過少申告加算税並びに平成二〇年課税期間の過少申告加算税及び重加算税の各賦課決定処分をした。

（3）請求人は、これらの処分を不服として、異議申立て（一部取消し）を経た後、平成二二年七月一六日に審査請求をした。

2　基礎事実

（1）請求人は、a市b町〇丁目において平成三年からスナック（飲食店）を営んでおり、一時期、「M店」、「N店」、「P店」及び「Q店」の四店舗において同事業を営んでいた。

（2）原処分庁所属の調査担当職員（以下「本件調査担当職員」という。）は、平成二〇年九月一六日に、請求人の自宅及び事業所に臨場し、本件各年分の所得税及び本件各課税期間の消費税等に係る調査（以下「本件調査」という。）に着手した。

Ⅱ　争点及び争点に関する当事者の主張

争点は、本件調査の手続等に違法があったか否かであり、当事者の主張は下記の通りである。

請求人	原処分庁
本件調査は、無予告調査であり、また、R（筆者注：請求人の夫）が前夜、遅くまで仕事をして朝まだ寝ている時間に調査に来るなど、納税者の生活サイクルを無視した威圧的な調査であり、税務運営方針に反する調査である。さらに、修正申告のしょうようが執拗に行われ、また、請求人がある団体に加入したことから、原処分庁の提示額が増加して倍くらいになっており、このことは、法の下の平等を保障した憲法第一四条違反である。	事前通知は法律上の要件とされているものではなく、また、所得税法第234条第１項に規定する質問検査権は、「所得税に関する調査について必要があるとき」に行使し得るものと規定されているところ、その範囲、程度、時期、場所等については実定法上なんらの制限も設けられておらず、実施の細目については、これを行使する税務職員の合理的な選択にゆだねられている。そうすると、本件調査に当たり、本件調査担当職員が事前通知をしなかったことについてこれを不相当とするような事由は認められず、また、本件調査担当職員が行った質問検査権行使の実施の細目についての裁量に濫用ないし逸脱した事実は認められないから、調査手続等に違法はない。

Ⅲ　裁決の要旨　〈棄却、全部取消しほか〉平成二三年六月二四日裁決・裁決事例集八三集六一一頁

１　法令解釈

所得税法第二三四条に規定された質問検査権を行使するに当たり、質問検査の範囲、程度、時期、場所等実定法上特段の定めのない実施の細目については、質問検査の必要があり、かつ、これと相手方の私的利益との衡量において、社会通念上相当な限度にとどまる限り、権限ある税務職員の合理的な判断にゆだねられていると解される。

２　認定事実

（１）本件調査担当職員は、平成二〇年九月一六日の午前九時一〇分ころ事前通知をせずに請求人の自宅に臨場し、所得金額の確認のための調査を行う旨説明し、請求人の同意を得た上で本件調査に着手した。

（２）本件調査担当職員は、請求人がＲは午前一〇時三〇分ころに起床する旨申し出たので、午前一一時ころにＲが起床した後、同人が所用を済ませるのを待って、店舗に同行した。

（３）判　断

①　請求人は、本件調査は無予告調査であり、また、納税者の生活サイクルを無視した威圧的な調査であり、税務運営方針に反する調査である旨主張する。

しかしながら、上記１のとおり、事前通知は、税務調査において法令上の要件とされているものではなく、当審判所の調査によっても、本件調査に当たり、本件調査担当職員が事前通知をしなかったことにつき格別これを不相当とする

ような事由は認められず、合理的な判断の範囲を逸脱した違法があったとはいえない。

また、上記2の（2）のとおり、本件調査担当職員は、請求人及びRの生活状況等に配慮して本件調査を行っていることが窺え、請求人の主張するような威圧的な調査を行った事実は認められない。

なお、請求人の主張する税務運営方針は、納税者の自主的な理解、協力を得て円滑な税務行政を遂行しようとする観点から、国税内部における税務調査を含む事務運営の基本方針を示したものであって、税務調査における手続の細目などを一律に定めたものではないから、その記載内容を根拠として具体的な調査が直ちに違法又は不当となるものではない。

②　以上のとおり、請求人の主張には理由がなく、また、当審判所の調査によっても、本件調査担当職員による本件調査の際の質問検査権の行使は、質問検査の必要性と相手方の私的利益との衡量において社会通念上相当な限度にとどまっていると認められ、合理的な判断の範囲を逸脱するような違法は認められない。

Ⅳ　研　究…裁決理由に反対

1　本件裁決の意義と位置付け

本件裁決は、所得税法二三四条に規定された質問検査権を行使するに当たり、質問検査の範囲、程度、時期、場所等実定法上特段の定めのない実施の細目については、質問検査の必要があり、かつ、これと相手方の私的利益との衡量において、社会通念上相当な限度にとどまる限り、権限ある税務職員の合理的な判断にゆだねられているとし、税務担当職員が事前通知をしなかったことについて、合理的な判断の範囲を逸脱した違法があったとはいえないとしている。この判断は、税務調査を巡るメルクマール的な判例である最高裁昭和四八年七月一〇日決定[1]を前提とし、その税務調査の内容まで踏み込まず形式的な判断を行った裁決と意義付けられる。

前記判例が白色申告者に対するものであるのに対して、本件裁決は青色申告者に対するものであるので、青色申告者に対する事前通知や理由開示がいかにあるべきかを検討するために好適な事例である。また、平成二五年より施行された改正国税通則法について、当局は、従来の運用上の取扱いを法令上明確化したものであると説明していることから、無予告調査等の具体的手続が従来方法と変わらず踏襲される危惧もある。改正国税通則法に関する課税当局の運用が、改正の趣旨に反して恣意的に流されないように監視することは税理士に求められる重要な公共的使命である。その意味でも、本件を裁決事例研究として取上げる次第である。

2　質問検査権の意義

租税職員は、法人税等の調査に当たり、関係者に質問し、又はその帳簿書類その他の物件を検査することができる(平成二三年一一月改正前の法人税法一五三条、所得税法二三四条、改正国税通則法七四条の一二)。これを質問検査権といい、これに伴う税務調査は、納税者がこれに応じなければ罰則の適用があるという意味で間接強制調査とされる。

前記判例も、質問検査権の意義について「税務署その他の税務官署による一定の処分のなされるべきことが法令上規定され、そのための事実認定と判断が要求される事項があり、これらの事項については、その認定判断に必要な範囲で職権による調査が行われることは法の当然に許容するところ」としている。

3　事前通知と調査理由の開示に関する判例と学説

税務調査に関して調査先の選定や事前通知、調査理由の開示等の手続きについて、前記最高裁昭和四八年七月一〇日決定は、「権限を有する職員において、当該調査の目的、調査すべき事項、申請、申告の体裁内容、帳簿等の記入保存状況、相手方の事業の形態等諸般の具体的事情にかんがみ、客観的必要性があると判断される場合には、（中略）質問検査の範囲、程度、時期、場所等実定法上特段の定めのない実施の細目については、右にいう質問検査の必要があり、かつ、これと相手方の私的利益との衡量において社会通念上相当な程度にとどまるかぎり、権限ある税務職員の合理的な選択に委ねられる」と判示している。この判例により課税当局は、調査の細目は税務職員の合理的裁量に委ねられ、事前通知や調査理由の開示は一律の要件でないとの立場を採っている。

しかし、松沢智教授は、本判例でいう「客観的必要性」は、「何故調査が必要なのかということが通常一般人の見地において何人も肯認し得る程度の理由の存することが当然に要求されることを意味する。『客観的必要性』を示す具体的事情が当然に各事案につき存在していると認められる場合に限って調査の必要性が認められるのである。決して、税務職員の『主観的裁量』で必要か否かを判断するものではない。[2]」と鋭い指摘をしている。

また、増田英敏教授も「相手方（被調査者）の同意を要件とする質問調査権の行使にあたって、調査者が『調査理由』の開示をせずして（調査の必要性を明示せずして）、相手方が納得して調査に同意することが可能であろうかという点がはなはだ疑問に思われる。[3]」と述べている。

4　租税申告行為の法的性格からの考察

事前通知や調査理由の開示等の税務調査手続を検討するためには、これらの前提となる納税者による租税申告行為の法的性格を明らかにする必要がある。

従来は、事前通知や理由開示は課税上弊害がない限りにおいて行う課税当局の恩典とする見解と、国税通則法一六条の申告行為によって租税債権は確定しているので、一旦確定したものに対しこれを排除し、更正処分として新たな税額を賦課しようとするのは納税者の基本権の侵害であるから事前通知等は調査上の要件であるとの見解が対立していた。

松沢教授は、租税申告行為の法的性格とは、要するに国家と国民との間にある税の関係を、法的視角から明らかにすることであり、国家の構造を宣言した国家の根本規範である憲法学的視点からアプローチすることが不可欠であるとし、民主主義を表明した現行憲法の国民主権主義の原理からすれば、憲法三〇条の納税の義務の規定を、主権者としての国民にとって自己賦課の性質をもち、それは正に主権者たる納税者としての責務を表明した「納税者主権主義」を意味するものと説く。[4] そして、「納税者主権主義」に基づく申告納税制度における納税者の地位は、行政公務への参加の面と、自らの決意の表明という個人の権利をも併せもち、[5] 租税申告行為の法的性質は単なる届出ではなく、公法的効果を生ずる意思表示（私人の公法行為）であるとする。[6] そこで国税通則法一六条一項の「申告による確定」の意味は、課税対象が、手続面のみならず、実体面にも関連をもつものであるから、内容に関する実体法である所得税法や法人税法の諸規定が手続面に反映され、課税権者といえども、正当な理由がなければ、確定力を排除できない「公定力（権限ある機関による取消しがあるまで、一応、適法の推定を受けるが、課税当局は容易に取消し変更できる）」をおびることとなると説明された。[7]

筆者も、松沢教授の主張する国民主権主義的租税観に立脚した租税申告行為の法的性格に賛成するものであり、以下、これらを前提として青色申告者の申告行為の法的性格と税務調査手続の関係の考察を進める。

5　青色申告と実体的確定力

青色申告制度は、申告納税制度の下では納税者において誠実な申告をすることを予定し、そのための方法として設けられている（所得税法一四条、法人税法一二一条）。[8] 課税当局が青色申告書による納税申告をすることを申請した者に対し、自ら承認を与える結果、そこに相互の信頼関係を基礎とする債権債務関係が生じ、[9] 青色申告により申告された金額は、法令で定められた書類によって算定された実際の金額と推認し、一般的にいえば客観的に真実な所得と理解されている。[10] この制度では、（1）「実体法」である所得税法や法人税法で、青色申告書の更正に理由附記が効力要件だとされており、（2）税務署長の更正処分に際しては課税権限の行使に制約を設け、備付帳簿書類の記載以上の信憑力のある証拠を示さなければ更正できず、[11]（3）推計を許さない等の権利利益が与えられている。

松沢教授は、青色申告者の申告については、税務署長の承認により、前記のごとく十分な証拠と厳格な法律上の手続を踏まないと申告額を否定できないという利益が設定されている以上、承認の反射効果と青色申告制度の趣旨とが相まって、課税当局に自由な取消変更をなし得ないという意味の実質的確定力（不可変更力）が備わると説く。[12] 青色申告者に実質的確定力が備わる結果、まず、過少申告の疑いがあることが質問検査権の行使の条件となり、仮に過少申告の疑いがあるとして質問検査権を行使する場合は、いったん納税者に与えた前記の利益を奪う不利益処分となる関係上、憲法三一条の適正手続の内容たる告知・聴聞（不利益処分の理由開示と防戦の準備・意見陳述）に対応する事前通知と理由の開示が、法の当然に予定する要件であるとした。[13] つまり、これらの手続を省略することは、青色申告の承認という行政行為の内容（青色申告者の権利）を正当な理由なく、実質的に変更したり、取消したりする行為と同等と評価され、実質的確定力を無視する行為と解されるのである。

なお、最高裁平成四年七月一日判決[14]は、行政手続にも憲法三一条が適用されるとしながらも、税務調査のような行政調査については、刑事手続とは性質が異なり多種多様であるので、事前の告知、弁明、防衛の機会を与えるかどうかは、行政処分により制限を受ける権利利益の内容、性質、制限の程度、行政処分によって達成しようとする公益の内容、程度、緊急性等を総合衡量して決定され、常にそのような機会を与えることを必要とするものではない旨判示している。しかし、これについても松沢教授は、租税行政手続が行政手続法一条（目的等）の適用除外となっていないことに触れ、青色申告の更正の「理由附記の趣旨は、納税者の不服申立ての便宜と、処分自体の慎重と公正妥当の担保と解されているのである。これは、まさに『手続法』の公正の確保と透明性の理念に合致する」ので、青色申告についてのみ手続法一条の理念がそのまま適用ないし準用されるものと解し[15]、聴聞や弁明の機会の付与と同様な事前の通知や理由開示が手続法の趣旨解釈として当然に表れるものとする。

以上から、罰則により間接的に強制される質問検査権の行使に当たり、実体的確定力が備わっている青色申告者に対しては、課税当局は、「過少申告の疑い」があると思料すること、いつ調査するのか（事前通知）、いかなる理由で調査するのか（理由開示）を明らかにすることが求められる。これらによって、納税者に充分な反駁の機会を与え、反証を提出させて青色申告者としての権利が保障されることとなる。この場合の理由開示の程度は、何故調査が必要なのかということが通常一般人の見地において何人も首肯し得る程度の理由を存することが要求される。

例外的に、青色申告者であっても、事前通知と理由開示の省略が正当化されるのは、「青色申告の届出をし、自動的に承認を受けた申告者すべてを指すのではなく、誠実な記帳を為す、すなわち、青色申告の承認を取り消されるおそれのない青色申告者に限定されているもの[16]」、すなわち、事前の情報等により悪質な過少申告の疑い（信頼関係の失墜）の可能性があり、かつ事前通知を行うことにより証拠隠滅等を図られ、過少申告の発見が困難と客観的に予想される場合に限ると考えるべきである。

6　手続の瑕疵と行政処分の効力

従来は、手続が、刑罰法令に触れたり、公序良俗に反する等、違法性が著しい場合を除いては課税処分の取消事由にならないとされてきた。判例は、手続的瑕疵があれば処分内容のいかんを問わず取消すべき場合と、手続的瑕疵のみを理由として取消すべきでない場合の双方がありうるという前提に立ち、個別判断をしているといえる。例えば、東京高裁平成三年六月六日判決[17]では「いわゆる税務調査の手続は、課税庁が課税の要件の存否を調査するための手続に過ぎず、いかなる意味においても課税処分の要件になるものではないというべきである」と消極的に解されている。

一方で、学説は、理由提示や聴聞・弁明の機会の付与のような重要な手続を懈怠したり、懈怠するに等しいような不備がある場合には、処分を取消して手続をやり直させることは、手続軽視の風潮を生まないためにも必要であろう[18]、との見解や、行政手続法施行後は、「告知・聴聞、理由の開示、文書閲覧、審査基準の設定・公表が、明確に行政庁の行為義務として定められたことからすると、私人には、行政庁この行為義務に従って行動することを求める手続上の権利が付与され、その権利侵害は、処分の違法事由として、抗告訴訟で主張できるものと解される。[19]」との見解が有力である。

青色申告者については、憲法三一条の適正な手続の保障の内容たる告知と聴聞を受ける権利、つまり、事前通知と理由開示が手続要件であることは前記の通りであり、これらを欠く税務調査手続は違法であり、課税処分の取消事由と解すべきであろう。そうでなければ、課税当局に手続的義務を課す意味は著しく失われてしまう結果となる。

7　改正国税通則法との関係

税務調査手続については、従来から「調査理由等の告知は、明文の規定をまたずに憲法三一条の解釈上当然必要で、これを欠く質問・検査は違法である、と解することはできないとしても、質問・検査の公権力の行使であることをかんがみると、立法上・行政運営上その手続整備の必要性はおおきいといえよう。[20]」との指摘がなされてきた。

税務調査の事前通知について改正国税通則法は、税務調査を行う場合には、原則として、あらかじめ納税義務者に対し通知をすることとし（通則法七四条の九第一項）、事前通知の例外として、調査の適正な遂行に支障を及ぼすことのないよう、課税の公平確保の観点を踏まえ、「違法又は不当な行為を容易にし、正確な課税標準等又は税額等の把握を困難にするおそれその他国税に関する調査の適正な遂行に支障を及ぼすおそれがある」と税務当局が認める場合には、事前通知を要しないことを法律上明確化した（通則法七四条の一〇）。

この「事前通知を要しない場合」に当たるかどうかは、税務当局が「調査の相手方である納税義務者の申告若しくは過去の調査結果の内容又はその営む事業内容に関する情報その他税務当局が保有する情報」を踏まえて判断することとしている。

この改正については、課税当局は従来の手続を法令化したものと説明するが、「当局の幅広い裁量でいわゆる無予告調査を実施するということはなく、解釈通達に照らしながら、法律に規定された事前通知を要しない場合に該当するか否かを判断していくこととなります。[21]」と説明されていることや、「違法又は不当な行為を容易にし、正確な課税標準等又は税額を困難にするおそれ」とは、「調査の初動において納税者の協力が得られないことが強く想定される場合[22]」である等の意見から考えると、無予告調査の実施は従来より厳しい条件が課せられたものと解せられる。さらに、税務調査の結果「申告是認に終わってしまったとか、或いは、違法又は不当な行為など全くなくて、単純な過少申告等が発生した程度に過ぎないということになると、結果論として、その調査手続は違法でないかということが必ず追及されるはずです。[23]」と、争訟場面において納税者から厳しく調査手続の違法性を問われることも想定される。

本来、改正前であっても、青色申告者に対する無予告調査についての選定は慎重・明確であるべきであったが、今回の改正法令化は、改めて当局に厳格な姿勢を求めるもので、従来のように無予告であることの必要性に疑問を感ずる調査が減る効果が期待され、評価できる。

なお、課税当局は、一般納税者向けＦＡＱで無予告の理由を説明しないとしているが、そもそも今回の改正は、手続の透明性、納税者の予見可能性を高め、納税者の協力を促すことを目的としている。透明性とは「行政上の意思決定について、その内容及び過程が国民にとって明らかであること」（行政手続法一条）なのであるから、法令化された無予告調査の違法又は不当性を、納税者自ら判断できる状態にすべきで、少なくとも課税当局は調査終了時までには無予告の理由を明らかにし、納税者の理解を得るべきである。

おわりに

理由はともかく、帳簿書類の提示をせず、青色申告者として課税当局との信頼関係を失墜させる原因を作った請求人の責任は重い。しかしその事実は、調査着手後に明らかとなったと見られるので、無予告で調査を実施した正当な理由ではない。

本件裁決は、最高裁昭和四八年七月一〇日判決の「質問検査の範囲、程度、時期、場所等実定法上特段の定めのない実施の細目については、右にいう質問検査の必要があり、かつ、これと相手方の私的利益との衡量において社会通念上相当な程度にとどまるかぎり、権限ある税務職員の合理的な選択に委ねられる」を強調するばかりで、判決の前段である「客観的必要性があると判断される場合」を検討し明らかにしておらず、形式的審理に終始している。税務調査手続は税務職員の「自由裁量」ではなく「客観的必要性」に制約される「法規裁量」なのであるから、[24] 青色申告者に対して、事前通知の行われなかった理由や不正事項の把握の経緯等を、裁決の中で明らかにすべきで、納税者の権利救済機関としての国税不服審判所の役割から考えると、審理の過程が不明確で裁決の理由に反対である。
なお、今後は改正国税通則法の施行により、不服のある納税者から調査手続の違法を問われることが予想され、本件のような事例についても審判所における審理において詳細な検討が求められることとなる。

1　刑集二七巻七号一二〇五頁・税資八四号二九六頁・判時七〇八号一八頁。
2　松沢智『租税手続法』一九〇頁（中央経済社、平成九年）。
3　増田英敏『納税者の権利保護の法理』一九〇頁（成文堂、平成九年）。
4　松沢・前掲注２・二三頁以下。
5　松沢・前掲注２・三〇頁。
6　松沢・前掲注２・四六頁。
7　松沢・前掲注２・五〇頁、六〇頁。
8　最判昭和六二年一〇月三〇日訟月三四巻四号八五三頁。
9　大阪高判昭和五〇年六月一一日行集二六巻六号七九五頁、訟月二一巻八号一七三六頁、判時八〇〇号四〇頁、税資八一号八〇二頁。
10　松沢智『新版租税実体法補正第二版』六九頁以下（中央経済社、平成一五年）。
11　最判昭和三八年五月三一日民集一七巻四号六一七頁。
12　松沢・前掲注２・七〇頁以下（中央経済社、平成九年）。

13　松沢・前掲注2・七七頁。
14　民集四六巻五号四三七頁。
15　松沢・前掲注2・二四二頁。
16　山下学「行政手続法と税務調査・事前手続に関する一考察」松沢智先生古稀記念論文集『租税行政と納税者の救済』八九頁（中央経済社、平成九年）。
17　訟月三八巻五号八七八頁。
18　宇賀克也『行政法概説Ⅰ　行政法総論（第五版）』四五二頁（有斐閣、平成一八年）。
19　塩野宏『行政法Ⅰ（第四版）』二九二頁（有斐閣、平成一七年）。
20　金子宏『租税法第二二版）』九二頁（弘文堂、平成二九年）。
21　山上淳一「改正国税通則法施行後の調査手続等」租税研究平成二五年四月号八二頁。
22　菅原英雄「無予告調査に関する新規定の根拠と実際」税経通信六八巻一号九六頁（平成二五年）。
23　品川芳宣「税務調査における手続変更の内容と問題点」租税研究平成二五年二月号一六二頁。
24　津田顕雄先生、竹下重人先生古稀祝賀記念論文集　松沢智『租税行政手続法における税務調査の法理』二一三頁（教育出版文化協会、平成四年）。

（川崎　浩）

第2章　税務調査手続の瑕疵と更正処分の効力

はじめに

行政の拡大に伴い、行政裁量が認められる範囲も広がる傾向にあるが、裁判所は裁量権行使の是非に積極的に関与することによって、これに歯止めを掛けようと努めている。

本事案をとおして、適正手続保障の理念から裁量権の行使はいかにあるべきか、税務調査手続に瑕疵がある場合にその瑕疵が課税処分の効力にどのような影響を及ぼすのかを考察してみたい。

Ⅰ　事案の概要

1　請求人は、J店及びK店において美容業を営む個人であり、青色申告の承認は受けていない。
2　G税務署の調査担当職員はJ店を客として訪問し、従業員と一日の客数、休日、忙しい曜日及び従業員の数などについて髪を整えてもらいながら話しをし、業務態様についての情報を収集するとともに店内の状態を確認した。
3　調査担当職員は調査のためJ店に臨場したところ、請求人が不在であったため、請求人と電話で連絡を取り、請求人から了承を得た上で、従業員から売上代金の管理方法及び作成されている帳簿などについて確認した。

4　調査担当職員は調査のためK店に臨場し、さらに、請求人の自宅に臨場したが、いずれも税理士資格のない第三者が調査場所に同席したため、請求人に第三者の立会いを認めると守秘義務違反に問われる虞があることを説明し、第三者の立会いのないところで帳簿書類を提示するよう繰り返し説得したが、請求人がこれに応じなかったため調査を打ち切った。

5　調査担当職員は調査のためK店に臨場したが、請求人は、以前に調査担当職員が身分を明らかにせず客になりすまし、請求人の承諾を得ることなく従業員に対して事業内容等を質問したことについて、文書による回答がなければ調査に応じないとして調査に応じなかったため調査を打ち切った。

6　調査担当職員は調査のためK店に臨場し、平成一六年分から平成一八年分まで（以下「本件各年分」という。）の関係書類を確認したものの、日々の売上げや必要経費が確認できなかったことから、請求人に原始資料の提示を依頼したところ、売上伝票の提示がなかったこと、水道光熱費及び地代家賃について過大計上の可能性があることなどの問題点があったため、改めて、原始資料を提示するよう請求人に依頼した。

7　調査担当職員は請求人に依頼した事項について確認したところ、請求人は、今までに提示した資料以外に提示するものはない旨申述したので、やむを得ず請求人に係る取引先について調査した上で、本件各年分の所得金額を推計し、原処分庁は平成一六年分及び平成一七年分の所得税については更正処分をし、平成一八年分の所得税については決定処分（以下、更正処分を含めて「原処分」という。）を行った。

Ⅱ　争点及び争点に関する当事者の主張

1　争　点

（1）身分を明らかにせずに調査担当職員が店舗を訪れた行為は、国税通則法（以下「通則法」という。）七四条の二《当該職員の所得税等に関する調査に係る質問検査権》及び同法七四条の一三《身分証明書の携帯等》の規定に違反するか。[1]

（2）調査手続に裁量権の逸脱があったか。

2　請求人の主張

次のとおり、調査手続に違法があるから、原処分の全部取消しを求める。

（1）調査担当職員が身分を明らかにせず客になりすまし、請求人の承諾を得ることなく従業員に事業内容等を質問した行為は、通則法七四条の二及び同法七四条の一三に違反している。

（2）調査担当職員は、原処分に係る調査の際に、請求人の依頼した第三者の立会いを認めず、また、請求人の承諾を得ずに取引先を調査した。

3　原処分庁の主張

次のとおり、調査手続に違法はないから、請求の棄却を求める。

（1）調査担当職員がその身分を明かさずに請求人の経営する店舗を訪れ、店舗の状況等を確認したのは、通則法七四条の二に基づくものではなく、税務調査に際して必要な請求人の情報収集を目的として実施したものであり、同条及び同法七四条の一三に違反したものではない。

（2）質問検査権の行使に当たり、その具体的な方法は、質問検査の必要があり、かつ、これと相手方の私的利益との衡量において社会通念上相当な程度にとどまる限り権限ある税務職員の合理的な裁量に委ねられているところ、調査担当職員は、調査に関係のない第三者の立会いを認めると守秘義務に違反する虞があると判断したため、これを認めず、また、請求人に本件調査への協力を再三求めたにもかかわらず、これに応じなかったため、やむを得ず請求人の取引先に対する調査を行った。これらのことは、調査担当職員の合理的判断に基づくものであり、また、社会通念上相当な限度を逸脱していない。

Ⅲ　裁決の要旨　〈棄却〉平成二一年七月二日裁決・裁決事例集七八集二五七頁

1　通則法七四条の二の規定は、職権調査の一方法として、権限ある税務職員において、同条一項一号に掲げる者に質問し、その者の事業に関する帳簿書類その他の物件の検査を行う権限を認めたものと解すべきである。

職権調査の方法としては、質問検査によらない調査を行うことも法は当然に許容していると解すべきであり、このような質問検査に至らない範囲で調査を行うに当たり具体的にいかなる手法を用いるかは、その調査の必要性と相手方の私的利益との比較衡量において、質問検査に至らない範囲で、かつ、社会通念上相当な限度にとどまる限り、権限ある税務職員の合理的な裁量に任されているというべきである。

通則法七四条の二の規定による質問検査権は、当該調査の目的、調査すべき事項、申請、申告の体裁内容、帳簿等の記入保存状況、相手方の事業の形態等諸般の具体的事情にかんがみ、客観的に必要があると判断される場合に行使できるものであり、その行使において、税務調査における質問検査の範囲、程度、時期、場所等実定法上特段の定めのない、税理士資格のない第三者の立会いを認めるか否か、納税者の取引先に対する調査を実施するかどうかなどの実施の細目については、質問検査の必要と相手方の私的利益との比較衡量において、社会通念上相当な限度にとどまる限り、権限ある税務職員の合理的な選択に委ねられていると解するのが相当である。また、納税者の取引先に対する調査の実施に当たり納税者の承諾を得る必要はないと解するのが相当である。

調査担当職員は、Ｊ店に客として訪れ、従業員との話しの中から業務様態についての情報等を収集したものであるが、これは調査担当職員が、請求人の正しい所得を把握するため、質問検査に至る前段階として、必要な情報を収集したというべきものであり、その情報収集の方法は、社会通念上相当な限度にとどまっていると認められ、これについて合理的な裁量の範囲を逸脱するような違法があるとは認められない。

そうすると、通則法七四条の二及び同法七四条の一三に違反するとの請求人の主張は前提を欠き、また、その情報収集の過程において社会通念上不相当と認められるような手段を用いられたとは認められず、他に違法となる点はないから、本件調査に違法があったということはできない。

２　調査担当職員は、請求人及び取引先等の営業に関する事項の秘密を守るため、法律上守秘義務を負わない第三者の立会いを認めなかったものであり、第三者の立会いを認めないで本件調査を行ったことについて、社会通念上相当な限度にとどまっていると認められ、これについて合理的な裁量の範囲を逸脱するような違法は認められないから、本件調査に違法があったということはできない。

調査担当職員は、請求人に本件調査への協力を再三求めたにもかかわらず、請求人は、これに応じず、請求人の本件調査への十分な協力が得られなかったことから、やむを得ず取引先への調査が必要であると判断したものと認めるのが相当であり、調査担当職員が、請求人の承諾を得ずに取引先の調査を行ったことにつき、合理的な裁量の範囲を逸脱するような違法があるとは認められないから、本件調査に違法があったということはできない。

3　したがって、請求人の主張は採用することができず、原処分は適法である。

Ⅳ　研　究…裁決に反対

1　裁量について

（1）要件裁量と効果裁量の対立

行政庁が種々の活動をするに当たっては、法律上の根拠を必要とするという「法律による行政の原理」が支配している。[2] しかし、世の中で起こり得るすべての事象を事前に予測して、法律に規定しておくことはおよそ不可能である。行政であっても、適用すべき法令の規定がない状況に陥る虞がある。このような状況の中で、行政庁に法律による行政の原理を強く要求すれば、円滑な行政運営を図ることができず、行政が硬直化しかねない。そこで、行政法では、行政庁が種々の活動を行うに当たり、独自の判断を下すことができる余地を与えている。この判断の余地のことを「裁量」という。

行政事件訴訟法では、「行政庁の裁量処分については、裁量権の範囲をこえ又はその濫用があった場合に限り、裁判所は、その処分を取り消すことができる」と規定し（同法三〇条）、行政庁に裁量権の逸脱や濫用がない限り、裁量に属する事項については、司法判断が及ばないことを明らかにしている。

行政行為のどの部分に裁量を認めるかについては、明治憲法下においてすでに議論されていたが、その論点は要件裁量説と効果裁量説の対立であった。[3] 要件裁量説は、行政行為の根拠となる法律上の要件を充足するか否かに裁量が認められるのであるから、法律上の要件を充足すると判断された場合には、その後の行政行為は羈束行為であって、その効果について裁量は及ばないとする考え方である。これに対して効果裁量説は、法律上の要件を充足するか否かについては司法判断が及ぶのであって、法律上の要件を充足すると判断された場合に、ある行政行為をするか否か、あるいは、どの行政行為を選択するかについて裁量が認められるとする考え方である。

裁判所は「法律が承認について客観的な基準を定めていない場合であっても、法律の目的に必要な限度においてのみ行政庁も承認を拒むことができるのであって、農地調整法の趣旨に反して承認を与えないのは違法であるといわなければならない」と判示し、法律上の要件を明確に定めていない場合であっても司法判断が及ぶと考えていることから、従来は効果裁量説によっていたものといえる（最判昭和三一年四月一三日民集一〇巻四号三九七頁）。

ここまでの議論は、専ら事実や要件の認定に裁量を認めるか、あるいは、行政行為の選択に裁量を認めるかの議論であって、手続や時の選択に関する裁量については、まったく関心が示されていなかった。

(2)　行政裁量の拡大

日本国憲法が制定され、私人間の法律行為であっても積極的に国家が介入していくようになると、行政の領域は飛躍的に拡大し、これに伴い、裁量が及ぶ範囲も拡大していった。

他方、裁量に関する裁判所の考え方にも変化が見られるようになった。[4] すなわち、要件裁量を認めることに消極的であった裁判所が、要件の認定であっても政治的な判断を要する場合や専門技術的な判断を要する場合には、裁量的要素が存在することを認めるに至ったのである（最判昭和三六年四月二七日民集一五巻四号九二八頁、最大判昭和五三年一〇月四日民集三二巻七号一二二三頁「マクリーン事件」、最判平成四年一〇月二九日民集四六巻七号一一七四頁「伊方原発事件」）。さらに、裁判所は要件裁量や効果裁量のみならず、手続や時の選択についても裁量の余地があることを示し、行政全般にわたって広く裁量を認めるようになった（最判昭和五〇年五月二九日民集二九巻五号六六二頁、東京高判昭和六〇年四月三〇日行集三六巻四号六二九頁、最判昭和五七年四月二三日民集三六巻四号七二七頁）。複雑化する社会の中で、円滑な行政運営を執行するためには、広く行政裁量を認めざるを得ない状況となっていったのである。これにより、羈束行為と裁量行為、法規裁量と便宜裁量の区分は曖昧なものとなってしまった。行政裁量の拡大は、直ちに行政の強化へとつながり、三権分立の政治原理から、行政庁の裁量権行使に関して裁判所による何らかの統制が必要であると考えるようになったのである。

（3）裁量権の逸脱・濫用の法理

拡大を続ける行政裁量に対して、裁判所は、「裁量権の逸脱・濫用の法理」を用いてこれを牽制し、三権分立のバランスを保とうとした。すなわち、行政庁に裁量権の範囲を越え又はその濫用がある場合には、裁判所はその処分を取り消すことができるのであるから、事実や要件の認定から行政行為の選択、手続の選択、時の選択に至るまで広く行政裁量を認める一方で、裁量権の逸脱・濫用の法理により、裁量権行使の是非について裁判所が積極的に判断を示し、これに統制を加えていこうと考えるようになった。

（4）手続による統制

行政裁量を統制するもう一つの方法が手続による統制である。これは、行政庁が下した判断の内容については直接審査の対象としないものの、ある行政行為のうち手続の部分について裁判所による統制を加えることによって、公正な行政決定を担保しようとするものである。この統制の仕方は、「正しい行政決定は適正な事前手続によって導き出される」という英米法の考え方によるもので、これに基づいて平成五年に行政手続法が制定されるに至った。

行政手続法は、「処分、行政指導及び届出に関する手続並びに命令等を定める手続に関し、共通する事項を定めることによって、行政運営における公正の確保と透明性の向上を図り、もって国民の権利利益の保護に資すること」を目的として制定された行政手続に関する一般法である（同法一条）。行政手続法は、行政庁に①申請に対する審査基準をあらかじめ定めて、これを公表し、申請がなされた場合には速やかに審査を開始すること、②不利益処分をする場合の基準をあらかじめ定めておくとともに、不利益処分をするに当たっては、その処分の相手方に反論の機会を与えること、③行政指導は相手方の任意の協力によるものであって、これを強要してはならないこと、④形式上の要件が整っている届出は、直ちに受理しなければならないこと、⑤命令を定めるに当たっては、命令案を公表し、広く一般の意見を求めることを義務付けている。

行政手続法が制定される以前から、裁判所は、行政手続であっても憲法三一条《法定の手続の保障》が及ぶことを明確にしており（最大判平成四年七月一日民集四六巻五号四三七頁）、法定の手続の保障を根拠に、申請人について「公正な手続によって免許の許否につき判定を受くべき法的利益を有する」ことを認めた上で、これに反する審理手続によってされた「本件却下処分は違法たるを免れない」として、申請却下の処分を取り消している（最判昭和四六年一〇月二八日民集二五巻七号一〇三七頁）。しかし、行政手続法が制定されてからは、判例で認められている法理に頼ることなく、行政手続法に違反することを理由に取消訴訟を提起することができるようになった。行政手続法に違反する処分が直ちに取り消されるかどうかは別として、少なくとも手続違反が処分の違法を構成することが明らかとなったのである。

2　税務行政について

(1)　申告納税手続における裁量

税務行政であるからといって裁量について特異な判断をする必要はなく、税務行政であっても広く裁量は認められる。しかし、課税権者による恣意的な課税を排除するために「租税法律主義の原則」(憲法八四条)を採用したのであるから、租税債務は、法律が定める課税要件(納税要件)を充足するという事実によってのみ成立することを基本としている。[5]具体的な納税義務の成立について賦課課税方式によるか、あるいは、申告納税方式によるかは行政上の便宜に過ぎず、どちらの方式を採ったとしても、納税義務の成立について課税要件の充足以外に課税権者の意思が介入する余地はない。特に申告納税制度の下では、納税者が主体となって納税義務を履行するのであるから、申告による税額の確定から納付による租税債務の履行に至るまでの過程(申告納税手続)において、租税行政庁の判断が及ぶことはない。[6]したがって、申告納税手続において行政裁量を認める余地はないことになる。例外的に行政裁量が認められるとすれば、申告納税前に行われる行政指導が考えられるが、行政指導は、納税者の任意の協力によってのみ実現されるものであるから、裁量権行使の仕方が妥当であったかどうかの問題は生じるにせよ、裁量権行使の是非が争われることはない。

(2)　租税行政手続における裁量

更正処分や滞納処分などのように、租税行政庁の公権的意思に基づき行われる権力的行為に関する分野、すなわち、租税行政手続についても広く裁量が及ぶものと考えられる。

裁判所は、「国税庁、国税局または税務署の調査権限を有する職員において、当該調査の目的、調査すべき事項、申請、申告の体裁内容、帳簿等の記入保存状況、相手方の事業の形態等諸般の具体的事情にかんがみ、客観的な必要性があると判断される場合には」、職権調査の一方法として質問検査が認められ、「この場合の質問検査の範囲、程度、時期、場所等実定法上特段の定めのない実施の細目については、右にいう質問検査の必要があり、かつ、これと相手方の私的利益との衡量において社会通念上相当な限度にとどまるかぎり、権限ある税務職員の合理的な選択に委ねられている」と判示し、税務調査手続についても広く裁量が及ぶことを認めている（最決昭和四八年七月一〇日刑集二七巻七号一二〇五頁「荒川民商事件」）。

(3) 裁量を統制する仕組み

裁判所は、行政庁に広く裁量権の行使を認める一方で、裁量権行使の是非について裁量権逸脱・濫用の法理と適正手続保障の法理を用いて積極的に関与し、これを統制するという態度を明らかにしている。これは、税務行政であっても妥当するところである。

通則法七四条の一四では、「国税に関する法律に基づき行われる処分その他公権力の行使に当たる行為については、行政手続法第二章（申請に対する処分）及び第三章（不利益処分）の規定は、適用しない」と規定しているが、適正手続保障の理念を定めた行政手続法一条（目的等）の適用を排除していないことからも分かるように、税務行政手続であっても、適正手続保障の法理が用いられるべきであることを明らかにしている。

3　本件事案における調査官の裁量の余地

(1) 本裁決の問題点

審判所は、税務調査手続についても広く裁量が及ぶことを認め、税務調査の実施の細目については、質問検査の必要と相手方の私的利益との比較衡量において、社会通念上相当な限度にとどまる限り、権限ある税務職員の合理的な選択に委ねられているとの前提に立ち、調査担当職員が、①客として請求人の経営する店舗を訪れ、従業員から調査に必要な情報を収集したこと、②税理士資格のない第三者の立会いを認めなかったこと、③納税者の承諾を得ずに納税者の取引先に対する調査を行ったことのいずれについても、合理的な裁量の範囲を逸脱するような違法はなかったとの結論に至っている。審判所の判断は、前掲した荒川民商事件における裁判所の考え方を踏襲しており、裁量権逸脱の判断としては、妥当なものであったといえる。

ところが、行政手続法が制定され、手続的な正義が強く意識されるようになったにもかかわらず、審判所は、「客観的な必要があれば、私的利益との衡量に照らして社会通念上相当な範囲にとどまる限り、権限ある税務職員の合理的な判断に委ねられている」ことのみを審理するだけで、適正な事前手続が執られたのか否かについての判断をまったく示していない。ここに本裁決の問題点がある。

(2) 身分証明書の提示が意味するもの

更正処分や決定処分を前提とした税務調査には、物理的な強制力は認められていないから、税務調査の本質は、相手方の同意の下に行われる任意調査であると考えられる。[7] 任意調査である限り、その相手方である納税者には、質問に対する答弁を拒否し、あるいは、物件の検査を拒むことが認められる。したがって、答弁や検査の拒否をもって処罰の対象とすることは基本的に不合理であり、公の目的を達成するために、例外的に処罰の対象となる行為を定めておく必要があるとすれば、それらの行為には厳格な要件が要求される。

ところで、通則法七四条の二では、国税職員に「調査について必要があるときは、各号に定める者（納税義務者等）に質問し、その者の事業に関する帳簿書類その他の物件を検査する」権限を認め、さらに同法一二七条で、職員の質問に対して答弁をせず、若しくは偽りの答弁をし、検査を拒み、妨げ若しくは忌避した者に罰則を適用することとしている。これは、明らかに任意調査の例外で、税務調査は間接的な強制力を伴う任意調査であると考えられる。

そこで、税務調査の相手方である納税者にとって、罰則の適用がある質問を受け、あるいは、物件の検査を受けているということが明確になるように、請求があれば、法は当該職員に身分証明書を関係人に提示するよう義務付けているのである。これは単なる訓示規定ではなく、身分証明書の提示は税務調査手続上欠くことのできない重要な事前手続といえる（最判昭和二七年三月二八日刑集六巻三号五四六頁）。

（3）適正な事前手続の欠如

納税義務者等に質問をせず、ただ単に店舗の概況を確認するのであればともかく、本事案では、調査担当職員が公務として問いを発し、その答えを従業員に求めたのであるから、質問という手法を用いて調査がなされたことは明らかである。通則法七四条の一三では、質問検査権を行使する場合において、関係人から請求があったときは、身分証明書を提示しなければならない旨を規定しているが、調査担当職員が身分を隠して客になりすましたことにより、身分証明書の提示を求める機会を関係人から奪ったことになる。実際の税務調査では、関係人からの請求を待たずに、調査担当職員が自ら身分証明書と質問検査証の提示をするのが通常である。

身分証明書を提示せずに従業員に事業内容等を質問した行為は、適正な事前手続を踏んでおらず、明らかに手続違反があったといわざるを得ない。

（4）質問検査権の行使を伴わない調査

審判所が認定しているとおり、職権調査の方法として、質問検査によらない調査を行うことも法は容認しているものと解することができる。しかし、本事案の質問が、仮に質問検査に至らない範囲で行われる調査であったとすれば、それは任意調査である。任意調査であれば、その相手方において質問に対する答弁を拒否し、あるいは、物件の検査を拒むことが認められているのであるから、調査担当職員が身分を隠して客になりすましたことにより、結果として、その相手方である従業員から答弁や検査を拒否する機会を奪ったことになる。

税務調査の本質は任意調査であるから、相手方には、自己に不利益な答弁を避け、物件の検査を拒む権利が認められているが、それでは税務調査の目的を十分に果たすことができない場合も想定されることから、例外的に罰則の適用のある質問や検査を実施する権限を法が容認していると考えるべきである。行政手続法の趣旨からすれば、任意調査は相手方の任意の協力によるものであって、これを強要してはならず、その相手方には、自己に不利益な答弁や検査を拒否する機会が与えられなければならないと考えられるから、答弁や検査を拒否する機会を奪うことは、行政手続法の目的を逸脱しており、手続違反があったことは明らかである。

（5）調査手続の瑕疵が課税処分に及ぼす影響

手続違反は違法を構成するので、これによりなされた処分は、取消訴訟の対象となり得るのであるが、手続違反を理由に処分が取り消されるか否かについては、違反の程度によるものと考えられている。すなわち、手続違反の程度が甚だしい場合には独立した取消事由に該当するものの、手続違反の程度が軽微な場合には取消事由に当たらないと考えられている。裁判所は、青色申告に対する更正処分の理由附記の不備は独立した取消事由になると判断しているが（最判昭和三八年五月三一日民集一七巻四号六一七頁）、具体的事案における違反の程度及び態様が、法が定めた手続に反するというに値しないほど軽微であって、その瑕疵が処分の効力に影響を及ぼすとするには足りない場合には、取消事由に当たらないと判断している（最判昭和四九年一二月一〇日民集二八巻一〇号一八六八頁）。

手続の瑕疵がその処分の効力に与える具体的な影響については、判例の蓄積によって、今後徐々に解明されていくことであろう。

おわりに

行政手続法が制定され、行政手続においても適正手続保障の理念が及ぶことが明らかとなった。さらに通則法が改正され、税務調査手続に関する規定も整備されつつある。適正な事前手続を整備していこうというのが、もはや時代の要請である。

本事案は、裁量権に逸脱があったか否かの審理に拘泥するあまり、適正な事前手続が執られたか否かに関する審理がなされていない。実体的な正義だけではなく、手続的な正義が強く意識されるようになった今日において、旧態依然とした考え方から脱皮することなく終始審理がなされている。

質問に対する答弁を要求するのであれば、身分証明書の提示は必須の事前手続であった。また、仮に質問検査権の行使を伴わない税務調査であったとすれば、その本質は任意調査であるから、自己に不利益な答弁を拒否する機会を相手方に与えなければならなかった。いずれにせよ適正な事前手続が欠けているといえるから、本件税務調査には手続の瑕疵が存在することは明白である。

手続の瑕疵は直ちに処分の違法を構成し、その程度が軽微な場合を除き、処分の取消事由に該当する。裁判所は、税務調査を課税処分とは別個の租税債務確定のための事実行為と考えているので、手続の瑕疵を理由に課税処分を取り消すことについて消極的であるが（東京高判平成三年六月六日訟月三八巻五号八七八頁）、正しい事前手続によって正しい行政決定が導き出されるとの前提に立てば、本事案における手続違反の程度は重く、違反の程度が軽微であって、その瑕疵が処分の効力に影響を及ぼすとするには足りない場合に該当するとは到底思えない。行政手続法が制定されたからには、原処分は「取り消しうべき行政行為」になり得ると考えるべきである[8]。手続的な正義という観点からの審理が欠ける本事案は、審理不十分の誹りを免れない事案であった。

租税行政庁は、組織力、情報収集能力、調査権限などのあらゆる点において納税者を凌駕しているのであるから、租税行政手続における適正手続保障の理念を尊重し、納税者からの信頼が得られる税務調査を実施すべきであると思う。

1　平成二三年度の法改正により、平成二五年以降に行われる税務調査手続については、国税通則法に規定されている。改正前は所得税に関する税務調査手続については、所得税法に規定されていた。
2　法律による行政の原理の詳細については、塩野宏『行政法Ⅰ第四版』六一頁以下（有斐閣、平成一七年）。
3　要件裁量と効果裁量に関する論争の詳細については、塩野・前掲注2・一一四頁以下。
4　出入国管理令では、「在留期間の更新を適当と認めるに足りる相当の理由があるときに限り」外国人の在留期間の更新を許可することができると定めている。原告はベトナム反戦運動などの政治活動に参加していたことから、原告から出された在留期間更新の申請に対し、法務大臣は在留期間更新を許可しない処分をした。これについて裁判所は、相当の理由があるかどうかの判断について法務大臣に裁量があることを認めている（マクリーン事件）。また、四国電力が愛媛県西宇和郡伊方町に原子炉設置の許可を受けたことに対して、伊方町の住民は、原子炉設置の許可を取り消すよう国に求めた。これについて裁判所は、原子炉設置の許可をするかどうかは、原子力委員会の科学的、専門技術的知見に基づく意見を尊重して行う内閣総理大臣の合理的な判断（裁量）に委ねられていることを認めている（伊方原発事件）。
5　租税債務が成立する法律上の要件のことを「課税要件」というが、申告納税制度の下においては、むしろ、納税者が納税義務を負担するための要件として「納税要件」なる観念を用いるべきである。納税要件の詳細については、松沢智『租税法の基本原理』二〇二頁以下（中央経済社、昭和五八年）。
6　申告納税制度の下においては、納税者の側からの申告納税過程における分野を租税行政法から独立させ、租税行政法を「納税申告手続法」と「租税行政手続法」に分割する必要がある。租税手続法体系を分割する考え方については、松沢・前掲注5・一八一頁以下。

7　金子宏教授は、税務調査について、「いわゆる行政調査を認めるものであって、強制調査を認めるものではないが、質問に対する不答弁ならびに検査の拒否・妨害に対して刑罰が科されることになっているから、直接の強制力はないが、質問・検査の相手方には、それが適法な質問・検査である限り、質問に答え検査を受忍する義務がある」と考えておられる。金子宏『租税法第二二版』九〇六頁（弘文堂、平成二九年）。

8　瑕疵ある行政行為は取消訴訟の対象となる。瑕疵ある行政行為のうち、行政行為に内在する瑕疵が重大かつ明白な場合には、もはや取消訴訟によらず、無効確認訴訟をもってその無効を争うことができる。瑕疵ある行政行為のうち、取消訴訟の対象となるものを「取り消しうべき行政行為」、瑕疵の程度が重く、無効確認訴訟の対象となるものを「無効の行政行為」という。詳しくは、塩野・前掲注2・一四五頁以下。

（神田　厚夫）

第3章　青色申告承認取消処分の理由付記の不備とその違法性

はじめに

本裁決は、青色申告の承認取消処分に係る通知書に記載された理由からは、いかなる事実が取消事由に該当するのか了知し得るものとはいえないから、理由付記に不備があるとして、原処分が取り消された事例（平一九・七・一〜平二〇・六・三〇の事業年度以後の法人税の青色申告の承認取消処分・取消し）である。

平成二三年に国税通則法が改正され、行政手続法八条（理由の開示）と一四条（不利益処分の理由の提示）の規定が通則法七四条の一四に規定する行政手続法の適用除外から除かれたことにより、国税に関する法律の規定にもとづき行われる処分についても、すべての処分について理由付記が適用されることとなった。

本裁決は、国税通則法改正前の事案ではあるが、処分に対する理由付記の趣旨並びに程度について審判所が判例法理を踏襲して下した判断であり、国税通則法改正後に必要とされる理由付記の程度とその効力について、参考になる裁決であると考える。

「理由附記に関する規定は、訓示規定ではなく、効力規定であって、理由附記を欠いている処分あるいは理由附記の不十分な処分は、その内容の適否に立ち入って検討することもなく、その形式的な不備があるということだけで取り消されることになる[1]」のである。

手続きに不備があれば、実体法の適否を検討するまでもなく、処分そのものが取り消されるということを、本裁決は明確に示したものである。

国税通則法の改正によって、理由付記の範囲が拡張され、平成二五年一月一日より新通則法が施行されている今日、本裁決の意義や射程を検証することにより、理由付記制度の趣旨及び程度について考察することは、今後の租税法実務に有益であると考える。

なお、本裁決の当時は、法人税法一二七条二項であったが、平成二七年の改正により二項と三項が加えられたため、現行法では、同条四項となり、条文の規定も一部変更となっていることを申し添える。

Ⅰ　事案の概要

1　事案の概要

本件は、青色申告の承認を受けていた審査請求人（以下、「請求人」という）に対して、請求人が受領した金員を総勘定元帳の売上勘定に計上しなかった行為は、法人税法一二七条《青色申告の承認の取消し》一項三号に規定する事由に該当するとして、原処分庁が、青色申告の承認の取消処分を行ったのに対し、当該処分に係る通知書記載の理由に不備などがあるとして、請求人が、その全部の取消しを求めた事案である。

2　審査請求に至る経緯及び基礎事実

請求人は、不動産の売買・仲介等を目的とする青色申告法人で、平成二〇年一〇月～一二月に法人税の税務調査を受け、修正申告書を提出した。原処分庁は、平成二二年以降、国税犯則取締法に基づく犯則調査を行い、平成二四年三月二二日付で、請求人の法人税の青色申告承認取消処分を行った。

3　青色申告承認の取消通知書の記載内容等

当該取消通知書には「取消処分の基因となった事実」として、「貴社の平成一九年七月一日から平成二〇年六月三〇日までの事業年度（以下「当該事業年度」といいます。）の法人税確定申告書、決算書類及びその作成の基となった備付帳簿書類について調査したところ、貴社は、次表記載のとおり、貴社が仲介した物件の買主（貴社の売上先）から『中間金』などの名目で、あるいは、仲介手数料として受領した現金又はF信用金庫d支店のE社名義の普通預金（口座番号○○○○）への振込額、合計八四、一五七、一〇〇円を貴社の総勘定元帳の売上勘定に計上せず、当該事業年度の損益計算書及び貸借対照表並びに法人税確定申告書を作成し、提出を行ったことが認められます。以上の事実は、法人税法第一二七条第一項第三号に規定する『帳簿書類に取引の全部又は一部を隠ぺいし又は仮装して記載し又は記録し、その他その記載又は記録をした事項の全体についてその真実性を疑うに足りる相当の理由があること』に該当します。」と記載されていた。

なお、原処分庁は、本件取消通知書に記載した、「中間金」などの額が売上勘定に計上されていなかったことについて、法人税の更正処分を行っていない。

Ⅱ　争点及び争点に関する当事者の主張

主たる争点は、本件取消通知書には、理由付記の不備による違法があるか否かであるが、本件には争点が二つあるので、争点毎に当事者の主張を以下に要約する。

1　争点１（本件取消通知書には、理由付記の不備による違法があるか否か）について

（1）原処分庁は、「次表」において、「売上年月日」、「売上先」並びに「売上金額」として「中間金」、「仲介手数料」及び「合計」を具体的に示しており、「中間金」及び「仲介手数料」が売上げに該当することを示す具体的事実を請求人が具体的に知り得る程度に特定して摘示し、本件取消通知書には、請求人の売上げである本件中間金及び本件手数料の額について、請求人が総勘定元帳に計上することなく、これに基づき納税申告書を提出していた旨記載され、「以上の事実は、法人税法第一二七条第一項第三号に規定する『帳簿書類に取引の全部又は一部を隠ぺいし又は仮装して記載し又は記録し、その他その記載又は記録をした事項の全体についてその真実性を疑うに足りる相当の理由があること』に該当します。」と記載されていることから、隠ぺい又は仮装に該当する具体的事実を請求人が具体的に知り得る程度に特定して摘示していると主張した。

（2）これに対して、請求人は、本件取消通知書に付記された理由からは、本件中間金がなぜ請求人の売上げに該当するのか不明であり、また、隠ぺい又は仮装に該当する具体的な事実を知ることができないと主張した。

2　争点2（総勘定元帳に本件中間金及び本件手数料の額を記載しなかったことは、法人税法一二七条一項三号に規定する青色申告の承認の取消事由に該当するか否か）について

（1）原処分庁は、請求人が売買契約の仲介に際し、一取引につき売主用、買主用、金融機関用の複数の売買契約書等を作成し、金融機関からオーバーローンを受けさせるなどした上で、買主から本件中間金を得ていたもので、請求人の預金通帳と領収書からその受領が認められる。本件中間金は請求人の益金の額に算入すべきもので、これを総勘定元帳の売上勘定に記載していないことは、典型的な「事実の隠ぺい」とされる売上等収入を脱漏したことに該当し、法人税法一二七条一項三号に規定する、帳簿書類に取引の全部又は一部を隠ぺいし又は仮装して記載し又は記録したことに該当すると主張した。

（2）これに対して、請求人は、本件中間金は住宅ローンを通すために買主からの依頼により買主の立替払いを行った金銭などであり、売上げや収益ではない。預金口座に入金された金員はその後、売主か、紹介者か、買主に渡していたので、受領していない。預金口座に入金したもの以外は受領していないし、一般人の顧客が小切手を使用するはずがない。仮に隠ぺいをしようとするならば、会社の目の前の金融機関で管理するはずがない。どのように税務申告すべきか悩んでいた請求人の代表者が、税務調査があったので自発的に税務相談を行ったもので、仮装隠ぺいなどしていないと主張した。

Ⅲ　裁決の要旨　〈取消し〉平成二五年三月二八日裁決・裁決事例集九〇集一六八頁

審判所は、要旨以下のとおり裁決した。

（1）本件取消通知書の記載からは、請求人が本件中間金及び本件手数料を売上げに計上しなかった請求人の行為が、「帳簿書類に取引の全部又は一部を隠ぺいし又は仮装して記載又は記録し」たとするのか、それとも、「記載又は記録をした事項の全体についてその真実性を疑うに足りる相当の理由がある」とするのか、いずれの事実によるものであるかが明らかでなく、仮に、双方に該当すると記載されたものであると解したとしても、どの事実が「隠ぺい」又は「仮装」であるとするのか、売上金額の意図的な脱漏を示す事実が記載されていないことから、「隠ぺい」又は「仮装」に該当する事実を具体的に特定して摘示しているとはいえず、また、いかなる理由により帳簿書類の全体について真実性を疑うに足りるとするのか、真実性を疑うに足りる理由を具体的に摘示しているともいえない。

（2）原処分庁は、本件中間金が請求人の売上げに該当することを取消理由の要素としていると考えられるが、本件中間金が、不動産仲介業務を行う請求人の売上げに該当するというためには、通常の不動産売買にはみられない特別な事情が必要であり、本件取消通知書において取消しの基因となった事実を摘示したというためには、当該特別な事情も記載されていなければならないにもかかわらず、本件取消通知書には、本件中間金の額が売上勘定に計上されていないという事実が記載されているのみで、原処分庁が本件中間金の額を売上げに計上すべきと判断した理由（特別な事情）が何ら摘示されていない。

（3）そうすると、請求人は、本件取消通知書の記載内容からは、本件中間金がいかなる事実関係により売上げに該当するとしているのか了知できないばかりか、本件中間金及び本件手数料の額を売上勘定に計上しなかったことが、法人税法一二七条一項三号に規定する、「帳簿書類に取引の全部又は一部を隠ぺいし又は仮装して記載し又は記録し」たこと、又は「記載又は記録をした事項の全体についてその真実性を疑うに足りる相当の理由があること」のいずれの事実に該当するのかについても了知することができないものと認められる。

（4）したがって、いかなる事実が法人税法一二七条一項三号に該当する事実であるとして本件青色取消処分がなされたかを請求人においてその記載自体から了知し得るものということはできないため、本件青色取消処分は、同条二項の定める理由付記の要件を欠くものとして違法である。

（5）本件青色取消処分は違法であるから、争点2について判断するまでもなく、これを取り消すべきである。

Ⅳ　研　究…裁決に賛成

1　法令解釈

（1）法人税法一二七条一項三号の解釈

法人税法一二七条一項は、青色申告の承認取消事由について、一号から四号までの四つの類型を規定し、その三号において、その事業年度に係る帳簿書類に取引の全部又は一部を隠ぺいし又は仮装して記載し又は記録し、その他その記載又は記録をした事項の全体についてその真実性を疑うに足りる相当の理由がある事実がある場合には、納税地の所轄税務署長は、当該事業年度まで遡って、その承認を取り消すことができる旨規定している。

この文言からすると、同号に該当するというためには、同号前段「帳簿書類に取引の全部又は一部を隠ぺいし又は仮装して記載し又は記録し」たこと、又は同後段「記載又は記録した事項の全体についてその真実性を疑うに足りる相当の理由があること」の、いずれかに該当する事実があることが必要であると解される。

（2）法人税法一二七条二項の解釈

ア　法人税法一二七条二項の文理

税務署長は、法人税法一二七条一項の規定による取消しの処分をする場合には、同項の内国法人に対し、書面によりその旨を通知することを規定し、その書面には、「その取消しの処分の起因となった事実が同項各号のいずれに該当するかを付記しなければならない」旨規定している。

この規定の解釈に当たっては、その文言だけからみると、一見、条項号のいずれに該当するものであるかのみを記載すれば足りるようにも見えないことはないが、「その取消しの処分の基因となった事実が同項各号のいずれに該当するかを付記しなければならない」と規定していることからすると、取消処分の基因となった具体的事実とその該当条項号の両者を付記しなければならない趣旨であると読むことも文理上不可能ではないので、文理解釈だけからでは、そのどちらともいうことができないのである。[2]

イ　立法経過から考察

法人税法一二七条二項後段は、昭和三四年法律第八〇号により旧法人税法二五条九項の後段に「この場合において、前項の規定による承認の取消しの通知をするときは、当該通知の書面にその取消しの基因となった事実が同項同号のいずれに該当するかを付記しなければならない」旨の規定が議員修正により設けられるに至り、これが法人税法一二七条二項に引き継がれたものである。この修正案の提案趣旨からは、納税者の異議申し立てに便宜を図ること、及び、処分庁に慎重な判断を求め、その恣意を抑制することにあったことは読み取れるのであるが、提案者が該当条項号のみの記載で足りると考えていたのかどうかまでは必ずしも明らかではない。[3]

ウ　青色承認取消通知書の理由付記の趣旨及び程度

当該通知書に取消理由の付記を求める趣旨は、青色申告の承認の取消しが青色申告の承認を得た法人に認められる納税上の種々の特典を剥奪する不利益処分であることにかんがみ、取消事由の有無についての処分庁の判断の慎重と公正妥当を担保してその恣意を抑制するとともに、取消しの理由を処分の相手方に知らせることによって、その不服申立てに便宜を与えるためのものであると解される。

この趣旨からすれば、特段の理由のない限り、如何なる事実関係に基づきいかなる法規を適用してその処分がされたかを、処分の相手方においてその記載自体から了知し得るものでなければならず、単に抽象的に処分の根拠規定を示すだけでは、それによって当該規定の適用の原因となった具体的事実関係をも当然に知り得るような例外の場合を除いては、法の要求する付記として十分ではなく、通知書に該当号数を付記するのみでは足りず、基因事実自体についても処分の相手方が具体的に知り得る程度に特例して摘示しなければならないと解され、これが判例法理ともなっている解釈である。本裁決は、この判例法理を踏襲したものであるといえる[4]。

2　あてはめ（当事者の主張及び審判所の判断について）

原処分庁は、本件取消通知書及び「次表」の記載は、請求人の不服申立ての便宜を損なうことのない程度に具体的になされているから、法人税法一二七条二項の要件を充足していると主張した。

しかし、原処分庁が示した、売上げに該当することを示す具体的な事実とは、本件中間金と仲介手数料とが売上げであるということを前提に、相手先を売上先、中間金と仲介手数料とその合計額を売上金額の内訳として、日付順に表にまとめたものであるから、なぜ、本件手数料等が売上に該当すると原処分庁が判断をしたかについては、何も確認することはできないのである。

審判所は、本件取消通知書の記載についても、本件中間金の額が売上勘定に計上されていないという事実が記載されているのみで、原処分庁が本件中間金の額を売上げに計上すべきと判断した理由（特別な事情）が何ら摘示されていないから、請求人が、本件取消通知書の記載内容から、すでに修正申告により益金の額に算入した本件手数料のみならず、本件中間金がいかなる事実関係により売上げに該当するとしているのか了知できないばかりか、本件中間金及び本件手数料の額を売上勘定に計上しなかったことが、法人税法一二七条一項三号に規定する「帳簿書類に取引の全部又は一部を隠ぺいし又は仮装して記載又は記録し」たとするのか、それとも、「記載又は記録をした事項の全体についてその真実性を疑うに足りる相当の理由がある」とするのか、いずれの事実によるものであるかが明らかではなく、仮に、これら双方に該当すると記載されたものであると解したとしても、どの事実が「隠ぺい」又は「仮装」であるとするのか、特定して摘示しているとはいえないとし、また、いかなる理由により帳簿書類の全体について真実性を疑うに足りるとするのか、真実性を疑うに足りる理由を具体的に摘示しているともいえないとした。

したがって、本件取消通知書は、いかなる事実が法人税法一二七条一項三号に該当する事実であるとして本件青色取消処分がなされたかを請求人においてその記載自体から了知し得るものということはできないから、本件青色取消処分は、同条二項の定める理由付記の要件を欠くものとして、違法であるというほかないとして、争点2について判断するまでもなく、原処分を取り消すとの裁決を行ったものであり、この審判所の判断は、判例法理を踏襲したものと評価できる。

本裁決は国税通則法の改正前の事案であるが、不利益処分の理由付記の程度について、具体的な記載例を挙げて、本件取消通知書の記載内容の不備を指摘しており、大変分かりやすいものとなっている。どの事実が「隠ぺい」又は「仮装」であるとするのかについては、例えば、売上げに計上すべきものに該当する金員を簿外の銀行口座で管理していたことなど、売上金額の意図的な脱漏を示す事実が記載されていないことから、「隠ぺい」又は「仮装」に該当する事実を具体的に特定して摘示しているとはいえず、また、いかなる理由により帳簿書類の全体について真実性を疑うに足りるとするのかについては、例えば、計上漏れ金額が多額であるとか、全体的に間違いが多いことなど、真実性を疑うに足りる理由を具体的に摘示しているともいえないとして、理由付記の不備を指摘している。

審判所は、「原処分庁は、本件中間金が請求人の売上げに該当することを取消理由の要素としていると考えられるところ、通常の不動産売買に係る取引慣行において、「中間金」という名目の金員は、売買代金等の一部として、本来売買当事者間で授受されるものであるので、不動産仲介業者を通じて授受されるとしても、当該不動産仲介業者の収益に計上すべき金員には該当しないのが一般的である」として、本件中間金が、不動産仲介業務を行う請求人の売上げに該当するというためには、「通常の不動産売買にはみられない特別な事情が必要であるというべき」でありとして、本件取消通知書において取消しの基因となった事実を摘示したというためには、当該特別な事情も記載されていなければならないと指摘した。

請求人は、本件中間金について「買主の住宅ローン審査を通すために、請求人が買主からの依頼により、買主の借金の立替払いを行った金銭などであり、売上げ又は収益ではない」と主張しているのであるから、原処分庁が、どのような事実をもって、それが売上に該当すると判断したのかについて記載されていなければ、反論の組み立てようもないのである。そもそも原処分庁が「中間金」を売上げであるとするならば、これに対して更正処分をしないことは、一貫性を欠いた処分であると言えよう。

3　行政処分の理由付記に関する判例法理及び学説

田原睦夫最高裁判事は、平成二三年六月七日判決の補足意見[5]において、次のように述べている。

「昭和三〇年代後半以降の幾多の判例（最高裁昭和三六年（オ）第八四号同三八年五月三一日第二小法廷判決・民集

一七巻四号六一七頁、最高裁昭和五七年（行ツ）第七〇号同六〇年一月二二日第三小法廷判決・民集三九巻一号一頁、最高裁平成四年（行ツ）第四八号同年一二月一〇日第一小法廷判決・裁判集民事一六六号七七三頁ほか）の積重ねを経て、今日では、許認可申請に対する拒否処分や不利益処分をなすに当たり、理由の付記を必要とする旨の判例法理が形成されているといえる（この判例法理の適用は、税法事件に限られるものではない。）。そして、学説は、この判例法理を一般に以下のとおり整理し、多数説はそれを支持している。その法理は、平成五年に行政手続法が制定された後も基本的には妥当すると解されている。

〔1〕不利益処分に理由付記を要するのは、処分庁の判断の慎重、合理性を担保して、その恣意を抑制するとともに、処分の理由を相手方に知らせることにより、相手方の不服申立てに便宜を与えることにある。その理由の記載を欠く場合には、実体法上その処分の適法性が肯定されると否とにかかわらず、当該処分自体が違法となり、原則としてその取消事由となる（仮に、取り消した後に、再度、適正手続を経た上で、同様の処分がなされると見込まれる場合であっても同様である。）。

〔2〕理由付記の程度は、処分の性質、理由付記を命じた法律の趣旨・目的に照らして決せられる。

〔3〕処分理由は、その記載自体から明らかでなければならず、単なる根拠法規の摘記は、理由記載に当たらない。

〔4〕理由付記は、相手方に処分の理由を示すことにとどまらず、処分の公正さを担保するものであるから、相手方がその理由を推知できるか否かにかかわらず、第三者においてもその記載自体からその処分理由が明らかとなるものでなければならない。」

上記行政手続法八条と一四条の理由提示に関して積み上げられた判例法理が、今後の税務行政においても適用されることになると考える。

4　行政手続法と国税通則法の関係

(1)　行政手続法に規定する不利益処分理由の提示の趣旨

平成五年一一月一二日に制定された行政手続法は、一四条一項本文において、行政庁は、不利益処分をする場合には、その名宛人に対し、同時に、当該不利益処分の理由を示さなければならないと規定している。

これは、「名宛人に直接に義務を課し又はその権利を制限するという不利益処分の性質に鑑み、行政庁の判断の慎重と合理性を担保してその恣意を抑制するとともに、処分の理由を名宛人に知らせて不服の申立てに便宜を与える趣旨[6]」であると解される。

(2)　国税通則法における行政手続法の適用除外

しかし、改正前の国税通則法においては、同法七四条の二第一項において、国税に関する法律に基づき行われる処分については、行政手続法の適用除外とされていたため、原則として行政手続法における理由の付記の規定は適用されず、青色申告承認の取消処分や青色申告者に対する更正処分等、個別実体法で特別に規定されている場合についてのみ、理由の付記が義務付けられていたものである。

この行政手続法の適用除外については、日税連[7]や日弁連[8]からも国税通則法の改正を求める意見が寄せられ、改正を求める多くの意見を受けて、平成二三年の国税通則法の改正が行われたのである。

これにより、国税に関する法律に基づき行われる処分については、行政手続法第二章（申請に対する処分）及び第三章（不利益処分）の規定は原則として適用除外であるが、行政手続法の八条と一四条は適用除外から除かれることで理由付記の範囲が拡大され、国税に関する法律に基づく申請に対する拒否処分や不利益処分にまで理由付記の範囲が拡大されることとなった。この改正により、個別税法に規定されていた青色申告承認の取消処分や青色申告者に対する更正の理由付記等に限らず、国税全般についての申請拒否（更正の請求に対して更正をすべき理由がない旨の通知、青色申告承認申請の却下など）や不利益処分（更正、決定、加算税の賦課決定、督促や差押えなどの処分）に適用されることになったのである。

5　本裁決の評価

本裁決は、最高裁昭和四九年四月二五日第一小法廷判決をはじめとして、不利益処分に対して積み上げられた理由付記の判例法理を踏襲して示されたものであり、国税不服審判所で示された判断として高く評価できる。本裁決は、青色申告の取消しという不利益処分に対する理由付記の程度について示された判断であるが、改正国税通則法が適用された平成二五年一月一日以後の実務においては、行政手続法八条と一四条の規定について蓄積された判例法理が国税に関する申請の拒否や不利益処分全般についても適用されることになる。本裁決は今後の国税に関する処分に対する理由付記全般を広く射程にした裁決であると考える。

おわりに

国税通則法の改正を受けて、国税庁も理由付記を行うに当たって公表した事務運営指針において、理由付記の実施について、「処分の適正性を担保するとともに処分の理由を相手方に知らせて不服申立ての便宜を図るとの理由付記が求められる趣旨が確保されるよう、適切にこれを行う」[9]としている。

しかし、一方で「質問応答記録書作成の手引」[10]を作成し、税務争訟に備えて、質問応答記録書（以下「記録書」という。）を税務調査時に作成し、回答者に署名を求めている。

記録書は、「調査関係事務において必要がある場合に、質問検査等の一環として（中略）課税要件の充足性を確認する上で重要と認められる事項について、その事実関係の正確性を期するため、その要旨を調査担当者と納税義務者等の質問応答形式等で作成する行政文書である。」と定義し、記録書を作成する目的として「課税処分のみならず、これに関わる不服申立て等においても証拠資料として用いるために、質問応答記録書を活用し、納税義務者等から聴取した事項を記録していく必要がある。」と説明している。

記録書への質問応答者の署名は、強制ではないとしながらも質問検査等の一環として行うものとの位置づけであれば、納税者にとっては間接強制とも言える。

さらに、回答者から記録書の写しの交付を求められた場合でも、写しを交付してはならないと説明されている。写しが欲しい場合には、納税者や回答者は個人情報保護法に基づき、自ら開示請求を行うしかない。

納税環境の整備が図られている一方で、税務調査段階でこのような記録書が作成され、かつその写しが回答者に渡されないという事実は、税務調査の現場が争訟に備えた証拠資料の収集の場であることを如実に示している。さらに、平成二九年の税制改正により、国税犯則取締法が国税通則法に編入され、平成三〇年四月一日より施行させることとなり、通常の税務調査と犯則調査との境界が曖昧になることを危惧する向きもある。

税理士としては、日常業務の中で、納税者に対して証憑に基づいた記帳を徹底して指導し、会社の作成する会計帳簿の証拠力を高めることを意識するとともに、右記のような事実も意識しないわけにはいかないのである。

行政手続法による理由付記が国税に関するすべての処分にも義務づけられることになった。実体法の適否の判断をするまでもなく、手続きの不備によって処分が取り消された本裁決が意味する手続法の位置づけと重みを確認することは、納税者の権利利益の保護に資するために必要な知識である。

本裁決は、今後行われる国税に関するすべての処分（申請に対する拒否処分や不利益処分）に対して義務づけられた理由付記の程度を確認する上で評価できる裁決であると考える。

1　山田二郎「最近の納税環境整備の動向とその評価」税研一七四号三五頁（平成二六年三月）。

2　東京地判昭和四八年一二月二四日税資七一号一三七八頁。

3　前掲注2、衆議院大蔵委員会議事録第一六号・昭和三四年三月四日。奥村又十郎衆議院議員の修正案提案理由参照。

4　審判所は、直接的には最判昭和四九年四月二五日民集二八巻三号四〇五頁を引用しているが、当審判所の判断は、理由付記の趣旨及び程度について長年にわたって積み重ねられた判例法理を踏襲した判断といえる。同様の判例として、最判昭和四九年六月一一日税資七五号七七三頁。青色更正理由付記に関する判例として、最判昭和三八年五月三一日民集一七巻四号六一七頁、最判昭和四七年三月三一日民集二六巻二号三一九頁、最判昭和四七年一二月五日民集二六巻一〇号一七九五頁、最判昭和五四年四月一九日民集三三巻三号三七九頁等がある。

5　最判平成二三年六月七日民集六五巻四号二〇八一頁。国土交通大臣が上告人に対して行った一級建築士免許取消処分について、行政手続法一四条一項本文の定める理由提示の要件を欠いた処分であることを理由として、当該処分を取り消した判決に付された補足意見である。

6　前掲注5。

7　日本税理士会連合会「行政不服審査法の改正に伴い国税通則法の改正を求める意見」（平成一九年一二月一九日）。理由付記を青色申告の特典とせず、他の行政処分と同様に、すべての課税処分に当然に理由付記が強制されるべきと主張している。

8　日本弁護士連合会「国税通則法の改正に関する意見書」（平成二一年五月七日）。行政手続法に規定する理由付記は憲法上の適正手続の要請を具体化した規定であるから、不利益処分である課税処分について理由付記を不要とすることは許されないとし、行政手続法一二条及び一四条を適用除外としている国税通則法七四条の二第一項を改正すべきと主張している。

9　国税庁長官「調査手続きの実施に当たっての基本的な考え方等について（事務運営指針）」（平成二四年九月一二日）

10　国税庁課税統括課「質問応答記録書作成の手引き」（平成二五年六月）

（小出　絹恵）

東京高判昭和53年12月20日訟月25巻４号1177頁
東京高判昭和56年８月27日行集32巻８号1469頁、裁判所ウェブサイト
名古屋高判平成10年12月25日訟月46巻６号3041頁
大阪高判平成18年10月８日税資256号順号10531
東京地判昭和47年４月４日税資65号691頁
横浜地判昭和52年４月13日訟月23巻６号1109頁
京都地判昭和52年12月16日訟月24巻１号183頁
東京地判昭和55年５月20日行集31巻５号1154頁、裁判所ウェブサイト
仙台地判昭和63年６月29日訟月35巻３号539頁
大津地判平成18年２月27日税資256号順号10333
東京地判平成18年12月５日税資256号順号10595
国税不服審判所平成25年７月５日裁決・裁決事例集92集226頁 ············ 71, 72
関連判例　最判平成９年10月31日税資229号483頁
東京高判平成９年３月24日税資222号1133頁
東京地判平成８年２月28日税資215号713頁
国税不服審判所昭和62年９月21日裁決・裁決事例集34集33頁
国税不服審判所平成11年12月９日裁決・裁決事例集58集36頁
国税不服審判所平成13年10月17日裁決・裁決事例集62集76頁
国税不服審判所平成26年１月28日裁決・裁決事例集94集207頁 ··············· 120
関連判例　最大判昭和30年３月23日民集９巻３号336頁
最大判昭和37年２月21日刑集16巻２号107頁
東京高判平成７年11月28日行集46巻10・11号1046頁

東京地判平成20年６月27日判タ1292号161頁
京都地判平成23年４月14日税資261号順号11669
東京地判平成27年２月26日税資265順号12613
国税不服審判所平成24年６月１日裁決・裁決事例集87集239頁 ……………… 136
関連判例　最判平成19年９月28日民集61巻６号2486頁
最判平成21年12月３日判タ1317号92頁
最決平成25年12月11日税資263号順号12349
高松高判平成16年12月７日判タ1213号129頁
東京高判平成19年10月25日訟月54巻10号2419頁
東京高判平成23年８月30日訟月59巻１号１頁
松山地判平成16年２月10日税資254号順号9554
東京地判平成21年５月28日税資259号順号11217
東京地判平成23年７月19日TAINS：Z888-1616
国税不服審判所平成24年６月21日裁決・裁決事例集87集389頁 ……………… 325
関連判例　最判昭和56年４月24日民集35巻３号672頁
最判昭和60年３月27日民集39巻２号247頁
東京高判平成16年８月31日税資254号順号9731
国税不服審判所平成24年７月５日裁決・裁決事例集88集193頁 ……………… 214
関連判例　東京高判平成26年４月９日訟月60巻11号2448頁
福岡高判平成28年３月25日TAINS：Z888-1991
東京地判平成25年10月22日訟月60巻11号2423頁
長崎地判平成27年10月５日TAINS：Z888-1948
国税不服審判所平成24年３月13日裁決・裁決事例集86集273頁
国税不服審判所平成25年３月28日裁決・裁決事例集90集168頁 ……………… 376
関連判例　最判昭和38年５月31日民集17巻４号617頁
最判昭和47年３月31日民集26巻２号319頁
最判昭和47年12月５日民集26巻10号1795頁
最判昭和49年４月25日民集28巻３号405頁
最判昭和49年６月11日税資75号773頁
最判昭和54年４月19日民集33巻３号379頁
最判昭和60年１月22日民集39巻１号１頁
最判平成４年12月10日裁判集民166号773頁
最判平成23年６月７日民集65巻４号2081頁
東京地判昭和48年12月14日税資71号1378頁
国税不服審判所平成25年６月４日裁決・裁決事例集91集225頁 ……………… 231
関連判例　最判昭和59年４月27日民集38巻６号698頁
最判平成18年７月14日裁判集民220号855頁
大阪高判昭和41年12月26日税資45号673頁

大阪地判昭和31年11月17日行集7巻11号2780頁
大阪地判昭和36年8月10日訟月7巻9号1894頁
東京地判平成20年2月15日判時2005号3頁
国税不服審判所平成23年7月8日裁決・裁決事例集84集118頁 ……………… 102
関連判例　最判昭和53年4月21日税資101号156頁
最判昭和59年10月25日裁判集民143号75頁
最判平成6年6月21日訟月41巻6号1539頁
最判平成16年7月20日訟月51巻8号2126頁
東京高判昭和34年11月17日行集10巻12号2392頁
福岡高判平成5年2月10日訟月41巻6号1559頁
福岡地判平成4年5月14日訟月41巻6号1545頁
浦和地判平成13年2月19日税資250号順号8839
国税不服審判所平成23年8月26日裁決・裁決事例集84集287頁 ……………… 249
関連判例　最判昭和30年5月31日民集9巻6号793頁
最判昭和32年12月19日民集11巻13号2278頁
最判昭和37年4月26日民集16巻4号1002頁
最判昭和48年3月27日民集27巻2号376頁
最判昭和53年2月17日判タ360号143頁
最判昭和56年6月26日税資117号770頁
最判昭和60年11月29日民集39巻7号1719頁
東京高判昭和53年12月20日税資103号800頁
大阪高判昭和54年7月19日税資106号103頁
大阪高判平成22年5月20日訟月58巻5号2132頁
横浜地判昭和52年4月13日税資94号39頁
京都地判昭和52年12月16日税資96号485頁
国税不服審判所平成8年2月1日裁決・裁決事例集51集518頁
国税不服審判所平成11年3月29日裁決・裁決事例集57集395頁
国税不服審判所平成24年1月31日裁決・裁決事例集86集429頁 ……………… 308
関連判例　最判平成17年12月19日民集59巻10号2964頁
最判平成22年3月2日民集64巻2号420頁
最判平成22年7月6日民集64巻5号1277頁
最判平成23年2月18日裁判集民236号71頁
東京高判平成20年3月12日税資258号順号10915
東京高判平成21年4月15日税資259号順号11179
国税不服審判所平成24年3月27日裁決・裁決事例集86集312頁 ……………… 184
関連判例　最判昭和58年9月9日判タ501号94頁
最判昭和60年9月17日税資146号603頁

国税不服審判所平成22年６月30日裁決・裁決事例集79集241頁 ……………… 37
関連判例　最判昭和51年７月13日判時831号29頁、訟月22巻７号1954頁
高松高判昭和52年７月27日訟月23巻９号1658頁
福島地判昭和46年４月26日行集22巻11・12号1733頁
大阪地判昭和49年５月28日判時758号42頁
国税不服審判所平成22年７月21日裁決・TAINS：F0-1-392 …………………… 55
関連判例　最判平成26年１月17日税資264号順号12387
大阪高判平成２年１月30日税資204号2723頁
東京高判平成14年２月28日税資252号順号9080
東京高判平成24年９月19日判時2170号20頁
岡山地判昭和54年７月18日行集30巻７号1315頁
青森地判昭和60年11月５日税資147号326頁
那覇地判平成６年12月14日税資206号724頁
東京地判平成23年８月９日TAINS：Z888-1602
国税不服審判所平成22年10月13日裁決・裁決事例集81集385頁 …………… 289
関連判例　東京高判平成７年12月13日行集46巻12号1143頁
東京高判平成27年12月17日判時2282号22頁
東京地判平成25年12月13日税資263号順号12354
国税不服審判所平成23年１月25日裁決・裁決事例集82集158頁 …………… 167
国税不服審判所平成23年５月16日裁決・裁決事例集83集799頁 …………… 267
関連判例　東京地判平成18年９月22日税資256号順号10512
東京地判平成20年10月17日税資258号順号11053
国税不服審判所平成23年６月24日裁決・裁決事例集83集611頁 …………… 343
関連判例　最判昭和38年５月31日民集17巻４号617頁
最決昭和48年７月10日刑集27巻７号1205頁、税資84号296頁、判時708号18頁
最判昭和62年10月30日訟月34巻４号853頁
最判平成４年７月１日民集46巻５号437頁
大阪高判昭和50年６月11日行集26巻６号795頁、訟月21巻８号1736頁、判時800号40頁、税資81号802頁
東京高判平成３年６月６日訟月38巻５号878頁
国税不服審判所平成23年７月６日裁決・裁決事例集84集30頁 ……………… 154
関連判例　最判昭和40年９月８日判時425号44頁
最判昭和43年10月17日訟月４巻12号1437頁
最判昭和60年３月14日税資144号546頁
最判平成４年10月29日裁判集民166号525頁
東京高判昭和54年10月30日訟月26巻２号306頁
大阪高判平成３年４月24日税資183号364頁
東京高判平成21年２月18日訟月56巻５号1644頁

裁決事例索引

大阪高判平成23年11月17日訟月58巻10号3621頁 ……………………………… 89
関連判例　最判昭和36年10月13日民集15巻9号2332頁
最判平成26年10月9日民集68巻8号799頁
東京高判昭和45年8月31日訟月16巻10号1147頁
名古屋高判平成元年10月31日税資174号521頁
京都地判平成8年6月7日税資216号511頁
大阪地判平成23年5月27日訟月58巻10号3639頁
国税不服審判所昭和54年9月4日裁決・裁決事例集19集54頁
国税不服審判所平成21年2月16日裁決・裁決事例集77集125頁
国税不服審判所平成21年2月20日裁決・TAINS：F0-2-473 ………………… 196
関連判例　最判昭和51年7月13日判時831号29頁
大阪高判昭和35年12月6日行集11巻12号3298頁、TAINS：Z033-0974
福井地判平成13年1月17日訟月48巻6号1560頁、TAINS：Z250-8815
熊本地判平成14年4月26日税資252号順号9117、TAINS：Z252-9117
東京地判平成21年7月29日判時2055号47頁、TAINS：Z888-1489
国税不服審判所平成21年7月2日裁決・裁決事例集78集257頁 …………… 358
関連判例　最判昭和27年3月28日刑集6巻3号546頁
最判昭和31年4月13日民集10巻4号397頁
最判昭和36年4月27日民集15巻4号928頁
最判昭和38年5月31日民集17巻4号617頁
最判昭和46年10月28日民集25巻7号1037頁
最決昭和48年7月10日刑集27巻7号1205頁
最判昭和49年12月10日民集28巻10号1868頁
最判昭和50年5月29日民集29巻5号662頁
最大判昭和53年10月4日民集32巻7号1223頁
最判昭和57年4月23日民集36巻4号727頁
最大判平成4年7月1日民集46巻5号437頁
最判平成4年10月29日民集46巻7号1174頁
東京高判昭和60年4月30日行集36巻4号629頁
東京高判平成3年6月6日訟月38巻5号878頁

〔や行〕

〔ら行〕

〔な行〕

〔は行〕

〔ま行〕

〔た行〕

索　引

〔あ行〕

〔か行〕

【編著者略歴】
増田英敏（ますだ　ひでとし）
昭和三一年　茨城県に生まれる
現在　専修大学法学部教授、法学博士（慶應義塾大学）、弁護士、民事調停委員、租税法学会理事、租税法務学会理事長、日本税法学会常務理事、（公財）租税資料館評議員会議長、（株）電算社外監査役
主要著作
『納税者の権利保護の法理』（成文堂、平成九年）
『租税憲法学第三版』（成文堂、平成一八年）
『リーガルマインド租税法第四版』（成文堂、平成二五年）
『紛争予防税法学』（TKC出版、平成二七年）
『租税行政と納税者の救済』（中央経済社、平成九年）共編著
『租税実体法の解釈と適用・2』（中央経済社、平成一二年）共著
『確認租税法用語２５０』（成文堂、平成二〇年）共編著
『はじめての租税法』（成文堂、平成二三年）共編著
『基本原理から読み解く租税法入門』（成文堂、平成二六年）編著
その他論文多数

平成二九年一〇月一五日　第一版第一刷発行

租税法の解釈と適用

編著者　増田英敏
発行者　山本継
発行所　㈱中央経済社
発売元　㈱中央経済グループパブリッシング
〒一〇一-〇〇五一　東京都千代田区神田神保町一の三一の二
電話　〇三（三二九三）三三七一（編集代表）
〇三（三二九三）三三八一（営業代表）
印刷／㈱堀内印刷所
製本／誠製本㈱

ISBN978-4-502-23831-4　C3034